O PODER DOS ANIVERSÁRIOS

A influência dos dias, estrelas & números em sua vida

CÂNCER

O PODER DOS ANIVERSÁRIOS

A influência dos dias, estrelas & números em sua vida

Saffi Crawford e
Geraldine Sullivan

CÂNCER

Prestígio
editorial

Do original
The power of Birthdays's stars & numbers

ISBN original 0-345-41819-0

Direção Editorial Pedro Almeida
Tradução Walter Agostinho
Preparação de Originais Marcos Marcionilo
Capa W/Brasil / Alexandre Suannes
Imagem da Capa Marcel Valvassori
Projeto Gráfico e Diagramação Osmane Garcia Filho
Revisão Marcia Alves Batista e Elaine Silveira

Dados Internacionais de Catalogação na Publicação (CIP)
(Câmara Brasileira do Livro, SP, Brasil)

Crawford, Saffi
O poder dos aniversários : a influência dos dias, estrelas e números em sua vida / Saffi Crawford e Geraldine Sullivan ; [tradução Walter Agostinho]. — 2. ed. — São Paulo : Ediouro, 2005.

Título original: *The power of birthdays, stars & numbers*
Obra em 12 v. - Conteúdo desta edição: Câncer

ISBN: 85-99170-09-0

1. Aniversários 2. Astrologia e Psicologia 3. Numerologia 4. Ocultismo 5. Personalidade 6. Zodíaco I. Sullivan, Geraldine. II. Título.

05-0387 CDD-133.52

Índice para catálogo sistemático:
1. Signos do zodíaco e personalidade : Astrologia : Ocultismo 133.52

Ediouro Publicações S.A.
Sede, Depto de Vendas e Expedição
Rua Nova Jerusalém, 345 – CEP 21042-230
Rio de Janeiro — RJ
Tel.: (21) 3882-8200 – Fax: (21) 2260-6522
e-mail: livros@ediouro.com.br
vendas@ediouro.com.br
internet: www.ediouro.com.br

Para nossas famílias,
que tiveram paciência conosco enquanto concluíamos este livro e por todo o seu apoio: nossos pais, Margaret e Michael Sullivan, Leon e Kristina Grushko, Melissa Crawford, Ricky Foulcer e Cleo Foulcer.

Agradecimentos

Um agradecimento especial a nosso editor, Ginny Faber; a nossa agente, Julie Castiglia, e a Chuck Wein, pelo apoio que deram a nosso projeto desde o início.
Também queremos agradecer em particular a Jason Zuzga, Huw Davies e Jane Laing, pelo encorajamento e assistência na edição, e a Mark Reiner, pelas contribuições no projeto de arte.
Queremos mencionar outros que possibilitaram este projeto: Pat Foster, Josephine Shannon, Tom Sullivan, Deirdre Edwards, Julianna Doyle, Alexia Beck, Tasha Griffiths e Anne Leman.

Sumário

Introdução

Nas páginas deste livro, você encontrará um perfil completo da personalidade das pessoas nascidas sob o signo de Câncer. Este livro vai muito além da astrologia do signo solar, oferecendo uma compreensão profunda das características exclusivas de cada dia. Utilizamos nossos conhecimentos de Astrologia, de Psicologia, de Numerologia e de Estrelas Fixas. Só depois de sintetizar todas essas disciplinas é que criamos os perfis diários abrangentes.

Não há forças cósmicas idênticas para dois dias diferentes — cada dia é singularmente especial. Cada perfil diário fornece informações fascinantes a respeito de você e acerca de seu futuro. Além disso, você também irá adquirir um conhecimento mais profundo das suas próprias habilidades e potenciais, além da compreensão do caráter e da motivação das pessoas à sua volta. A Astrologia e a Numerologia são linguagens de símbolos que exploram a relação entre a humanidade e o Universo. Elas nos dão indicação de nosso lugar no plano maior do Cosmos.

Desde os primórdios da sua história, a humanidade tem consciência das forças e ciclos da natureza. Esses ciclos naturais e ritmos cósmicos exercem influência em todos os organismos vivos. Embora estejam situadas fora do nosso sistema solar, as Estrelas Fixas também exercem influência sobre nós. Elas foram incorporadas pela Astrologia desde a antigüidade. Neste livro, apresentamos interpretações modernas da influência das Estrelas Fixas para cada dia do ciclo solar anual.

A Astrologia e a Numerologia são maneiras de interpretar essas influências, de mostrar como esses ciclos afetam a nossa vida. As diversas facetas do estudo astrológico incluem a Astronomia, o Simbolismo, a Psicologia, a Física e a Geometria, ao passo que a Numerologia sustenta a tese de que os números possuem uma dualidade de qualidade e quantidade. Todos os poderosos métodos interpretativos foram reunidos neste livro para traçar um perfil diário profundo e exclusivo.

O Poder dos Aniversários une duas diferentes maneiras de calcular o ciclo solar anual. O ano astrológico começa no dia 21 de março, a 0 grau de Áries, enquanto o ano numerológico, que se baseia no calendário ocidental, tem início a cada dia 1º de janeiro. Esses dois sistemas solares anuais, quando combinados, revelam a visão holística da Astronumerologia, que pode fornecer uma profunda compreensão psicológica de cada dia de aniversário.

As práticas convincentes de astrologia tomam por base um único momento no tempo e no espaço, fazendo com que cada mapa astrológico seja simbolicamente exclusivo. Embora os astrólogos exijam ano, data, hora e local de nascimento exatos para poder calcular um mapa astrológico pessoal, a Astrologia popular usa apenas os doze signos zodiacais. Essa divisão do ano em doze categorias mensais, juntamente com os planetas, pode ser vista como uma introdução ao estudo astrológico.

O Sol é o centro do nosso sistema solar. Os planetas, incluindo a Terra, orbitam em torno dele. A Terra efetua dois ciclos importantes: gira em torno do seu eixo e em torno do Sol em movimento anti-horário. É a rotação da Terra sobre o próprio eixo que produz o ciclo do dia e da noite. Do ponto de vista geocêntrico (da Terra), o Sol aparece para cruzar o céu do horizonte oriental para o horizonte ocidental. A trajetória aparente do Sol, tendo como pano de fundo as estrelas fixas nas doze constelações, descreve um caminho elíptico em torno da Terra. O eixo da Terra não apenas gira, mas é também inclinado, com o Pólo Norte voltado para o Sol e distante do mesmo em diferentes épocas do ano, o que faz com que haja quatro variações climáticas, as chamadas quatro estações. Esses pontos são comumente denominados equinócios da primavera e do outono e solstícios do verão e do inverno. Na Astrologia, essas quatro divisões do ano são chamadas de quatro pontos cardeais da roda zodiacal de 360 graus.

O ano astrológico tem início na primavera[1] a 0 grau de Áries; o solstício de verão é marcado a 0 grau de Câncer; o outono, a 0 grau de Libra; e o solstício de inverno, a 0 grau de Capricórnio. Como a roda zodiacal é dividida em doze arcos iguais de 30 graus cada, os quatro signos cardeais da roda zodiacal são seguidos dos quatro signos fixos: Touro, Leão, Escorpião e Aquário. Os quatro signos mutáveis, Gêmeos,Virgem, Sagitário e Peixes, completam os doze signos da roda zodiacal.

O zodíaco é dividido em doze signos diferentes. Mas, na prática avançada de Astrologia, esses signos têm outras divisões, associadas a outras forças. Os doze signos são divididos em três partes, chamadas de decanatos. Cada decanato cobre 10 graus do círculo do zodíaco, e os três decanatos de cada signo atuam como uma subinfluência e um complemento das qualidades do próprio signo. Cada decanato é associado a um signo e a um planeta adicionais. Neste livro, você encontrará não apenas o signo sob o qual você nasceu, mas também o seu decanato.

Como o Sol retorna aproximadamente ao mesmo grau a cada ano, os astrólogos se referem à data de nascimento de uma pessoa como o retorno solar. Ao dividir cada um dos doze signos zodiacais em trinta graus individuais, incluindo a Numerologia e as Estrelas Fixas, *O Poder dos Aniversários* cria um elo entre os doze signos zodiacais e a abrangente arte da Astrologia.

Também foi providenciada uma seção especial, que permite ao leitor investigar mais profundamente a própria personalidade e o próprio futuro por meio da Numerologia. Isso inclui o cálculo do número holístico e predições baseadas em números pessoais anuais.

Os perfis dos dias de aniversário

Cada perfil do dia de aniversário contém um discernimento específico das características de cada dia. O perfil fornece um conhecimento geral das configurações planetárias e numerológicas, juntamente com o signo do Sol, grau e decanato, que individualizam ainda mais o signo do Sol, pois adicionam subinfluências de outro signo ou planeta.

Também incluímos a técnica astrológica de predição conhecida como progressão. Os astrólogos usam regularmente as progressões do Sol para indicar importantes anos da vida de uma pessoa. Esses períodos de mudanças no desenvolvimento pessoal ocorrem aproximadamente três vezes na vida de uma pessoa, quando o Sol progredido muda de signo.

Os recursos e fraquezas ocultos em cada pessoa são revelados em "O seu secreto", além das opções profissionais adequadas, juntamente com uma lista de personalidades famosas nascidas naquele dia. Cada perfil vem acompanhado de uma detalhada explicação da numerologia correspondente a cada dia de aniversário. Cada dia descreve as qualidades dos números, e estes números são descritos mediante as qualidades da numerologia do mês. Embora todo dia e mês tenham um papel significativo na compreensão da personalidade, eles são secundários em relação ao número holístico pessoal, que influencia toda a vida e todos os aspectos da personalida-

1. N.T.: As autoras se referem ao Hemisfério Norte.

de. Por isso, para entender a sua personalidade, você precisa ler não apenas a Numerologia do dia e mês do seu aniversário, mas o seu número holístico, descrito na introdução deste livro.

Se quiser conhecer a influência numerológica de cada ano sobre sua vida, você pode calcular o seu número anual pessoal, também fornecido na seção introdutória.

Cada dia de aniversário inclui a seção "Amor e Relacionamentos", que contém as datas e tipos de pessoas com as quais o leitor provavelmente terá ligações cármicas, relacionamentos amorosos, amizades, além dos parceiros ideais. Apesar de termos incluído diversas datas adequadas, essas listas não são conclusivas; assim, você pode ter relacionamentos importantes com pessoas que não estão listadas neste livro.

Cada perfil do dia de aniversário fornece ainda informações relacionadas à especial e poderosa influência das estrelas fixas espalhadas ao longo do caminho do ciclo solar anual sobre cada dia de aniversário. Diversas estrelas podem afetar o seu dia de aniversário, ou pode ser que não haja estrelas brilhantes ou próximas o suficiente ao local do Sol no céu galáctico daquele dia para exercer alguma influência relacionada ao Sol. Estão listadas todas as estrelas que têm influência relacionada ao Sol para cada dia de aniversário. E você também encontrará a influência da sua estrela primária.

No final do livro, há um apêndice de todas as estrelas fixas importantes relacionadas com o seu signo, para que você possa consultar as influências de todas as estrelas da sua lista. Esperamos que todos vocês aprendam mais e investiguem mais profundamente a rica complexidade das Estrelas Fixas.

As explicações especiais a respeito das características de cada dia são também descritas por meio das qualidades do número correspondente a cada dia. Eles são complementados pelas interpretações do número do mês.

Reunimos em um volume os assuntos nos quais nos especializamos, para que você disponha da referência mais abrangente disponível no campo da Personologia. Sintetizamos muitos anos de pesquisa, experiência em mapas astrais complexos e milhares de estudos de casos em perfis personológicos que lhe proporcionarão uma compreensão mais profunda da personalidade, capacidade e potencial de cada pessoa. Vamos agora conhecer todos os dias do seu signo. Cada um deles se inicia como cada pessoa — exclusivo e cheio de promessas.

Introdução à Astrologia

Desde os primórdios da nossa civilização, observamos os céus para obter uma maior compreensão do relacionamento entre a humanidade e o Universo. Para os primeiros seres humanos, a impermanência da existência na Terra provocava uma sensação de incerteza. Contudo, a recorrência dos fenômenos celestes, como o nascer e o pôr-do-sol em contraste, trazia tranqüilidade. Nossos ancestrais percebiam esse contraste como uma distinção fundamental entre os domínios celestial e terrestre. A Astrologia, portanto, é um estudo da interação significativa entre as estrelas, os ciclos planetários e os acontecimentos na Terra.

Como uma das poucas filosofias remanescentes que mantêm uma perspectiva holística, a Astrologia nos ensina que tudo está interconectado. Nada se mantém como uma lei por si só. Tudo é parte de um relacionamento constantemente mutável e dinâmico com os ciclos do Cosmos. E não estamos fora desse sistema vivo. Nós o afetamos e somos profundamente afetados por ele. Todas as pessoas são parte de um relacionamento mutante e dinâmico com as outras pessoas. O Universo é um jogo complexo de ciclos e forças, pois as polaridades opostas colocam umas às outras em ação, sendo elas mesmas parte de sistemas maiores. Os astrólogos reconhecem esse jogo e tentam compreendê-lo por intermédio do simbolismo.

Nenhuma pessoa está sozinha, já que todas as pessoas são parte de relacionamentos mutáveis e dinâmicos com as outras pessoas, e cada uma está envolvida em relacionamentos mutáveis e dinâmicos com os ciclos do Cosmos. Tudo o que é orgânico pulsa e se distingue pela sua periocidade. Essa existência cíclica, rítmica, é captada pela hipótese astrológica. A Astrologia abrange a complexidade, a simultaneidade da subjetividade e da objetividade. Objetivamente, a Astrologia mede o tempo pelos ciclos dos planetas, dando uma perspectiva única do sentido da duração. Subjetivamente, a Astrologia opera por meio de um simbolismo profundo, e o seu conhecimento se dá por intermédio do estudo do contexto.

A Astrologia sustenta que o curso da natureza é um círculo ou uma mandala. Nos 360 graus do círculo, experimentamos cada momento, individual e coletivamente. Cada grau é um fragmento separado do círculo, mas o círculo só existe a partir de cada grau. A mandala é um símbolo de toda a criação, uma forma auto-suficiente e perfeita, sem começo nem fim. O círculo representa tanto o Universo como todos os indivíduos humanos, além do universo interior. Todas as atividades da vida estão relacionadas a esse círculo. Sua estrutura também contém os ciclos do tempo.

Ao explorar a Astrologia, podem-se revelar as conexões entre os universos externo e interno e se obter uma maior consciência psicológica e espiritual. As duas maiores luzes da Astrologia são o Sol e a Lua, que correspondem ao ciclo do dia e da noite. No que se refere a esse ritmo, os calendários solar e lunar foram estabelecidos pelas primeiras culturas e interpretados como horas, dias, meses e anos. Em termos psicológicos, a união simbólica do Sol com a Lua é percebida como o "casamento místico", representando a união dos opostos dentro do indivíduo. Segundo a Filosofia oriental, essa união é caracterizada pelo *yin/yang*, ou pelos princípios masculino e feminino.

Um horóscopo pessoal é um "mapa" que mostra a posição precisa dos planetas do nosso sistema solar em relação à Terra, no momento do nascimento do indivíduo. No seu formato básico, o mapa natal consiste em dez planetas e doze signos zodiacais.

Os doze papéis astrológicos do sol

O amor, o ódio, o nascimento, a morte, a infância, a paternidade e a velhice são temas universalmente conhecidos por toda a humanidade. O espectro completo das experiências humanas é simbolizado pela roda Astrológica, à medida que o Sol faz a sua jornada simbólica pelos doze signos zodiacais. Segundo a Astrologia, todos nascemos para nos juntar ao grande ciclo da existência e para assumir um papel dentro do drama divino. Nas palavras de Shakespeare: "O mundo todo é um palco e todos os homens e mulheres são apenas atores".

Na visão do todo, tudo está em relação com tudo o mais, tudo está interconectado. Da mesma forma, na Astrologia, todos os doze signos estão incorporados às psiques dos indivíduos e da humanidade. Embora uma pessoa nasça em um signo em particular, para se integrar ao todo, ela precisa se conectar aos outros onze signos. Na nossa vida diária, experimentamos todas as facetas dos doze signos, mas o nosso signo do Sol pode ser interpretado como o maior papel que temos de aprender a desempenhar. Em termos psicológicos, Carl-Gustav Jung interpretou os papéis universais como arquétipos.

As pessoas normalmente pensam que estão representando os próprios papéis, mas, por meio da auto-realização, elas são levadas a reconhecer que os indivíduos são apenas condutores ou canais do divino e que por meio delas o Universo é visto de acordo com o tempo e espaço dos seus desempenhos. O astrólogo Dane Rudhyar disse em seu livro *Uma mandala astrológica:* "O ego em [um indivíduo] se torna uma lente cristalina por meio da qual a vontade de Deus se concentra no ato individualizado. Ele nada faz, mas A Mente Única o pensa. Sua vida se tornou sagrada porque não é mais a sua vida, mas todo o seu desempenho com e por intermédio do espaço do seu organismo total".

Os arquétipos e os papéis dos doze signos zodiacais

Cada signo zodiacal assume e desempenha os papéis de determinado arquétipo para manifestar o próprio poder de criação.Na lista a seguir, alguns dos maiores arquétipos e papéis estão associados a cada signo:

♈ ÁRIES: o líder, o entusiasta, o pioneiro, o guerreiro, o destemido, o competidor

♉ TOURO: o pragmático, o sensual, o amante da natureza, o cantor, o avaliador

♊ GÊMEOS: o comunicador, o intérprete, o escritor, o orador, o contador de histórias, o educador

♋ CÂNCER: a mãe, o provedor, o psíquico, o conselheiro, o protetor

♌ LEÃO: o performático, o rei ou rainha, a criança, o artista criador, o amante, o ator

♍ VIRGEM: o analista, o perfeccionista, o pesquisador, o servo, o purificador, o crítico

♎ LIBRA: o amante, o diplomata, o parceiro, o socializador, o anfitrião, o equilibrador, o negociador

♏ ESCORPIÃO: o controlador, o hipnotizador, o mágico, o detetive, o transformador

♐ SAGITÁRIO: o viajante, o filósofo, o otimista, o explorador, o estrangeiro

♑ CAPRICÓRNIO: o pai, a figura de autoridade, o trabalhador, o disciplinador, o tradicionalista

♒ AQUÁRIO: o humanista, o observador imparcial, o inventor, o cientista, o amigo, o excêntrico, o revolucionário, o anarquista

♓ PEIXES: o visionário, o romântico, o salvador, o místico, o curador, o sonhador, o poeta

Os doze signos zodiacais

♈ Áries

Cheios de energia e de idéias criativas, os arianos pertencem ao primeiro signo do zodíaco. Áries é um signo de fogo, e o nativo de Áries é altamente vigoroso e entusiasta; ele acredita genuinamente que o mundo está aí para que ele o explore e conquiste. Ardente e assertivo por natureza, o nativo de Áries avança rapidamente com projetos e atividades intermináveis, que gosta de iniciar. Os arianos são pioneiros e líderes do zodíaco. Mesmo os mais calmos desejam secretamente ser o número 1 ou o primeiro em alguma coisa. Regidos pelo planeta Marte, os arianos são agentes ativos e muito raramente ficam inativos. Combinando um corpo ativo com um espírito ousado e empreendedor, os arianos procuram avidamente estar à frente de qualquer atividade. Freqüentemente ousados e apaixonados, eles podem ser altamente idealistas e muito leais às pessoas que amam. Os arianos gostam de conversar longamente com os seus parceiros a respeito dos seus projetos favoritos, mas também sabem apoiá-los.

♈

PRIMEIRO SIGNO
CARDEAL FOGO
PLANETA REGENTE: MARTE
PARTE DO CORPO: CABEÇA
PALAVRAS-CHAVE:
ENERGIA, ATIVIDADE, LIDERANÇA

♈

Como a paciência não é o seu ponto forte, podemos sempre reconhecer os arianos pela abordagem direta, pela ação decisiva e pela falta de sutileza e tato. Essa mesma impaciência pode também torná-los intolerantes, impulsivos e com muita tendência a agir sem prudência. Contudo, sabem reagir às crises e têm habilidade para responder aos desafios de frente e para enfrentar com coragem situações difíceis.

Apesar de se colocarem contra a opinião pública, os arianos, em geral, recusam-se a comprometer seus ideais, mesmo que isso os coloque em situação difícil. À medida que envelhecem, no entanto, a maior parte deles irá aprender a ser humilde, não sem antes passar por muitos confrontos. Os homens deste signo adoram fazer o papel de cavaleiro errante e as mulheres têm uma aparência enérgica e assertiva.

Freqüente e facilmente, os arianos se enraivecem e se mostram ávidos por expressar as próprias opiniões, mas são também muito rápidos em perdoar e esquecer. Estimulados pela adrenalina e sem paciência para detalhes, estão em geral com pressa e trabalham melhor quando são eles que iniciam os projetos. Não obstante, as personalidades de Áries precisam evitar a ingenuidade e o autocentramento ou a tendência a implicar com as outras pessoas.

De modo geral, os arianos são cheios de energia criativa e inspiração e têm muita fé em si mesmos. Isso normalmente se manifesta na sua habilidade de liderança natural. Por isso, não é de surpreender que façam com que os outros os sigam.

Sem nunca se deixar levar pelo desânimo, sempre dinâmico e generoso, o espírito ariano vive para mais um dia de luta.

♉ Touro

Os cordatos taurinos são indivíduos serenamente determinados e muito sensíveis, que nunca desistem. Pacientes e persistentes, eles prosseguem, deixando os outros pelo caminho. Sua maneira calorosa, aparentemente calma e fácil reflete alegria pela simplicidade da vida.

♉

SEGUNDO SIGNO
FIXO TERRA
PLANETA REGENTE: VÊNUS
PARTES DO CORPO:
GARGANTA E PESCOÇO
PALAVRAS-CHAVE:
RESISTÊNCIA, PERSISTÊNCIA
E SENSUALIDADE

♉

Os taurinos não gostam de se apressar — tomam decisões cuidadosa e deliberadamente, colocando em primeiro plano a segurança e as questões de ordem financeira. Por terem Vênus como planeta regente, os taurinos são muitas vezes magnéticos, sensuais e muito atraentes ao sexo oposto. A influência de Vênus também confere amor à beleza, interesse pelas artes e refinamento.

Touro é um prático signo da Terra, e por isso os confortos básicos da vida, como comida e moradia, são muito importantes para os taurinos. Freqüentemente, eles se tornam especialistas em culinária, conhecedores de vinhos e gostam muito de diversão. Os taurinos são também os banqueiros simbólicos do zodíaco — a maioria deles costuma anotar cuidadosamente todas as transações financeiras. Quando chamados de materialistas, os taurinos respondem que são apenas sensatos e que sabem o valor do dinheiro. Eles podem se tornar especialistas na avaliação de tudo: de questões financeiras a si mesmos.

Taurinos costumam ser generosos com as pessoas que amam, mas devem evitar ser muito possessivos. Amigos leais e devotados, freqüentemente sofrem em silêncio para manter a paz, mas tornam-se obstinados e teimosos se forem muito pressionados. As personalidades taurinas precisam sentir que estão com os pés no chão e que têm estabilidade. Por isso preferem manter as coisas do jeito em que estão. Em períodos de mudanças e de instabilidade, podem ter dificuldade para se adaptar a novas situações. Felizmente, sempre podem encontrar conforto no amor que têm pela arte, na criatividade, nas alegrias da natureza ou na música.

Em geral, os taurinos têm uma voz atraente e calma e são, muitas vezes, bons cantores. Contudo, se estão estressados, podem ter problemas na garganta, embora tendam a ser fortes e saudáveis. Personalidades taurinas amam o prazer e o conforto, mas precisam se resguardar da tendência ao excesso de auto-indulgência para com as coisas boas da vida.

Muitas vezes, esses indivíduos são pragmáticos e perseverantes e se esforçam diligentemente por conquistar os seus objetivos. Firmes em suas decisões para construir uma fundação sólida, os taurinos podem atrair e alcançar o sucesso.

♊ Gêmeos

Comunicadores naturais com uma interminável sede de conhecimento, os geminianos são eternos estudantes. Como pertencem a um signo de ar e são muito inteligentes, os nativos de Gêmeos estão sempre em movimento, sempre tentando satisfazer a própria curiosidade mental. Extremamente rápidos para apreender os pontos importantes de qualquer assunto, eles adquirem um conhecimento geral amplo, que adoram dividir com os outros. Os geminianos podem ser inteligentes, multitalentosos e entusiásticos, mas devem se prevenir contra a tendência a desperdiçar energia. Por meio da disciplina e da educação mental, os geminianos podem aprender a desenvolver um pensamento mais profundo.

♊

TERCEIRO SIGNO
MUTÁVEL AR
PLANETA REGENTE: MERCÚRIO
PARTES DO CORPO: PULMÕES, BRAÇOS, MÃOS
PALAVRAS-CHAVE: VERSATILIDADE, LOQUACIDADE, INGENUIDADE

♊

Associados a Mercúrio, os nativos deste signo muitas vezes possuem uma qualidade andrógina e têm um corpo elegante e jovem. Os geminianos costumam ter um rosto brilhante e expressivo e gostam de usar as mãos quando expressam as suas idéias. Como gostam de falar, podem conversar durante horas, o que em geral resulta em contas telefônicas altíssimas. Com uma aparência jovem, os geminianos são muitas vezes comparados à criança eterna — sempre maravilhados.

Uma vez que seu sistema nervoso é sensível, os geminianos acham difícil concentrar toda a sua atenção em uma coisa ou pessoa. Como o seu símbolo, os gêmeos, eles são conhecidos por serem capazes de fazer pelo menos duas coisas ao mesmo tempo, e também por serem flexíveis, versáteis e adaptáveis. Aéreos e sofisticados, os geminianos não gostam de assumir compromissos e não gostam de se chatear ou de chatear os outros. Conhecidos por não serem consistentes, os geminianos parecem ter muitas personalidades e mudanças de humor. Os nativos de Gêmeos são, em geral, intelectuais e normalmente interessam-se mais por desafios mentais do que por paixões terrenas.

Leves e amigáveis, os geminianos têm uma relação fácil com os outros e estão sempre dispostos a compartilhar a verdadeira mina de informações que têm nas mãos. Com o seu charme jovial e espirituosidade natural, ninguém se surpreende ao saber que eles são os mais encantadores amigos e companheiros. Divertidos e cheios de idéias, os nativos de gêmeos são altamente expressivos quando liberam o seu espírito mercurial.

♋ Câncer

Os emotivos e sensíveis cancerianos são regidos pelos sentimentos. Como seu planeta regente, a Lua, eles passam por todo o espectro de emoções ligadas às mudanças da maré. Os nativos de Câncer têm o poder do mais profundo oceano e a vulnerabilidade de um caranguejo solitário em uma praia deserta. Como o caranguejo, eles têm uma concha protetora de timidez ou reserva para ocultar sua grande sensibilidade e cautela. Quando se retiram para recuperar as forças, não se deve jamais interpretar isso como fraqueza.

Solidários e gentis, os cancerianos têm uma grande necessidade de acalentar. Por isso, muitas vezes, assumem o papel de pai ou terapeuta. Podem ter uma inclinação extremamente protetora e defendem os que amam. De tudo! Não é de surpreender que a casa e a família tenham um papel importante na sua necessidade de segurança. Em geral caseiros, os nativos de Câncer são muitas vezes *gourmets* e podem até ficar inseguros se não tiverem a geladeira cheia.

♋

QUARTO SIGNO
CARDEAL ÁGUA
PLANETA REGENTE: LUA
PARTES DO CORPO: SEIOS E ESTÔMAGO
PALAVRAS-CHAVE: SENSIBILIDADE, SOLIDARIEDADE, AFEIÇÃO

♋

Apesar da constante variação de humor, essas personalidades são naturalmente afáveis e podem até precisar evitar sufocar os outros com o seu amor e devoção protetores. Câncer é um signo da água, e os cancerianos são muitas vezes tímidos e sentimentais, com tendência a se prender ao passado e a se tornarem ávidos colecionadores. Os objetos da sua coleção podem incluir desde móveis de família até antigüidades e memórias contidas em fotografias e cartas. Os cancerianos podem também ter tendência a se prender ao dinheiro, que costumam guardar em cadernetas de poupança para períodos difíceis.

Os nativos de câncer muitas vezes possuem uma personalidade complexa. Por um lado, parecem ser uma fortaleza, mas por outro parecem ter a vulnerabilidade de uma criança. Eles são mestres na arte da resistência passiva.

Com a Lua colorindo as suas respostas, os cancerianos são naturalmente intuitivos ou mediúnicos e podem ser facilmente feridos. A sua poderosa imaginação e compreensão sensível podem encontrar uma via de expressão por meio do mundo da criação e da arte. E, acima de tudo, quando confiam suficientemente em alguém para mostrar seus sentimentos, podem ser fortes, leais e protetores.

♌ Leão

Calorosos, amorosos e generosos, os leoninos possuem um grande coração. Seus gestos amáveis e magnânimos vêm do amor que têm ao senso dramático, pois gostam de se exibir e se sentem as pessoas mais felizes do mundo quando conseguem uma platéia que os aprecie. Felizmente, para compensar sua tendência a ser o centro das atenções, os leoninos também são atenciosos com os outros. Eles podem aprovar generosamente os projetos alheios e cumulá-los de elogios.

♌

QUINTO SIGNO
FIXO FOGO
PLANETA REGENTE: SOL
PARTE DO CORPO: CORAÇÃO
PALAVRAS-CHAVE: VITALIDADE, CONFIANÇA, AUTO-EXPRESSÃO

♌

Regidos pelo Sol, os leoninos possuem uma jovialidade divertida e uma grande necessidade de se expressar. Como vêem a si próprios nos papéis principais, e não em papéis coadjuvantes, os nativos de Leão muitas vezes têm problemas com a vaidade e o orgulho. Para eles, é difícil admitir que estão errados e a bajulação os deixa vulneráveis à manipulação. Contudo, os leoninos compensam facilmente as próprias falhas com sua personalidade ensolarada, senso de divertimento e generosidade. Essas pessoas amigáveis e gregárias são as parceiras ideais para eventos sociais, festas, idas ao teatro e longos feriados.

O desejo de brilhar, combinado com o seu ar régio e imponente, leva-o a posições de autoridade, nas quais podem exibir suas formidáveis habilidades de liderança. Os leoninos assumem naturalmente o comando. Como às vezes fazem isso sem que lhes seja pedido, podem ser acusados de muito mandões. Contudo, geralmente trabalham duro para cumprir as responsabilidades e são excelentes gerentes e líderes. Os leoninos que não preencherem seu potencial natural podem ficar preguiçosos e desanimados.

Os nativos deste signo são conhecidos pela coragem e preferem desempenhar um papel forte e protetor em relação aos outros, em vez de se comportarem como fracos e indefesos. Mesmo quando os leoninos mais calmos ocultam o orgulho e a grandeza atrás de uma fachada modesta, deixam entrever a sua dignidade régia. Os leoninos pressupõem que as outras pessoas possuem um senso de integridade similar ao seu e por isso tomam cuidado, no caso de uma desavença, em respeitá-las. Eles gostam de causar uma boa impressão nas pessoas e têm consciência do impacto que causam sobre os outros.

Como são de um signo fixo de fogo, os leoninos podem ser animados e entusiásticos, embora um tanto teimosos. Sua criatividade e teatralidade combinadas os tornam grandes românticos. Os leoninos amam o amor, amam ser amados. Independentemente de onde alguém os conheça, sua personalidade ensolarada causa uma impressão duradoura.

♍ Virgem

Analíticos e eficientes, os virginianos têm um forte senso de ética. Eles precisam de ordem em suas vidas e desejam que as coisas sejam feitas de forma metódica. Os virginianos estão sempre examinando e aperfeiçoando os sistemas existentes, para melhorá-los. Infelizmente, esse perfeccionismo pode se estender às críticas às pessoas ao redor, fazendo com que elas resistam às suas mensagens. Por outro lado, os nativos deste signo não gostam quando você aponta os seus defeitos, pois já têm bastante consciência deles e são os mais ferrenhos críticos de si mesmos. Essa habilidade para avaliar as próprias falhas pode fazer com que os virginianos sejam modestos e moderados. Muitas vezes, eles sempre medem o próprio valor pelo metro da ajuda aos outros.

♍

SEXTO SIGNO
MUTÁVEL TERRA
PLANETA REGENTE: MERCÚRIO
PARTE DO CORPO: INTESTINO
PALAVRAS-CHAVE: DISCERNIMENTO, EFICIÊNCIA, SERVIÇO

♍

Regidos por Mercúrio, os virginianos são inteligentes, articulados e com capacidade de discernimento, e, devido ao elemento Terra, podem ser pessoas práticas, organizadoras capazes, que trabalham duro e prestam atenção aos detalhes. Econômicos e prudentes com o dinheiro, os virginianos às vezes são pães-duros, mas podem ser mais do que generosos com o tempo e o dinheiro quando alguém precisa de ajuda. Contudo, eles esperam que as pessoas a quem ajudam se esforcem para ajudar a si mesmas. Os virginianos, de maneira geral, não gostam de estupidez ou vulgaridade e têm mentes lógicas que instintivamente buscam a ordem no meio da confusão. Eles usualmente analisam os mínimos detalhes, mas devem evitar a tendência a avaliar repetidas vezes as mesmas questões, sob risco de deixar de ver a situação como um todo.

Com padrões extremamente altos, os nativos de Virgem podem ser altamente discriminadores e cansativos em certas áreas. Eles muitas vezes se interessam por limpeza e alimentação, acreditam na importância dos exercícios e de um estilo de vida saudável. Apesar disso, podem, às vezes, sofrer de tensão mental, com risco de se tornarem superansiosos e neuróticos. Isso freqüentemente é decorrência da pressão do trabalho: devido ao forte senso de obrigação e dever, os virginianos muitas vezes assumem mais do que podem fazer. Geralmente funcionários maravilhosos, os virginianos não gostam de desordem e são defensores da meticulosidade e da eficiência.

Confiáveis e sinceros, com uma maneira metódica de encarar a vida, os virginianos serão sempre os pilares do apoio prático e sensato. Na verdade, eles sempre oferecem ajuda antes de serem requisitados.

♎ Libra

Os nativos de Libra são os diplomatas do zodíaco. Para evitar a desarmonia, usam o charme, dão o sorriso mais encantador do mundo e fazem o possível para manter a paz. Afetuosos, graciosos e refinados, os librianos têm necessidade de ser populares. Como pertencem a um signo de ar, eles possuem leveza, são amigáveis, inteligentes e sociáveis.

Regidos por Vênus e com uma consciência aguçada dos relacionamentos, os librianos são sempre capazes de ver as coisas do ponto de vista do outro. Esse princípio de equilíbrio muitas vezes faz com que precisem de um parceiro que aja como espelho para que possam se entender melhor. Especialistas quando se trata de justiça e de imparcialidade, os librianos pesam tudo cuidadosamente antes de tomar uma decisão. Discutem os prós e os contras de qualquer situação ou problema com uma lógica e discernimento impressionantes. Essa habilidade garante a sua excelência na arte de ceder e negociar. Infelizmente, isso pode causar indecisão e uma falta de habilidade para chegar a uma conclusão final.

SÉTIMO SIGNO
CARDEAL AR
PLANETA REGENTE: VÊNUS
PARTE DO CORPO: RINS
PALAVRAS-CHAVE: EQUILÍBRIO, DIPLOMACIA, RELACIONAMENTO

Equilíbrio é uma palavra-chave poderosa para os librianos. Embora desejem genuinamente a harmonia, eles estão sujeitos a períodos difíceis quando um dos pratos de suas balanças pesa muito para um dos lados. Contudo, à medida que desenvolvem a própria autoconsciência e ajustamento interno, eles se tornam mais confiáveis. Isso diminui a sua tendência a se tornar dependentes de outras pessoas. Os librianos precisam aprender a defender as suas crenças, mesmo que elas provoquem desavenças.

Regidos por Vênus, os nativos deste signo são sociáveis, elegantes e grandes amantes da beleza e do luxo. Em geral, têm uma casa atraente e têm alguma forma de expressão artística. Com um dom natural para apreciar as cores, precisam estar rodeados por ambientes de bom gosto e harmoniosos, senão podem se sentir infelizes. Esse amor pela beleza pode também ser percebido em sua aparência, pois inevitavelmente se esforçam para ficar atraentes.

Excelentes anfitriões, os librianos gostam de atividades amorosas que combinem sociabilidade e amor, como casamentos ou pequenas festas de amigos e familiares. Na verdade, eles são grandes românticos que gostam de ser presenteados com chocolates ou flores, pois isso preenche a sua necessidade de beleza e a sua fraqueza por qualquer coisa doce. Com um pouco de amor e afeição, você sempre pode conquistar o coração de um libriano.

♏ Escorpião

Os magnéticos escorpianos pertencem ao mais apaixonado signo do zodíaco. Qualquer coisa que façam, fazem-na poderosa e intensamente. Com os escorpianos, nada é pela metade: eles são criaturas de poder, vontade e de extremos.

♏

OITAVO SIGNO
FIXO ÁGUA
PLANETA REGENTE: PLUTÃO
PARTE DO CORPO: ÓRGÃOS SEXUAIS
PALAVRAS-CHAVE: REGENERAÇÃO, MISTÉRIO, PODER

♏

Como pertencem a um signo de água, os escorpianos preferem investigar a vida em um nível emocional mais profundo. A linguagem frívola de um diletante não é para eles; os escorpianos querem a história verdadeira e investigam a verdade. Eles são especialistas em receber sinais subliminares, como o seu planeta regente, Plutão, o senhor do submundo. Assim, os escorpianos percebem psiquicamente o que as outras pessoas inconscientemente sentem e o que dizem. Como um detetive ou psicólogo, eles perguntam tudo a seu respeito, mas raramente dizem coisas acerca de si mesmos. Esse sigilo é, usualmente, um manto de poder. Como têm sentimentos profundos, os nativos de Escorpião podem ser dolorosamente feridos e por isso preferem manter o controle.

Uma grande lição de vida para os escorpianos envolve a superação do desejo mediante o uso criativo da vontade. Como o seu signo está conectado às raízes do impulso sexual, os seus sentimentos são fortes e intensos, levando-os, algumas vezes, ao ciúme e à possessividade.

A morte simbólica ou a transformação é uma experiência poderosa pela qual os escorpianos não têm medo de passar. Há momentos em que eles desejam se afastar de tudo para avaliar os seus sentimentos intensos. Não conseguem ser falsos, mesmo que isso signifique uma perda total. Esse traço, naturalmente, dá-lhes uma enorme força, pois não têm medo de se desfazer e de renunciar. Depois que se decidem a fazer algo, sua força de vontade é enorme. Como são de um signo fixo, têm uma resistência extraordinária e mantêm a perseverança até o final.

Os escorpianos são em geral competitivos e não gostam de perder. Quando são derrotados, muitas vezes querem provar que estão certos ou se vingar, não importa quanto tempo tenham de esperar. Por outro lado, quando estão do lado de alguém, são apaixonadamente leais e amorosos, entregando-se totalmente, independentemente de esforço ou sacrifício.

Escorpião é um signo de regeneração. Os nativos deste signo têm potencial para uma tremenda força que emana da sua conexão com as forças criativas fundamentais da natureza. O símbolo mágico da fênix renascendo das cinzas representa a sua habilidade de renascer, para subir novamente das profundezas às alturas com uma nova compreensão e poder. Para os escorpianos é tudo ou nada; eles não querem viver em um nível superficial e precisam de desafios para trazer à tona o poder e sentirem-se vivos.

♐ Sagitário

Os sagitarianos são espíritos livres, com um estilo amigável e independente. Não gostam de ser amarrados e são idealistas incuráveis, sempre procurando expandir horizontes e melhorar a própria situação. Otimistas e despreocupados, eles têm amor à verdade, à honestidade e à justiça, o que faz com que tenham uma maneira muito filosófica de abordar a vida.

Indivíduos animados, os nativos deste signo pensam em larga escala e têm grande visão. Sua habilidade para perceber o "grande plano" significa que estão sempre trabalhando em algum projeto para o futuro. Adoram explorar e são viajantes inveterados, da mente e do mundo. Como dão muito valor ao conhecimento e à sabedoria, eles procuram inspiração para si mesmos e para os outros, desejando, genuinamente, animar as pessoas com suas palavras divertidas e inteligentes ou com um sorriso. Infelizmente, muitas vezes alcançam o efeito oposto, pois se esquecem de pensar antes de falar. Diretos e francos, os sagitarianos dizem qualquer coisa que vem à mente com uma honestidade e uma franqueza que espantam. Contudo, depois de dar um fora, os sagitarianos se desculpam animadamente, o que faz parte do seu charme, pois assim eles podem, genuinamente, garantir que não tinham intenção de ofender e acabam sempre sendo perdoados.

♐

NONO SIGNO
MUTÁVEL FOGO
PARTE DO CORPO: QUADRIS E COXAS
PALAVRAS-CHAVE: HONESTIDADE, EXPLORAÇÃO, IDEALISMO

♐

Por meio de sua constante necessidade de expansão, os sagitarianos freqüentemente se dedicam ao aprendizado mais elevado e gostam de explorar assuntos como filosofia, religião, viagens e direito. Alguns sagitarianos são mais esportivos do que intelectuais e se divertem com jogos. Geralmente afortunados, eles adoram correr riscos de uma forma ou de outra, e podem ser levados ao jogo ou à especulação.

O que quer que os sagitarianos façam, fazem-no com estilo. Diante de sua necessidade de desfrutar as coisas boas da vida, eles muitas vezes querem o melhor. Mas é importante que tomem cuidado para não levar o gosto por extravagâncias longe demais e se tornar ávidos ou auto-indulgentes. Para compensar, os sagitarianos são bem-humorados e sinceros. Adoram a liberdade de se movimentar e por isso preferem deixar todas as opções abertas.

Entusiásticos, calorosos e generosos, os nativos de Sagitário são como os arqueiros, que miram com suas flechas à distância. Eles sabem como se divertir e são ávidos por aventuras.

♑ Capricórnio

Por serem os mais realistas, os capricornianos sabem muito bem que nada se ganha sem trabalho árduo. Eles têm um forte senso de dever e esperam com paciência a realização das próprias ambições. Como a cabra, eles no final subirão ao topo da montanha, mesmo que isso demore a vida inteira.

Trabalhadores árduos, diligentes e determinados, os capricornianos precisam ter um propósito, pois sem objetivo preciso sentem-se perdidos. Eles desejam ordem e estrutura para se sentir completos e geralmente fazem listas de tarefas diárias. A segurança é importante para eles e, influenciados por seu planeta regente, Saturno, encaram a vida de forma cautelosa e conservadora. Nutrem um grande respeito pela autoridade e admiram a sabedoria da idade e a experiência. Isso se estende ao trabalho que fazem, pois os nativos de Capricórnio são muito conscienciosos. Contudo, podem também ser teimosos, frios e calculistas, usando sua dureza saturnina para alcançar metas egoístas, em vez de usá-la para se autodisciplinar, normalmente uma das suas maiores qualidades.

♑

DÉCIMO SIGNO
CARDINAL TERRA
PARTE DO CORPO: OSSOS
PALAVRAS-CHAVE: AMBIÇÃO, CONSCIÊNCIA, DILIGÊNCIA

♑

As características de economia, praticidade e parcimônia do elemento terra do capricorniano se misturam bem com o seu desejo de *status* e prestígio, permitindo que eles conquistem posições de poder sem desperdiçar esforços. Não são frívolos nem volúveis — assumem as responsabilidades seriamente e colocam a casa e a família no topo de suas prioridades. Infelizmente, os capricornianos podem também ser pessimistas, sentindo que nunca são bons o suficiente, e devem se proteger da depressão. Quando têm dúvidas quanto a si próprios e quanto às suas habilidades, eles podem desistir antes mesmo de tentar, mas quando têm a segurança proporcionada por uma sólida base, podem ser incansáveis no impulso para o sucesso. Mais do que qualquer outra coisa, os nativos deste signo precisam desenvolver uma perspectiva otimista e positiva.

Lembre-se de que sob o exterior ligeiramente tímido e reservado dos capricornianos, há um maravilhoso senso de humor e uma tenacidade que deriva da disciplina interior. Quando as pessoas precisam de ajuda, sabem que sempre podem contar com um capricorniano confiável e sólido.

♒ Aquário

Originais e anticonvencionais, os aquarianos são progressistas e independentes. O interesse dos aquarianos pela raça humana é como um exercício intelectual. Sempre agindo como observadores imparciais, eles são capazes de um ponto de vista impessoal e não emocional. Essa tendência significa que eles podem pensar em termos de consciência de grupo, percebendo que as pessoas são indivíduos separados que operam dentro de um todo maior. Essa consciência humanitária é uma forte característica dos aquarianos, que sempre trabalham por objetivos universais e filantrópicos e fazem campanhas por causas justas. A falta de separatismo faz dos aquarianos pessoas amigáveis e úteis, permitindo que falem a estranhos como se os conhecessem.

DÉCIMO-PRIMEIRO SIGNO
FIXO AR
PARTE DO CORPO: TORNOZELOS E PANTURRILHAS
PALAVRAS-CHAVE: DESAPEGO, HUMANITARISMO, INDEPENDÊNCIA

A inclinação à rebeldia dos nativos de Aquário se origina do seu planeta regente, Urano, que é conhecido pela habilidade de perceber tendências futuras, como também pela grande necessidade de liberdade. Aquarianos não gostam de receber ordens e gostam de pensar independentemente e de fazer as coisas do seu jeito único. A insistência em seguir um determinado caminho certamente faz com que eles muitas vezes sigam exatamente o caminho oposto. A combinação da grande necessidade de ser do contra com o seu signo fixo pode torná-los pessoas teimosas. Felizmente, eles sempre estão abertos a ouvir pontos de vista diferentes, contanto que sejam apresentados com objetividade. A perspectiva futurista dos aquarianos permite-lhes abraçar os avanços tecnológicos sem se sentir intimidados. Como Urano, os aquarianos têm uma qualidade excêntrica, que pode se manifestar na forma de uma intuição mental. Isso pode sempre produzir o "efeito eureca", quando subitamente descobrem que alguma coisa é verdadeira. Essa genialidade burlesca pode torná-los voláteis e imprevisíveis, mas também altamente inventivos.

Embora cada aquariano tenha uma aparência individual, todos sabem que são parte de um grupo unido que defendem os direitos humanos e as causas sociais. Mesmo que o resto do mundo não possa compreendê-los atualmente, os aquarianos serão compreendidos no futuro.

♓ Peixes

Os piscianos possuem uma natureza sentimental altamente desenvolvida. Os sensíveis piscianos constantemente recebem impressões do ambiente exterior, embora estejam sempre aguçadamente conscientes das próprias motivações interiores. Eles sempre se retiram para o mundo privado dos sonhos para desfrutar os devaneios da sua poderosa e extraordinária imaginação e, às vezes, para escapar da realidade mais dura da vida. O símbolo de Peixes é representado por dois peixes nadando em direções opostas, indicando uma personalidade dual de extremos. Às vezes, os nativos de Peixes podem se sentir cansados e letárgicos, ou apenas erráticos, e, em outros momentos, podem ser eficientes, precisos e extremamente trabalhadores.

♓

DÉCIMO-SEGUNDO SIGNO
MUTÁVEL ÁGUA
PARTE DO CORPO: PÉS
PALAVRAS-CHAVE: COMPAIXÃO, RECEPTIVIDADE, IMAGINAÇÃO

♓

Espiritualmente abertos a todas as emoções mais sutis, piscianos podem demonstrar generosidade e compaixão. Como nem sempre possuem fronteiras bem demarcadas, podem muitas vezes se dissolver nas necessidades de outras pessoas. Por isso, os piscianos precisam ser cuidadosos para não perder o próprio senso de autovalorização ou até mesmo para não se martirizar. Em geral, precisam ser sempre animados como forma de estimular sua confiança e, às vezes, podem ser bastante obstinados, não permitindo que ninguém os influencie. O signo menos egoísta do zodíaco, Peixes pode ser extremamente paciente, mas se for provocado pode se tornar surpreendentemente agressivo.

Sentimentais, amáveis e emotivos, os piscianos são muito receptivos ao meio ambiente ou aos sentimentos dos outros. Combinada com a sua impressionante imaginação, essa qualidade faz com que os piscianos sejam excelentes em qualquer tipo de cura, música, arte, teatro ou fotografia, e, em particular, em assuntos de natureza espiritual. Assim como os peixes que nadam em direções opostas, os piscianos também podem sofrer oscilações de humor. Às vezes, são extremamente otimistas e em outras ocasiões podem se tornar vagos ou sofrer de falta de impulso e desistir facilmente. Nesses momentos, eles devem se resguardar do escapismo ou do desânimo. É especialmente fácil para os piscianos idealistas projetarem as próprias expectativas elevadas e seus sonhos em outras pessoas e acabarem desiludidos.

Felizmente, eles podem usar essa habilidade psíquica natural para se conectar diretamente com a consciência de toda a humanidade. São os visionários que podem levantar os ânimos dos que estão à sua volta com humor, charme e simpatia.

Os dez planetas

Cada um dos planetas representa uma função psicológica e corresponde aos diversos aspectos da nossa personalidade. Os traços de caráter são sugeridos pelas posições dos planetas e pela relação que eles mantêm entre si. Na Astrologia, o Sol e a Lua, tecnicamente chamados de *luminares*, estão incluídos nos dez planetas que compõem o nosso sistema solar. Os assuntos-chave associados a cada planeta estão listados a seguir.

☉ O sol

Como centro de energia do nosso sistema solar, o Sol irradia o poder da luz e da vitalidade e está relacionado à força doadora da vida. Na Astrologia, ele representa a fonte de energia de cada criatura viva e fornece uma afirmação vigorosa de individualidade. O Sol significa o centro do nosso ser, nosso senso de identidade e ego. O glifo do Sol é um círculo com um ponto no centro, indicando o coração do nosso universo físico. No simbolismo esotérico, esse círculo representa a totalidade do infinito ou da eternidade; o ponto no meio significa um ponto particular no tempo e no espaço dentro dessa totalidade. Força de vontade, energia, força e auto-expressão são apenas alguns dos atributos do Sol. Ele também representa a ambição e o orgulho, a consciência e a autoconfiança e é uma metáfora do pai e do arquétipo masculino. Na mitologia, os reis e os heróis são freqüentemente associados a Hélio ou ao Sol, que é o planeta que rege Leão.

Positivo: vitalidade, individualidade, criatividade, vigor, força de vontade, inspiração, autoconsciência, o ego, identidade

Negativo: egoísmo, autocentramento, orgulho, arrogância, dominação

☾ A lua

A Lua recebe a luz refletida do Sol e é o único satélite que orbita em torno da Terra. A influência da Lua é essencialmente receptiva e não-racional. A Lua simboliza as nossas necessidades emocionais e instintos e governa o elemento água, incluindo os oceanos e as marés, além da vida noturna. Na Mitologia, Ísis, Ártemis e Diana representam as diversas faces da deusa Lua. Tradicionalmente, a Lua está associada ao feminino e à antiga concepção grega de Gaia. Geralmente associada às intuições e à habilidade psíquica, a Lua é também muito retratada no folclore, na poesia e na mitologia. Sua divindade é particularmente expressa por meio da feminilidade e do ciclo de fertilidade, concepção, nascimento, maternidade e abundância da natureza.

Na Astrologia Psicológica, a Lua representa as nossas reações inconscientes e experiências subjetivas. Ela também corresponde ao ímpeto inconsciente de satisfazer as nossas necessidades básicas. A Lua reflete as nossas diferentes tensões e nos força a expressar esses sentimentos. A Lua também influencia as flutuações desses sentimentos ou humores e governa o signo de Câncer.

Positivo: sensibilidade, nutrição, receptividade, intuição, habilidade psíquica

Negativo: humor instável, supersensibilidade, excesso de emotividade

☿ Mercúrio

Na Mitologia, Mercúrio é o mensageiro dos deuses, que deu ao homem a linguagem e a capacidade de se comunicar e de aprender. Entre os gregos, Mercúrio era conhecido como Hermes, que deu de presente à humanidade a escrita e a linguagem.

Mercúrio tem um talento para a retórica e para a impostura mental, um reflexo da habilidade de desenvolver a mente consciente até que nos tornemos bastante inteligentes para o nosso próprio bem. Embora seja muitas vezes retratado como uma figura masculina jovem, Mercúrio não é feminino nem masculino. Isso simboliza o seu papel como um meio neutro de troca de informações. Mercúrio reflete o pensamento intelectual e racional e os poderes de discriminação e está associado ao comércio.

Psicologicamente, Mercúrio representa a habilidade mental e a necessidade de compreender e se comunicar, seja por meio do discurso, da escrita, do ensino, ou de qualquer outra forma de expressão mental.

Mercúrio rege os signos de Gêmeos e Virgem.

Positivo: inteligência, agilidade mental, capacidade de comunicação, intelectualidade

Negativo: impostura, intelecto fraco ou desenvolvimento excessivo do intelecto, falta de lógica

♀ Vênus

Na Mitologia, Vênus é a deusa do amor e da beleza, a mãe de Eros. Para os gregos, ela era conhecida como Afrodite. Simbolizando o princípio feminino, Vênus harmoniza e cria a unidade, além de também conferir o apreço pela natureza e pela arte.

Na área da Psicologia, Vênus representa o impulso para se relacionar com os outros, a expressão das necessidades amorosas e aquilo que traz prazer. Vênus é popular, charmosa e sedutora, embora possa ser um tanto indulgente e despreocupada.

Por tentar evitar confrontos a todo custo, Vênus procura neutralizar as ameaças, cativando ou seduzindo os seus opositores. Como a função de Vênus é promover a união, a atração exerce um papel importante. Vênus confere ênfase à aparência externa, à sociabilidade, ao amor romântico e ao sexo oposto. O planeta Vênus confere ainda um caráter doce, apreço pela natureza e desejos fortes. Vênus também 'suaviza' tudo o que toca e dota de senso estético e bom gosto, refinamento natural e talento para a arte e a música. Vênus governa tudo o que você valoriza e revela as suas atitudes em relação ao dinheiro e posses, além da autovalorização.

Vênus rege os signos de Touro e Libra.

Positivo: amor à beleza e à arte, calor humano, sociabilidade, senso de valor, cooperação

Negativo: busca do prazer, indulgência excessiva, preguiça, luxúria

♂ Marte

Na Mitologia, Marte é o deus da guerra.

Marte governa o nosso instinto de sobrevivência, seja nas ocasiões em que lutamos, seja nas ocasiões em que fugimos. Por ser a antítese de Vênus, Marte representa o princípio masculino e é competitivo, assertivo e pronto para a ação. Marte é cheio de energia e impulso e dá prova de coragem e vigor dinâmico quando enfrenta os adversários.

Marte também é associado ao arquétipo do herói. As qualidades marcianas são freqüentemente associadas a atos de bravura e indicam uma mentalidade destemida. Na vida moderna, podemos usar a energia de Marte para impulsionar a nossa carreira, realizar os nossos objetivos ou defender as nossas convicções.

Como a função de Marte diz respeito à nossa vontade de sobrevivência, ela é relacionada à liberação de adrenalina nos nossos corpos e à habilidade de reagir rapidamente. Em excesso, essas mesmas energias que geram assertividade e nos ajudam a lutar também podem se manifestar em um temperamento difícil, na raiva, na agressão e na impaciência. No entanto, sem Marte nós não teríamos dinamismo, vigor, iniciativa ou impulso para alcançar as nossas ambições pelo esforço.

Marte governa o signo de Áries.

⬆ **Positivo**: assertividade, coragem, dinamismo, ação, vigor

⬇ **Negativo**: agressividade, violência, comportamento grosseiro, raiva, inquietude

♃ Júpiter

Júpiter é o maior planeta do nosso sistema solar. Com o mesmo nome do deus do panteão romano (conhecido como Zeus entre os gregos), na Mitologia, Júpiter era associado à sabedoria, à vitória e à justiça. Em consonância com o seu grande tamanho, Júpiter expande ou exagera. Ele representa a nossa habilidade de ir além dos nossos horizontes atuais e buscar um plano ou visão maior, com otimismo e confiança.

O desejo de descobrir o sentido e a verdade maiores significa que Júpiter aborda a vida de forma filosófica. O desejo por um conhecimento mais amplo inspira um maior aprendizado e está ligado às universidades ou professores espirituais.

Além disso, como Senhor da Verdade, Júpiter é, com freqüência, associado ao sistema judicial, aos tribunais, à lei e à ordem.

Juntamente com o impulso de expansão mental, a sorte e abundância estão muitas vezes ligadas a Júpiter. Júpiter estimula o anseio por experiências e viagens a lugares distantes e exóticos. A expansão excessiva, contudo, pode levar à avidez, ao falso otimismo, à insinceridade e ao ego inflado. No melhor dos casos, Júpiter simboliza o idealista generoso e bem-humorado, que tem fé e sabedoria para tornar os próprios planos realidade.

Júpiter rege Sagitário.

⬆ **Positivo**: desejo de verdade, generosidade, idealismo, otimismo, viagens longas, aprendizado elevado

⬇ **Negativo**: exagero, excesso de expansão, falso otimismo, avidez

♄ Saturno

Na Mitologia, Saturno é o Velho Senhor, o Tempo, o Ceifador. Nos períodos grego e romano, Saturno era o deus da ordem social e era reproduzido como o colhedor, com uma foice simbolizando o princípio de que colhemos o que plantamos. Saturno representa a justiça perfeita ou a lei da causa e do efeito.

Psicologicamente, Saturno é o arquétipo do velho homem sábio, do professor. Aceitando a responsabilidade e a disciplina para atingirmos a auto-realização, nós nos tornamos mais velhos e mais sábios. O trabalho e o treinamento árduos sugeridos pela influência restritiva de Saturno, em última análise, valem a pena, porque são a única maneira de aprendizado. Para equilibrar a expansividade de Júpiter, temos a influência restritiva de Saturno, que pode conter o excesso de presunção e manter a ordem. A influência restritiva de Saturno, no entanto, pode gerar pessimismo, medo e seriedade excessiva.

Saturno quer definição, forma e estrutura. Ele cria fronteiras para manter controle, regulação e segurança. Saturno representa qualquer coisa dura, desde os nossos ossos e dentes até as situações em que precisamos ser duros com nós mesmos.

Como este planeta requer que enfrentemos as nossas responsabilidades e deveres, as suas lições são às vezes pouco confortáveis. Saturno é totalmente justo e imparcial: o trabalho dedicado é recompensado. Com Saturno, você não pode esperar algo do nada. Ele fornece determinação e perseverança para sermos bem-sucedidos.

Saturno governa o signo de Capricórnio.

Positivo: disciplina, ordem, autoridade, sabedoria, realismo, paciência, perseverança

Negativo: pessimismo, medo, excesso de severidade

♅ Urano

O antigo nome de Urano era Céu Noturno e, na Mitologia, Urano era o pai de Saturno.

A vastidão dos céus simboliza a nossa habilidade de abrir as mentes para o universal. Urano traz iluminação e liberdade de espírito, rompendo com a restrição e a segurança de Saturno. Esse tipo de liberdade requer que deixemos espaço em nossa vida para o inesperado, ou que ousemos expressar a nossa individualidade, apesar das pressões do conformismo. Mas se forçarmos muito, corremos o risco de nos tornar rebeldes sem causa.

Por uma análise psicológica, por intermédio de Urano nós podemos ampliar o nosso ponto de vista para ter uma visão universal e compreender a humanidade como uma família de irmãos e de irmãs. Urano nos leva a lutar pelos direitos humanos e pela liberdade de expressar o nosso eu. Urano governa a energia elétrica de todos os tipos: ondas de televisão e de rádio, campos magnéticos, *lasers*, computadores e a nova tecnologia eletrônica.

Sempre olhando para o futuro e com capacidade de pensar de forma simbólica e abstrata, Urano representa a intuição e a inventividade. Isso de uma forma geral significa estar à frente da sociedade como um todo e se expressar de maneira individualista e não-convencional.

Urano rege o signo zodiacal Aquário.

Positivo: liberdade, humanitarismo, desapego, objetividade

Negativo: rebelião, excentricidade, tendências revolucionárias, teimosia

♆ Netuno

Na Mitologia, Netuno é o rei do mar, profundo, insondável e misterioso. Assim como o oceano pode dissolver as rochas em areia, Netuno pode, lenta e sutilmente, dissolver as barreiras criadas pelo ego, levando-nos à experiência mística. A névoa que paira sobre o mar é análoga à névoa que circunda este planeta, onde nada é sólido e tudo é ilusório e enigmático.

Psicologicamente, a função de Netuno é nos ajudar a transcender as nossas limitações, por meio do refinamento e da purificação de nossa natureza emocional. Diferentemente de Saturno, ele não tem fronteiras, mas sim um senso de unidade com todas as coisas. Contudo, essa habilidade para se misturar com tudo pode gerar uma sensação de incerteza. A extrema sensibilidade a tudo, indicada pela influência de Netuno, pode conferir uma grande compaixão pelo sofrimento da humanidade.

Ele ainda oferece a habilidade de se perder na inspiração criativa da arte, da música ou do teatro. Netuno pode dar ao artista a inspiração e a imaginação para tudo o que é possível. Com uma percepção e imaginação elevadas, pode ser fácil escapar para um mundo de fantasia, para o excesso de drogas ou de álcool, ou enganar a si mesmo e entrar em confusão. O trabalho positivo com Netuno envolve uma visão do nosso ideal que nos leva a alcançar os nossos sonhos.

Netuno rege o signo zodiacal de Peixes.

⬆ **Positivo**: sensibilidade, visão, compaixão, inspiração, transcendência

⬇ **Negativo**: ilusão, engano, escapismo, confusão, incerteza

♇ Plutão

Mitologicamente, Plutão, o rei do submundo, representa transformação, morte e renascimento. Plutão significa mudança profunda, e sua energia é intensa e poderosa. Sob a influência de Plutão, podemos ter a habilidade de penetrar ou ler o subconsciente a partir de sinais subliminares que ele gera, especialmente por meio da linguagem corporal. Isso pode ser usado positivamente em áreas como a Psicologia Profunda, mas também pode ser usado para controlar os outros.

A descoberta do planeta Plutão aconteceu na mesma época da descoberta das partículas subatômicas e da publicação da teoria do inconsciente de Jung. Seja governando personagens sombrias do submundo, fanáticos ou terroristas, ou grandes transformadores que trabalham para o bem da sociedade, a energia de Plutão pode ser extrema. Ele também pode provocar esse mesmo nível de reação intensa dentro de nós. Plutão freqüentemente simboliza a reação do tudo ou nada. Como parte de nossos esforços em direção ao auto-aperfeiçoamento, há sempre momentos em que devemos deixar para trás o velho sem garantias para o futuro. A energia da morte e do renascimento é poderosamente simbolizada por Plutão. Com a ajuda de Plutão, aceitamos as mudanças da nossa vida e aprendemos a deixar para trás, na hora certa, o passado ou qualquer coisa que tenhamos de superar. Plutão nos ensina que todo fim é um novo começo e que a vida continua. Esse conhecimento nos ajuda em todo o processo de reconstrução.

Plutão governa o signo de Escorpião.

⬆ **Positivo**: poder, transformação, regeneração, revelação do oculto

⬇ **Negativo**: abuso do poder, obsessão, compulsão

Decanatos

Um decanato consiste em 10 dos 360 graus do círculo zodiacal. Cada signo tem 30 graus daquele círculo, e assim cada signo contém três decanatos espacialmente equivalentes, embora simbolicamente diferentes. Lembre-se de que 30 graus do zodíaco equivalem a uma porção de 30 graus do caminho da Terra em volta do céu. À medida que o Sol passa pelo signo zodiacal (a constelação zodiacal no céu celestial oposta à posição da Terra em relação ao Sol) no curso de um mês astrológico, o Sol passa por três decanatos, um após o outro. O Sol se move para um novo decanato a cada dez dias, aproximadamente. Cada um dos três decanatos adiciona as influências do próprio planeta e signo às influências básicas gerais do signo do Sol.

Considerando o decanato, além do signo do Sol, podemos apurar a leitura da data de nascimento individual. Por exemplo, um capricorniano nascido no segundo decanato estará sob a influência do signo de Touro. Os egípcios antigos consideravam os significados dos decanatos tão importantes quanto os do signo do Sol.

As influências dos decanatos são determinadas pelo elemento associado ao signo que os contém. Cada signo se associa simbolicamente a um dos quatro elementos fundamentais:

- O elemento **fogo** rege: Áries, Leão, Sagitário
  Regentes planetários: Marte, Sol, Júpiter
- O elemento **terra** rege: Touro, Virgem, Capricórnio
  Regentes planetários: Vênus, Mercúrio, Saturno
- O elemento **ar** rege: Gêmeos, Libra, Aquário
  Regentes planetários: Mercúrio, Vênus, Urano
- O elemento **água** rege: Câncer, Escorpião, Peixes
  Regentes planetários: Lua, Plutão, Netuno

A seqüência dos três decanatos obedece ao mesmo padrão de cada um dos doze signos solares. Os decanatos de cada signo do Sol estão associados aos três signos associados ao elemento ligado ao do signo do Sol. Por exemplo, como você pôde ver anteriormente, Áries está ligado ao elemento fogo. Todas as pessoas nascidas sob o signo de Áries pertencem ao elemento fogo. Todos os três decanatos de Áries estão associados a signos correspondentes ao fogo. O primeiro decanato de Áries está associado ao signo do Sol mais próximo de Áries e ligado ao fogo, nomeadamente, o próprio signo de Áries. Em seguida, viajando em direção oposta ao do relógio ao longo do círculo do zodíaco, o próximo elemento fogo será Leão. Leão está, por isso, associado ao segundo decanato. Continuando o percurso pelo círculo, alcançamos o terceiro signo relacionado ao elemento fogo: Sagitário. O terceiro decanato de Áries está associado a Sagitário. Acontece o mesmo para todos os decanatos de todos os signos do Sol.

Cada signo, indo além, está associado a um planeta. Assim como o signo do Sol tem um regente planetário, o mesmo acontece para cada signo do decanato. O decanato de Áries é regido pelo planeta Marte e o decanato de Sagitário é regido pelo planeta Júpiter.

No diagrama a seguir, você poderá ver claramente como os decanatos operam dentro dos diferentes signos. Apresentamos uma lista dos signos do Sol e as influências dos decanatos localizados dentro de cada um deles, juntamente com os dias associados a cada decanato.

ÁRIES, 21 DE MARÇO A 20 DE ABRIL

Áries-Áries	Decanato de Marte: 20-21 de março a 30 de março
Áries-Leão	Decanato do Sol: 31 de março a 9 de abril
Áries-Sagitário	Decanato de Júpiter: 10 de abril a 20-21 de abril

TOURO, 21 DE ABRIL A 21 DE MAIO

Touro-Touro	Decanato de Vênus: 20-21 de abril a 30 de abril
Touro-Virgem	Decanato de Mercúrio: 1 de maio a 10 de maio
Touro-Capricórnio	Decanato de Saturno: 11 de maio a 21-22 de maio

GÊMEOS, 22 de MAIO A 21 DE JUNHO

Gêmeos-Gêmeos	Decanato de Mercúrio: 21-22 de maio a 31 de maio
Gêmeos-Libra	Decanato de Vênus: 1 de junho a 10 de junho
Gêmeos-Aquário	Decanato de Urano: 11 de junho a 21-22 de junho

CÂNCER, 22 DE JUNHO A 22 DE JULHO

Câncer-Câncer	Decanato da Lua: 21-22 de junho a 1 de julho
Câncer-Escorpião	Decanato de Plutão: 2 de julho a 11 de julho
Câncer-Peixes	Decanato de Netuno: 12 de julho a 22-23 de julho

LEÃO, 23 DE JULHO A 22 DE AGOSTO

Leão-Leão	Decanato do Sol: 23-24 de julho a 2 de agosto
Leão-Sagitário	Decanato de Júpiter: 3 de agosto a 12 de agosto
Leão-Áries	Decanato de Marte: 13 de agosto a 22-23 de agosto

VIRGEM, 23 DE AGOSTO A 22 DE SETEMBRO

Virgem-Virgem	Decanato de Mercúrio: 22-23 de agosto a 2 de setembro
Virgem-Capricórnio	Decanato de Saturno: 3 de setembro a 12 de setembro
Virgem-Touro	Decanato de Vênus: 13 de setembro a 22-23 de setembro

LIBRA, 23 DE SETEMBRO A 21 DE OUTUBRO

Libra-Libra	Decanato de Vênus: 22-23 de setembro a 3 de outubro
Libra-Aquário	Decanato de Urano: 4 de outubro a 13 de outubro
Libra-Gêmeos	Decanato de Mercúrio: 14 de outubro a 22-23 de outubro

ESCORPIÃO, 23 DE OUTUBRO A 21 DE NOVEMBRO

Escorpião-Escorpião	Decanato de Plutão: 22-23 de outubro a 2 de novembro
Escorpião-Peixes	Decanato de Netuno: 3 de novembro a 12 de novembro
Escorpião-Câncer	Decanato da Lua: 13 de novembro a 21-22 de novembro

SAGITÁRIO, 22 DE NOVEMBRO A 21 DE DEZEMBRO

Sagitário-Sagitário	Decanato de Júpiter: 21-22 de novembro a 2 de dezembro
Sagitário-Áries	Decanato de Marte: 3 de dezembro a 12 de dezembro
Sagitário-Leão	Decanato do Sol: 13 de dezembro a 21-22 de dezembro

CAPRICÓRNIO, 22 DE DEZEMBRO A 20 DE JANEIRO

Capricor.-Capricor.	Decanato de Saturno: 21-22 de dezembro a 31 de dezembro
Capricórnio-Touro	Decanato de Vênus: 1 de janeiro a 10 de janeiro
Capricórnio-Virgem	Decanato de Mercúrio: 11 de janeiro a 20-21 de janeiro

AQUÁRIO, 21 DE JANEIRO A 19 DE FEVEREIRO

Aquário-Aquário	Decanato de Urano: 20-21 de janeiro a 30 de janeiro
Aquário-Gêmeos	Decanato de Mercúrio: 31 de janeiro a 9 de fevereiro
Aquário-Libra	Decanato de Vênus: 10 de fevereiro a 19-20 de fevereiro

PEIXES, 20 DE FEVEREIRO A 20 DE MARÇO

Peixes-Peixes	Decanato de Netuno: 19-20 de fevereiro a 1 de março
Peixes-Câncer	Decanato da Lua: 2 de março a 11 de março
Peixes-Escorpião	Decanato de Plutão: 12 de março a 20-21 de março

Progressões

As progressões astrológicas são muito usadas como uma técnica do sistema de predições. O mais conhecido método de progressão se faz pela substituição de "um dia por um ano" como modo de mostrar simbolicamente as nossas vidas em câmera lenta. Nesse sistema simbólico de interpretação, os movimentos planetários ao longo de um dia são traduzidos como o movimento de planetas ao longo de um ano. Por exemplo, as posições dos corpos celestiais nos 24 dias depois do nascimento correspondem ao 24º ano da vida da pessoa.

O Sol é o signo do grande círculo estelar do zodíaco oposto à posição da Terra em relação ao Sol. Como a Terra orbita em torno do Sol, este se move através dos diversos signos localizados nos intervalos de 30 graus deste grande círculo estelar.

Neste livro, seguimos essa jornada do Sol através dos vários signos e interpretamos como isto afeta cada indivíduo. Com o sistema de progressão de "um dia por um ano", o Sol demora aproximadamente trinta anos, e não trinta dias, para viajar por cada signo zodiacal. Por exemplo, se você nasceu na cúspide entre dois signos, no sistema "um dia por um ano" o seu Sol progredido chega à próxima cúspide depois de trinta anos, no seu 30º aniversário. Se você nasceu no décimo quinto dia de um determinado signo do Sol, o seu Sol progredido se move até o próximo signo do Sol depois de quinze anos; no seu 30º aniversário, você terá alcançado a metade deste signo.

Se você nasceu perto do final do signo zodiacal ou em uma cúspide, o seu Sol progride até o próximo signo zodiacal em poucos anos. Nessas ocasiões, você pode sentir uma afinidade maior com o signo seguinte do que com o seu signo solar. Colocamos abaixo três exemplos e um mapa correspondente das progressões do Sol; os períodos de mudança estão assinalados com um X.

EXEMPLO 1: Se você nasceu no início do signo de Gêmeos, isto é, no dia 23 de maio, o seu Sol progride através de Gêmeos durante vinte e oito anos. Ele se move para o signo de Câncer quando você tem cerca de 29 anos. Em seguida, o Sol demora mais trinta anos para completar a jornada através do signo de Câncer e se mover para Leão, quando você completa 59 anos.

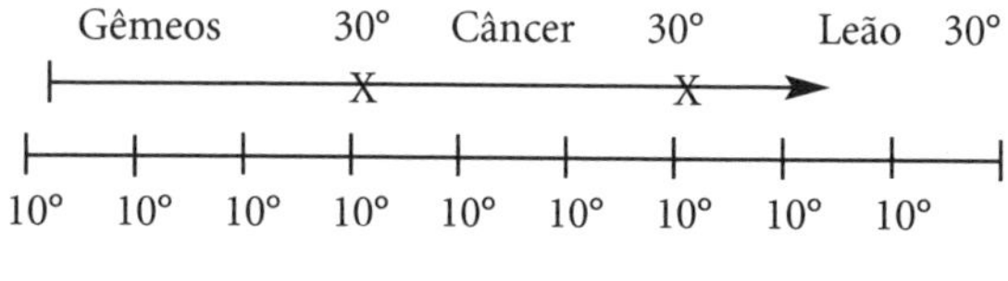

EXEMPLO 2: Se você nasceu no meio do signo de Virgem, isto é, no dia 7 de setembro, o seu Sol progredido irá mudar de signo zodiacal e entrar em Libra quando você tiver 15 anos. O Sol precisará então de mais trinta anos para atravessar o signo de Libra, antes de entrar no signo de Escorpião, quando você tiver aproximadamente 45 anos. Outra mudança ocorrerá aos 75 anos, quando o seu Sol progredido entrar no signo de Sagitário.

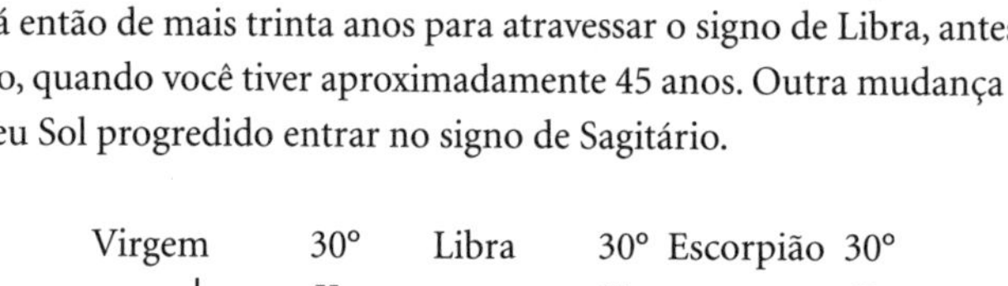

EXEMPLO 3: Se você nasceu nos últimos dias de Sagitário, o seu Sol progride até Capricórnio quando você ainda é bebê. O Sol precisa então de trinta anos para atravessar Capricórnio. Outra mudança ocorrerá aos 31 anos, quando o seu Sol progredido entrar no signo de Aquário. Quando você completar 61 anos, o seu Sol progredido mudará novamente de signo e entrará em Peixes.

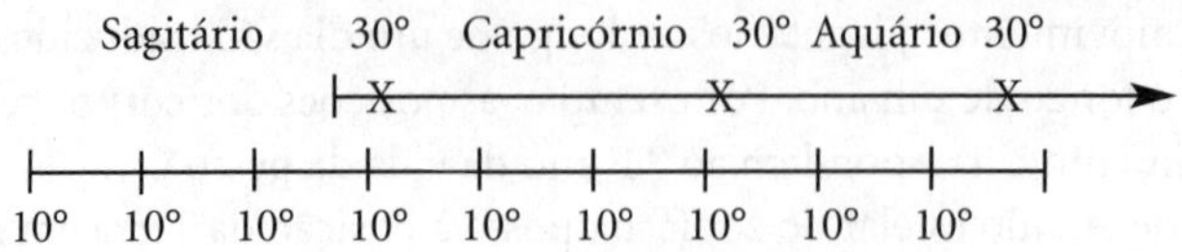

Introdução às Estrelas Fixas

As Estrelas Fixas pertencem ao grande Cosmos e não ao nosso sistema solar. Diferentemente dos planetas que orbitam o nosso Sol, as estrelas fixas também são sóis; de fato, dependendo da sua magnitude, algumas estrelas fixas são muito maiores e mais brilhantes do que o nosso Sol. Quando falamos a respeito de estrelas fixas, usamos o termo "anos-luz" para descrever as vastas distâncias que são difíceis de calcular ou entender. Devido à distância que essas estrelas estão da Terra, para nós elas parecem estacionárias e são, por isso, chamadas de estrelas "fixas". A influência das Estrelas Fixas é referente à sua força, que é calculada pelo seu brilho.

Embora haja milhões de Estrelas Fixas no Universo, na prática astrológica, relativamente poucas delas são consideradas — propriamente, as que estão localizadas perto do anel zodiacal. A observação e a relação das Estrelas Fixas com os eventos do mundo tiveram início milhares de anos atrás. Os nomes delas foram dados nas eras mesopotâmica e babilônica. As Estrelas Fixas foram mencionadas na Epopéia de Gilgamesh e, juntamente com os cometas, eclipses e planetas, desempenhavam um importante papel na interpretação dos fenômenos do tempo. Além dos babilônicos, os egípcios acreditavam na poderosa influência das Estrelas Fixas. Como conheciam o poder da natureza e eram dependentes do rio Nilo para a sobrevivência, os egípcios celebravam o solstício de verão do calendário agrícola com ritos de fertilidade e associavam o nascer da estrela Sirius à inundação do rio Nilo. Recentemente, surgiram muitos indícios de que os egípcios alinharam as majestosas pirâmides de Giza ao Cinturão Oriental. Embora muitos historiadores ainda achem que as grandes pirâmides são uma testemunha dos grandes reis do Egito, diversas novas descobertas arqueológicas revelam uma nítida conexão entre o projeto da Pirâmide de Queóps e as estrelas circumpolares.

Na história do nascimento de Jesus, uma estrela guiou os três homens sábios ao estábulo de Belém. Na Grécia, em torno do ano 250 a.C., foram registrados catálogos de Estrelas Fixas. A observação das Estrelas Fixas continuou por toda a História e foi incorporada à compreensão celestial dos antigos. As Estrelas Fixas eram associadas a diferentes aspectos da vida; a origem da sua interpretação deriva dos símbolos com os quais as constelações eram associadas. Por exemplo, na constelação de *Alpha Leonis*, ou Leão, a estrela fixa mais brilhante é *Regulus* (também chamada de Coração do Leão), que simboliza força, poder e autoridade. Ela é uma das Estrelas Fixas mais importantes do céu e está associada à realeza e às honrarias. Usualmente, ela aparece nos mapas de reis, rainhas, regentes e altos funcionários de governo. Essa estrela está também associada às pessoas que são favorecidas pelo público e confere autoridade.

A importância das estrelas fixas deriva do fato de que os corpos materiais do Cosmos estão em estado de corrente elétrica e são circundados por um campo magnético. Mesmo a emissão mais fraca pode influenciar a Terra. Isso é incrivelmente semelhante ao termo "efeito borboleta", usado pela moderna teoria do caos, que acredita que até mesmo uma asa de borboleta batendo no ar pode criar um efeito ondular que leva a uma transformação do sistema meteorológico em outra parte do mundo.

Como as Estrelas Fixas são essencialmente as mesmas que o nosso próprio Sol, elas têm campos de força similares. O efeito das estrelas é medido por sua magnitude e brilho.

As Estrelas Fixas proporcionam uma compreensão fascinante do subconsciente e do potencial ou problemas que um indivíduo pode ter. Essa interpretação, contudo, deve ser analisada cuidadosamente em relação ao horóscopo natal completo; as Estrelas Fixas não são interpretadas separadamente, mas sempre tomadas como uma subinfluência nas qualidades celestiais dos planetas. As Estrelas Fixas devem ser entendidas como uma força que amplia ou diminui as forças dos planetas com os quais mantêm contato.

Listamos nas páginas dos dias de aniversário as Estrelas Fixas mais influentes para cada dia. Freqüentemente, outras Estrelas Fixas exercem influências adicionais, e nós incluímos as suas interpretações no apêndice acerca de Estrelas Fixas no final deste livro.

Observe que nem todos os dias deste livro estão associados a uma estrela fixa. Discutimos apenas as estrelas associadas ao Sol, e quando não há estrelas de grande influência próxima ao Sol em um determinado dia, esse dia de aniversário não tem estrelas fixas. É provável, no entanto, que haja outras estrelas fixas associadas às posições dos planetas naquele dia. Com um mapa natal, você poderá usar o apêndice deste livro para entender as influências que as Estrelas Fixas associadas ao seu planeta exercem sobre você. Nossa discussão a respeito das Estrelas Fixas neste livro pretende ser somente uma introdução ao seu intrincado e fascinante reino.

Estrelas Fixas: regras básicas de interpretação

Em um ano, o Sol viaja através dos 360 graus do círculo zodiacal. Os doze signos astrológicos ocupam, cada um, 30 graus deste círculo. As estrelas fixas ocupam pontos de graus únicos, mas as suas órbitas, ou espectro de influência, podem ter muitos graus. A magnitude da estrela afeta a potência da sua influência. Tanto o espectro quanto a potência devem ser calculados para a determinação do potencial de duração e força da influência exercidos pela Estrela Fixa. Quando o Sol ou um planeta estão dentro da órbita de uma estrela fixa, a influência da estrela é nitidamente sentida, mais poderosamente no momento da conjunção e com uma intensidade menor à medida que o Sol ou o planeta se movem para fora da órbita.

Magnitude da Estrela Fixa

O poder de uma estrela é julgado por sua magnitude.

A maior magnitude: entre 0 e -1.

Magnitude 1: orb de 2° 30’
Magnitude 2: orb de 2° 10’
Magnitude 3: orb de 1° 40’
Magnitude 4: orb de 1° 30’
Magnitude 5: estrelas, agrupamentos e nebulosa: orb menor que 1°

Neste livro, ilustramos as influências positivas e negativas dessas estrelas sobre o dia de aniversário individual. Tentamos não apenas fornecer as interpretações clássicas, mas também sugerir os seus efeitos vistos à luz das interpretações da Psicologia Moderna.

Demos uma classificação de força para cada estrela, que corresponde a sua magnitude. Uma magnitude de -1, a maior, recebe uma classificação de força correspondente a dez estrelas. Uma magnitude de 5, a mais fraca, recebe uma classificação de duas estrelas.

Lista das estrelas fixas de Câncer

Tejat	★★★★★★
Dirah	★★★★★★
Alhena	★★★★★★★★
Sirius	★★★★★★★★★★
Canopus	★★★★★★★★★★
Al Wasat	★★★★
Propus	★★★★
Castor	★★★★★★★★
Pollux	★★★★★★★★★★
Procyon	★★★★★★★★★★
Altarf	★★★★★

Introdução à Numerologia

A crença de que os números possuem poderes sagrados é compartilhada não apenas pelas culturas arcaicas e pelos filósofos gregos, mas também pelos estudiosos renascentistas e muitos matemáticos contemporâneos.

Os entalhes gravados em ossos encontrados no Zaire, que datam entre 9000 e 750 a.C., correspondem às marcas das fases lunares e são um dos primeiros sinais da adiantada atividade matemática.

A Numerologia é tão Antiga quanto a Astrologia e tem a sua origem nas culturas mesopotâmica, judaica e grega antigas. Por exemplo, acreditava-se que os números e cartas do Antigo Testamento estavam relacionados a significados ocultos relativos a mensagens, sonhos e nomes de pessoas. Cada cultura desenvolveu o seu próprio sistema de interpretação de números para dar sentido ao Universo e à natureza humana. Os mais respeitados sistemas que contêm a Numerologia são as teorias de Pitágoras, da cabalística, do I Ching e dos maias.

Muitos filósofos gregos ficavam intrigados com o mistério dos números. Um dos mais extraordinários pensadores da antiga época grega foi Pitágoras, que dizia que os números eram sagrados e que "todas as coisas são números". Ele era um líder religioso, místico e estudioso de matemática pura. Diferentemente de muitos matemáticos modernos, ele unia a teologia ao pensamento racional. Pitágoras deixou um legado único à cultura ocidental e um início para a identificação dos números. Ao descobrir a importância da ligação entre a música e os números, ele estabeleceu uma conexão harmônica entre as notas musicais e a Matemática. Ao perceber que os números correspondiam às formas, ele foi o primeiro a descrever as figuras oblongas, o quadrado e o triângulo como um conjunto de pontos ou números. Seus seguidores, os pitagóricos, foram também os primeiros a acreditar que os princípios da Matemática eram a base de todas as coisas existentes e, desde então, entre esses princípios, os números são por natureza arquétipos primários, pois eles, acima de qualquer outra coisa, estabelecem a ordem na natureza e no Universo.

Alguns matemáticos contemporâneos dão eco a essas crenças e argumentam que quanto mais profundamente se percebe a maneira como o Universo funciona, mais se percebe que o Cosmos tem uma essência matemática. Os números e a Matemática salientam o modo mais preciso pelo qual o Universo se comporta.

Há três padrões básicos de números. Podemos ver os números por meio de teorias matemáticas, de definições filosóficas e de simbolismo numérico. No início do século XX, Jung interpretou o número como um arquétipo de ordem que se tornou consciente e afirmou que os números são instrumentos para a criação da ordem. Ele acreditava que um número tem uma natureza qualitativa e quantitativa. De fato, mesmo as investigações da física das partículas sugerem que as mudanças na quantidade atômica resultam em diferenças qualitativas perceptíveis no mundo macroscópico.

A Numerologia, da mesma maneira que a Astrologia, é um sistema simbólico, uma das diversas ferramentas que podemos usar para entender a nós mesmos e a nossa vida. Os números possuem uma natureza dual e podem representar tanto uma força negativa quanto uma força positiva. A exploração do seu significado pode nos ajudar a descobrir e desenvolver o nosso potencial pessoal e nos guiar na nossa vida.

Neste livro, nós nos concentramos particularmente nas interpretações qualitativas dos números em relação ao dia e mês de nascimento de uma pessoa e mostramos nas páginas a seguir como é simples descobrir o seu número holístico.

Como calcular o seu número holístico

O seu número holístico é simbolizado pela soma total dos números do dia, ano e mês do seu aniversário. Esse número revela o propósito da sua vida ou desafio, com os atributos positivos e negativos. Entendendo o seu número holístico, você pode atingir um nível mais alto de autoconsciência. Tudo o que você precisa é somar todos os dígitos, um por um. Por exemplo:

28 de junho de 1956 (28/6/1956) = 2 + 8 + 6 + 1 + 9 + 5 + 6 = 37 = 3 + 7 = 10 = 1 + 0 = 1.
O seu número holístico é 1, que também pode ser lido como 37/1
20 de outubro de 1961 (20/10/1961) = 2 + 0 + 1 + 0 + 1 + 9 + 6 + 1 + 20 = 2 + 0 = 2.
O seu número holístico é 2, que também pode ser lido como 20/2.

Os nove números básicos

A qualidade de cada um dos nove números básicos pode ter uma expressão positiva ou negativa na personalidade da pessoa, dependendo de como ela aborda os desafios da vida.

Número 1

A dinâmica do número 1 é consciente. Os atributos positivos do número 1 são assertividade, criatividade, singularidade e independência. Se o seu número holístico é 1, isso sugere que você é uma pessoa inventiva e cheia de vitalidade, ambição e impulso. Pioneiro e com um espírito ousado, você gosta de assumir um papel de liderança e de expressar a própria originalidade. À medida que conhece a própria força criativa e individualidade, você passa a ter mais necessidade de se expressar e de estar preparado para enfrentar a vida. Freqüentemente, isso pode significar pensar de forma diferente ou agir por conta própria. Às vezes, você pode se sentir isolado do seu ambiente imediato, principalmente se está dando início a novas idéias. A inspiração é a chave para a sua motivação, e o desenvolvimento da sua intuição irá ajudá-lo a decidir o que fazer quando confrontado com diversas escolhas. A sua grande força de vontade e determinação levam-no a liderar e não a ser liderado. Por toda a sua vida, você está propenso a ter experiências que irão ensiná-lo a superar as suas inseguranças, sejam elas de ordem emocional, física ou mental. Assumir a responsabilidade sobre as suas ações também faz parte da sua lição de vida. No melhor dos casos, você é uma pessoa confiante e confiável, que inspira os outros de uma forma positiva. O desenvolvimento da tolerância, da compaixão e da paciência irá ajudá-lo a alcançar os seus objetivos. Quando pode aperfeiçoar as suas habilidades, sente-se encorajado para exibir um pouco da sua originalidade. Os desafios que se colocam para as pessoas de número 1 incluem oscilações entre a falta de confiança e o excesso de confiança, ser uma pessoa exigente, arrogante, egoísta e um tanto ditatorial.

Número 2

A dinâmica do número 2 é sensorial. Os atributos positivos são sociabilidade, receptividade e habilidade para equilibrar as suas necessidades com as necessidades dos outros. Os indivíduos de número 2 têm jeito para lidar com as pessoas e muitas vezes aprendem por meio do trabalho cooperativo. Se o seu número holístico é 2, você é uma pessoa atenciosa e sensível aos sentimentos dos outros e tem uma natureza cortês e romântica.Você é também diplomático, amigável e sociável, com interesse por relações públicas. Intuitivo e adaptável, prospera quando é encorajado, mas pode ser suscetível à bajulação. Você precisa aprender a distinguir entre ser cooperativo e ajudar os outros e ser subserviente e se martirizar devido a inseguranças emocionais. A sua confiança pode ser abalada caso se torne excessivamente dependente; por isso, você precisa dar e receber em medidas iguais. Se você for uma pessoa carente ou vulnerável, outras pessoas podem facilmente se aproveitar da sua natureza gentil. O indivíduo número 2 precisa aprender a lidar com confrontos sem agressividade e aprender a dizer não sem se sentir culpado.Você também se beneficia ao receber ajuda alheia sem parecer fraco. A auto-aceitação é o caminho certo para as pessoas número 2. As suas realizações positivas são alcançar harmonia interior, desenvolver objetivos com propósito e estabelecer limites.

Os desafios para as pessoas número 2 são dependência, inquietude, insegurança, sensibilidade excessiva, ser facilmente desencorajado, desconfiança habitual das pessoas e baixa auto-estima.

Número 3

A dinâmica do número 3 é expressiva ou emocional. Os atributos positivos são a auto-expressão criativa, à sensibilidade, à imaginação e à versatilidade. Se o seu número holístico é 3, isso sugere que você é uma pessoa entusiástica, que gosta de se divertir, é sociável e amigável. Você pode exibir a sua natureza multitalentosa por meio de diversas atividades artísticas. Contudo, fazer escolhas pode ser um de seus desafios. Como uma pessoa número 3, você gosta de interagir com os outros, por intermédio de diversões, de reuniões sociais e de conversas íntimas. Amante da liberdade e emotivo, você precisa expressar a alegria de viver. Você também sabe sintetizar bem o seu conhecimento e transmitir as suas idéias. As pessoas número 3 costumam evitar conflitos, mantendo-se animadas e otimistas. Como o seu aprendizado se relaciona ao crescimento emocional e à autoexpressão, talvez você precise desenvolver uma compreensão mais profunda dos seus sentimentos, e, em vez de manipular as situações, deve expressar aberta e diretamente os seus sentimentos.

Os indivíduos número 3 podem também ter instabilidade emocional ou sentimentos negativos, como inveja e ódio. Embora sejam espirituosos e saibam lidar com as palavras, se se sentirem tímidos e inseguros podem se isolar ou ficar inibidos, achando difícil expressar os sentimentos. A realização e a satisfação emocional normalmente derivam da alegria de compartilhar e aprender a respeito do amor e da compaixão.

Os desafios para o número 3 são a preocupação e a dúvida quanto a si mesmos, a tendência para desperdiçar energia, exagero, intolerância, sentir-se despreparado, indecisão e irresponsabilidade.

Número 4

A dinâmica do número 4 é física. Os atributos positivos do número 4 são praticidade, capacidade de organização e autodisciplina. Se o seu número holístico é 4, você é uma pessoa honesta, direta e trabalhadora, que deseja ter estabilidade. Os indivíduos número 4 são pacientes, meticulosos e sabem que a metodologia e a preparação são essenciais. Qualquer coisa que fizerem na vida precisa ter um propósito e uma aplicação prática. Embora sejam indivíduos severos e que não demonstram as emoções, são leais e confiáveis.

Como número 4, você tem habilidades ligadas à forma, técnica e mecânica. Astutas e preocupadas com a própria segurança, as pessoas de número 4 são atraídas pelo mundo financeiro ou de negócios em geral. Você tende à teimosia e à rigidez e seria bom aprender a ser mais flexível e adaptável. A sua ambição e vitalidade geralmente o ajudam a resistir, enquanto outros desistem por falta de energia. No entanto, talvez seja necessário aprender a não assumir mais do que pode. Embora proteja as pessoas de quem cuida, você precisa superar a tendência a controlar as situações e a ser dominador.

Os indivíduos número 4 são, em geral, conhecidos como construtores e, de fato, podem muitas vezes ser os fundadores de projetos e empreendimentos.

Os desafios para o número 4 são dogmatismo, obstinação, falta de confiabilidade, oscilações entre ser muito preguiçoso ou trabalhar em excesso, dificuldade para deixar o passado para trás e dar em excesso.

Número 5

A dinâmica do número 5 é instintiva. Os atributos positivos do número 5 são engenhosidade, reações rápidas e ação decisiva. Os indivíduos número 5 são entusiásticos e amantes da liberdade. Se tiver uma disposição positiva, você é uma pessoa autodisciplinada e concentrada, com uma mente alerta e astuta. Embora possa ser uma pessoa responsável, você precisa de autonomia para se movimentar livremente.

Geralmente versátil e empreendedor, você gosta de conhecer novas pessoas e de ter experiências diferentes. Liberal e mentalmente aberto, você pode facilmente se adaptar a novas situações ou ter uma atitude progressista. Muitas vezes habilidoso e eficiente, você pode aprender rapidamente e captar as situações com a sua abordagem realista. As viagens e mudanças são parte do estilo de vida do número 5.

Como é provável que seja uma pessoa que segue o fluxo da vida, você aceita bem as mudanças e se adapta a novos ambientes com pouca resistência. Os traços negativos do número 5 são muitas vezes a inquietude, a impaciência e a falta de consistência. Sem propósito e sem perseverança, o número 5 pode vagar pela vida sem objetivos, procurando uma vocação verdadeira; assim, o melhor é não deixar as coisas ao acaso.

Profundidade de entendimento e maior conhecimento podem ajudá-lo a utilizar o seu grande potencial. Se aprender a combinar o seu pensamento rápido com os seus fortes instintos, você pode facilmente se destacar com as suas reações rápidas. Espirituoso e audacioso, você tem uma personalidade cortês e ousada.

Os desafios para o número 5 são comportamento impetuoso e errático, conduta irresponsável, impaciência, falta de consideração, rudeza e tendência a desperdiçar a própria energia.

Número 6

A dinâmica do número 6 é emocional e universal. Os atributos positivos do número 6 são idealismo, criatividade, humanitarismo, compaixão e visão. Os indivíduos número 6 são sensíveis e responsáveis, e muitas vezes julgam a vida de acordo com os próprios sentimentos.

Direto em suas reações, você espelha o seu ambiente imediato e o comportamento das pessoas. Você tanto pode ter amor à casa como ser mundano e pode se envolver com a sua comunidade. Com fortes laços familiares, você pode ser um bom pai, apoiando e animando os seus filhos. Como um indivíduo que age como conselheiro confiável e prático, você tem amigos que sempre o procuram em épocas difíceis. Muitas vezes perfeccionista, você gosta de atividades criativas ou artísticas. Com bom gosto e estilo, senso de beleza e forma, você gosta de decorar a sua casa. Se tem ideais elevados, sabe separar a realidade mundana da vida comum. No entanto, para tornar o mundo um lugar melhor, você deveria se ater aos seus ideais utópicos e tentar viver de acordo com o seu elevado padrão moral. Seria bom, todavia, aprender a superar a tendência a ser crítico e a julgar. Aprendendo a equilibrar os seus sentimentos e pensamentos, você pode criar com as suas limitações. Como uma pessoa número 6, você precisa superar a tendência a se preocupar ou a ficar frustrado. Quanto mais dá, mais recebe.

Os desafios do número 6 são insatisfação, esnobismo, falta de compaixão, criticismo excessivo, dominação e interferência na vida alheia.

Número 7

A dinâmica do número 7 é a intuição e a capacidade mental e racional. Alguns dos atributos positivos do número 7 são honestidade e confiabilidade, capacidade de discernimento, atenção aos detalhes, metodologia e engenhosidade. Analíticos e ponderados, os indivíduos de número 7 são autocentrados e reflexivos e têm habilidade para a perfeição e a precisão. A sua perspectiva autônoma indica que você também é autoconfiante e assertivo. Como prefere tomar as próprias decisões, muitas vezes aprende melhor por meio da experiência pessoal. Se tem tendência a ser excessivamente sensível e inseguro, pode se tornar distante e reservado. Quando não consegue expressar os seus sentimentos, você pode se sentir mal-interpretado.

A habilidade para diferenciar e refinar sugere que, embora possa se tornar uma pessoa que vive procurando defeitos, você pode ser excelente no aperfeiçoamento dos sistemas existentes. Você é bem-informado e meticuloso, o que significa que gosta de reunir informações e tem uma memória excelente. Você sabe analisar a si mesmo e busca uma maior autoconsciência, porque ficar sozinho é muitas vezes importante para a sua introspecção; contudo, tome o cuidado de evitar o isolamento.

O seu interesse em ler, em escrever ou em assuntos espirituais é, muitas vezes, uma fonte de inspiração e de ampliação dos seus horizontes. O desejo de obter uma maior compreensão pode incluir a educação e o mundo acadêmico ou da pesquisa em um campo especializado. Embora intuitivos, os indivíduos número 7 podem se deixar levar pelo excesso de racionalização, o que pode levá-los a se perder em detalhes. Isso, contudo, muitas vezes traz uma falta de fé ou cria uma sensação de dúvida quanto a si próprio e de insegurança. Embora tenha a tendência a ser reservado, enigmático ou retraído, você é curioso e muitas vezes faz perguntas sutis, sem deixar que ninguém saiba o que realmente pensa.

Os desafios a serem superados pelo número 7 são desconfiança, insinceridade, retraimento, ceticismo, confusão, criticismo exagerado, desapego e insensibilidade.

Número 8

A dinâmica do número 8 é emocional e de poder material. Os atributos positivos do número 8 são a força e as convicções fortes. Motivados e determinados, são trabalhadores e autoritários. A força ou o poder sugeridos pelo número 8 mostram um caráter com valores fortes, habilidade de execução e capacidade de julgamento.

Como número 8, você procura a segurança e a consistência em situações permanentes. Autoritário e desejoso de dominação e de sucesso material, o número 8 muitas vezes aspira a grandes realizações e possui uma natureza ambiciosa. Muitas vezes, assume posições de responsabilidade e liderança devido à sua dedicação e perseverança. Como uma pessoa número 8, você tem um senso natural para os negócios e irá se beneficiar muito desenvolvendo as suas habilidades organizacionais e executivas inatas. Talvez você precise aprender a delegar a sua autoridade ou a administrar de forma justa. Se estiver em posição de influência, você pode fornecer aos outros conselhos práticos e proteção. Como um indivíduo número 8, você precisa lidar com poder, paciência e tolerância, aprender a perdoar, a compreender e a considerar as fraquezas das pessoas quando fizer um julgamento. A pessoa de número 8 procura segurança por meio de planos em longo prazo e investimentos para o futuro. Em geral, você tem poder de curar a si e aos outros e se beneficia mais quando aprende a canalizar essas forças em prol das pessoas que estão à sua volta.

Os desafios colocados para o número 8 são impaciência, intolerância, excesso de trabalho, sede de poder, dominação e falta de planejamento.

Número 9

A dinâmica do número 9 é o coletivo ou o universal. Os atributos positivos do número 9 são a compaixão, a tolerância, a paciência, a integridade, a sensibilidade e o humanitarismo. Os indivíduos de número 9 são usualmente magnéticos e carismáticos, com mentes preceptivas e habilidade psíquica que apontam para uma receptividade universal.

Se o seu número holístico é 9, você é, muitas vezes, generoso e intuitivo e tem fortes premonições. Idealista e impressionável, como número 9 você muitas vezes tem visão e julga a vida de acordo com os seus sentimentos e sua receptividade. Esse senso de sabedoria profética implica que, como número 9, você possui sabedoria interior e uma elevada conscientização. Embora possa ser uma pessoa generosa e compassiva, com uma grande imaginação, você pode se iludir ou ficar emocionalmente frustrado quando percebe que as outras pessoas não correspondem às suas expectativas elevadas. Isso pode resultar em oscilações de humor ou em uma tendência para se deixar levar pelo escapismo.

Como número 9, você precisa encontrar a satisfação interior e evitar o desânimo ou a melancolia. Você também deve desenvolver a compreensão, a tolerância e a paciência, bem como aprender a exercer a impessoalidade. Além disso pode ser destinado a servir aos outros ou a contribuir para o bem-estar da humanidade. Sendo universal, você provavelmente irá se beneficiar muito de viagens pelo mundo e com a interação com outras pessoas de outros círculos sociais. A necessidade de superar os desafios e a tendência a ser excessivamente sensível indicam que você se beneficia quando mantém o equilíbrio e evita ter sonhos irreais. A combinação de inspiração e idealismo com uma vida interior intensa e sonhos vívidos sugere que você pode ser a pessoa mais feliz do mundo se procurar um caminho espiritual.

Os desafios que se colocam para o número 9 são nervosismo, egoísmo, teimosia, falta de senso prático, deixar-se levar facilmente, complexo de inferioridade e preocupação.

Como calcular o seu número pessoal anual

Para calcular o seu número pessoal para um determinado ano, simplesmente some o seu mês pessoal com o dia do seu aniversário e o ano em questão. Por exemplo, se você nasceu no dia 28 de junho de 1956 e quer saber como será o ano de 2001, simplesmente substitua o ano do seu nascimento por 2001. Por exemplo:

Substitua o ano do seu nascimento (1956) por 2001.
28 de junho de 2001 = 2 + 8 + 6 + 2 + 0 + 0 + 1 = 19
A vibração será sentida por apenas um ano, de 1° de janeiro de 2001 a 31 de dezembro de 2001.

Interpretações dos nove anos pessoais

Os números pessoais anuais têm ciclos de nove anos.As palavras-chave a seguir descrevem a qualidade da vibração de cada ano pessoal.

Ano 1

É tempo de novos começos.Você terá numerosas oportunidades para a expansão de projetos que já foram estabelecidos ou para o início de programas que têm a marca da sua própria individualidade. Embora haja a possibilidade de você vir a tomar uma nova direção, fazer as escolhas certas exige coragem e confiança. Por isso, ouça a sua voz interior e evite ser desencorajado pelos outros. Se as mudanças estão no ar, esta é a hora de agir. O auto-aperfeiçoamento é verdadeiramente importante para você e é importante que neste ano você seja independente, positivo e ambicioso; se não o for, poderá perder oportunidades que o ano número 1 tem a oferecer. Qualquer tentativa de retrocesso será negada ou é desaconselhável. Na busca para realizar os seus sonhos, evite a preguiça ou a insegurança. A experiência mais gratificante para as pessoas número 1 é criar uma nova idéia ou invenção que beneficie os outros.

Ano 2

Este é um ano de relacionamentos, cooperação e paciência. Você provavelmente irá expandir o seu círculo social e conhecerá pessoas novas. Ao desenvolver a sua capacidade de agir como um apaziguador, você aumenta as suas chances de estabelecer relacionamentos ou parcerias duradouras. Pode ser que você se depare com alguém que represente um verdadeiro desafio e o melhor é enfrentar a situação, pois, se mantiver a mente aberta e positiva, terá muito a aprender com essa pessoa.

Aprender a fazer acordos, manter o equilíbrio, ser diplomático e desenvolver a sua habilidade de comunicação são possibilidades oferecidas a você este ano.

Este é, de forma geral, um ano para o aperfeiçoamento por meio da autoconscientização. Lembre-se de que a maneira pela qual você se relaciona com as pessoas pode ensinar-lhe muitas coisas acerca de si mesmo. O ano número 2 lhe oferece a experiência de estar em boa companhia e de formar novas parcerias baseadas em sinceridade, que lhe permitirão manter a liberdade e a independência.

Ajude os outros enquanto ajuda a si mesmo.

Ano 3

Este é um ano de auto-expressão emocional mediante atividades criativas, diversão e amor. É também uma época para comemorações, e é provável que você sinta necessidade de se divertir mais. As suas energias criativas irão fluir, permitindo que se expresse mais completa e livremente. É um período em que você pode se apaixonar e o seu otimismo jovial irá ajudá-lo a satisfazer a sua necessidade de amor e alegria. Você pode também expandir o seu círculo social, mas evite a tendência ao ciúme, à preocupação, à indecisão e ao desperdício de energia. O número 3 indica também um ano de criatividade e de expansão: ter um filho, viajar por prazer, levar a arte, a música e a cultura para a sua casa, tornando-a mais agradável. Programas sociais, cinema, exibições artísticas e reuniões com os amigos na sua casa são coisas que você quer ou precisa fazer este ano.

Se quiser se expressar artisticamente, esta é uma época excelente para adotar um *hobby* ou uma atividade criativa que sempre tenha sonhado iniciar, como atuar em teatro amador, pintar, dançar, cantar ou escrever.

Tenha confiança em si mesmo, experimente novos projetos e lembre-se de se divertir. As experiências mais gratificantes que o ano número 3 tem a oferecer são o aprendizado das coisas boas da vida e a experiência do crescimento emocional.

Ano 4

Em um ano número 4, a chave é ter uma boa estrutura. Neste ano, a organização, a ordem, a paciência e a aplicação prática irão ajudá-lo a estabelecer uma base mais firme. Neste ano, você pode realizar muitas coisas e terá oportunidades para isso. A necessidade de ter uma perspectiva pragmática sugere que desafios financeiros ou materiais também podem ocorrer, especialmente se os seus recursos forem mal-administrados. Contudo, qualquer que seja a sua situação, esta é a época para fazer uma revisão nas suas finanças e nas questões legais ou ligadas a seguros, bem como fazer os arranjos necessários para que tudo fique mais simples ou eficiente.

Os anos número 4 são bons para os negócios, construção e reformas em propriedades, ou simplesmente para se mudar para um local melhor. No entanto, tome cuidado para não tomar decisões pouco práticas em relação ao seu patrimônio ou apólice de seguro, pois mais tarde você pode se arrepender. O desafio mais importante para este ano é construir uma base sólida e não se deixar levar pela rebeldia ou pela preguiça. A experiência mais gratificante pode ser a conquista de algo de que você venha a se orgulhar.

Ano 5

Este é um ano de mudanças, o que muitas vezes indica que a sua situação, profissional ou pessoal, está em processo de transformação. Oportunidades de viagem (pequenas viagens ou longas jornadas) ou de mudança de emprego podem dar vez a muita atividade. Os seus instintos são poderosos e a necessidade de mudança pode tornar-se crucial. Você pode procurar novas pessoas e novas experiências.

Espere o inesperado e surpresas agradáveis.

Em um ano número 5, é vital fazer ajustes para as mudanças. Tente manter a perspectiva e evite a impaciência, a agitação e o tédio; seja também cuidadoso para não agir no calor do momento e depois se arrepender. Esta é uma época para agir com propósito e determinação, por isso renove a sua aparência ou faça alterações na sua rotina regular para evitar a mesmice. Os elementos mais gratificantes de um ano de número 5 são as experiências de novos aprendizados, novos rostos e novos lugares, bem como saber que você pode conquistar muito em um curto período de tempo.

Ano 6

Este é um ano para assumir responsabilidades, em casa ou no mundo. Como o número 6 é universal, você precisa se interessar mais pelo mundo de modo geral, sem se restringir ao próprio meio. Esta é a época para você se estabelecer em um novo ambiente. As novas responsabilidades muitas vezes dizem respeito aos seus familiares ou à vontade de tornar a sua casa confortável e bonita. Servir aos outros, como por exemplo participar de um trabalho comunitário, faz deste ano uma época de dedicação. Contudo, se trabalhar arduamente durante este ano, você irá colher recompensas positivas posteriormente, pois as oportunidades e os ganhos inesperados vêm da ajuda que dá aos outros. Procure dispor de tempo para estar com seus amigos e entes queridos, pois, neste ano, eles podem precisar de seu apoio. Por ser uma época de incorporação da harmonia e da beleza em sua vida, o ano número 6 oferece uma boa oportunidade para fazer melhorias na sua casa e torná-la mais confortável e luxuosa.

Ano 7

Este é um ano para o auto-aperfeiçoamento, a obtenção de novos conhecimentos e o desenvolvimento mental. O desejo de ter uma nova compreensão ou aprendizado pode encabeçar a sua lista de prioridades, sugerindo que vale a pena fazer uma avaliação de sua vida, refletir acerca dos seus esforços e realizações passados e planejar o futuro. É também um bom ano para aprimorar as suas habilidades ou para dedicar-se ao estudo de um novo assunto. Novas oportunidades podem vir por meio de seu trabalho, como, por exemplo, um aprendizado que pode melhorar a sua posição profissional ou o seu desempenho. Você terá necessidade de passar mais tempo sozinho ou, se estiver sozinho, desejará conhecer novas pessoas com as quais possa compartilhar seus interesses e se comunicar com facilidade. Um livro ou artigo poderão influenciá-lo de maneira profunda ou levá-lo a compreender as coisas sob novos aspectos. Escrever, ler ou se juntar a um grupo intelectualmente estimulante podem ser experiências interessantes. Evite isolar-se do mundo ou criticar excessivamente os que estão à sua volta, pois, em um ano número 7, mal-entendidos têm mais probabilidade de ocorrer. O mais gratificante este ano será procurar alcançar uma compreensão mais profunda da vida e expressar as suas idéias de uma nova maneira.

Ano 8

Este é um ano para agir com decisão, estabelecer e atualizar todos os esforços feitos nos últimos sete anos. Se quiser ser bem-sucedido, este não é o ano para sonhar acordado — você precisará se esforçar e seguir adiante. É provável que surjam oportunidades por intermédio de promoções ou de ganhos financeiros. Planos ou investimentos feitos no passado darão frutos. Este é também um ano de trabalho árduo e de responsabilidades adicionais. Por isso, evite o excesso de trabalho.

Pode ser que você se interesse em fazer investimentos em longo prazo, como, por exemplo, comprar uma propriedade, pois sentirá a necessidade de criar raízes e controlar a sua vida ou ter segurança duradoura. Boas oportunidades de negócios poderão surgir este ano e você terá sorte. Entretanto, é essencial que saiba gerenciar as suas finanças para garantir um bom retorno. Neste ano, procure ter consideração pelos outros e desfrutar o que a vida tem a oferecer, sem querer dominar os outros ou se concentrar somente nos seus ganhos pessoais.

Ano 9

Este é o ano mais importante e espiritual do ciclo numerológico. É um ano de completude, de buscar amarrar o que está solto. Um novo ciclo ainda não nasceu, mas o anterior está se acabando. O fundamental é que no ano número 9 você colhe o que planta. Esta é também uma época para avaliar a sua posição e descartar tudo o que não é essencial. Evite agarrar-se ao passado; se você tiver superado certas situações ou mesmo pessoas, esta é a época de dizer adeus e de planejar o futuro, especialmente no final do ano.

O simbolismo universal do número 9 também indica a conquista da maturidade e a compreensão dos princípios fundamentais da vida — do ciclo de morte e renascimento, do término e do recomeço. O número 9 representa a base do movimento eterno da vida, de mudança e de continuidade. As experiências mais gratificantes para o ano de número 9 são compaixão e perdão. Os seus bons atos não serão vãos: sua caridade para com os outros irá torná-lo uma pessoa melhor e lhe dará coragem para seguir adiante.

Interpretação dos 31 dias pessoais

O número do dia pessoal corresponde ao dia do mês que você nasceu. Ele nunca muda.

Dia 1

O grande desejo de ser o primeiro e independente é sugerido pelo dia do seu aniversário. Como número 1, você tem inclinação para ser original, inovador e corajoso, além de dispor de muita energia. Muitas vezes, há a necessidade de estabelecer uma identidade marcante e de desenvolver a autoconfiança e a assertividade. O espírito pioneiro aqui indicado o encoraja a tomar as suas decisões ou a agir por conta própria, o que o estimula a desenvolver habilidades executivas ou de liderança.

Cheio de entusiasmo e de idéias originais, você freqüentemente mostra aos outros o caminho a seguir. Contudo, a necessidade de ser admirado e popular pode minar a sua confiança, e a tendência a depender dos outros pode surgir da falta de confiança. Com o dia de aniversário número 1, pode ser que você precise aprender que o mundo não gira ao seu redor e tenha de evitar o autocentramento e o autoritarismo.

A vitória e o sucesso são possíveis por meio de novas idéias ou empreendimentos.

⬆ **Positivo**: liderança, criatividade, progressão, vigor, otimismo, forte convicção, competitividade, independência, espírito gregário

⬇ **Negativo**: arrogância, ciúme, egocentrismo, orgulho, antagonismo, falta de controle, egoísmo, fraqueza, instabilidade, impaciência

Dia 2

Sensibilidade e uma grande necessidade de pertencer a um grupo são sugeridos pelo dia de aniversário número 2. Você é, na maioria das vezes, uma pessoa adaptável e compreensiva, que tem prazer em participar de atividades cooperativas, nas quais possa interagir com os outros. Receptivo e influenciado pelo seu ambiente, você possui uma personalidade amigável e calorosa, tem boas habilidades sociais e uma abordagem diplomática. O amor pela harmonia e a inclinação para trabalhar melhor com os outros podem inspirá-lo a agir como mediador em assuntos familiares ou a atuar como apaziguador. Na sua tentativa de agradar os outros, você corre o risco de se tornar excessivamente dependente. Quando desenvolve a autoconfiança, você pode superar a tendência a se magoar com facilidade com as ações e críticas alheias. Nas suas relações amorosas e sociedades, aprenda a confiar na sua intuição. Evite a inclinação à manipulação.

Positivo: boas parcerias, gentileza, tato, receptividade, intuição, consideração, harmonia, boa vontade extrema, agradável

Negativo: desconfiança, subserviência, timidez, hipersensibilidade, egoísmo, facilmente magoável, ardiloso, mentiroso

Dia 3

Necessidade de amor, criatividade e expressão emocional são indicados pelo dia de nascimento número 3. Uma pessoa que gosta de se divertir, de fácil trato e boa companhia, você gosta de atividades sociais amigáveis e tem muitos interesses. A sua versatilidade e necessidade de auto-expressão podem levá-lo a ter numerosas experiências. A sua inclinação para se entediar facilmente pode levá-lo a se tornar indeciso ou a querer abraçar o mundo com as pernas. Mas como uma pessoa com o dia de aniversário número 3, você é em geral artístico e charmoso e tem senso de humor.

Talvez seja preciso desenvolver a auto-estima e evitar a tendência a se preocupar, a sentir ciúmes e outras manifestações de insegurança emocional. As relações pessoais e uma atmosfera amorosa são de importância vital para você, pois lhe dão entusiasmo e inspiração.

Positivo: humor, felicidade, amizade, produtividade, criatividade, habilidade artística, poder de desejar, amor à liberdade, talento com as palavras

Negativo: tédio, vaidade, exagero, extravagância, auto-indulgência, preguiça, hipocrisia, preocupação, indecisão, insegurança

Dia 4

A sólida estrutura e o poder de organização sugeridos pelo dia de aniversário número 4 indicam que você, muitas vezes, precisa de estabilidade e de ordem. Dotado de energia, habilidades práticas e muita determinação, você pode ser bem-sucedido se trabalhar firmemente. Com dia de nascimento número 4, você é uma pessoa sensível à forma e à composição e é capaz de criar sistemas práticos. Preocupado com a própria segurança, você quer construir uma base sólida para si e para sua família. Confiável mas retraído, você acredita que as ações falam mais alto do que as palavras. A maneira pragmática com que encara a vida lhe confere senso para negócios e habilidade para alcançar o sucesso material na vida. Como uma pessoa número 4, você, em geral, é honesto, franco e justo. No entanto, talvez precise aprender a expressar os seus sentimentos e evitar a teimosia e a falta de tato.

Os desafios postos ao indivíduo de número 4 podem incluir a superação de períodos de instabilidade, preocupação financeira ou de crueldade.

Positivo: organização, autodisciplina, firmeza, trabalho árduo, engenhosidade, habilidade manual, pragmatismo, confiabilidade, precisão

Negativo: comportamento destrutivo, falta de comunicação, repressão, rigidez, preguiça, pão-durismo, autoritarismo, severidade

Dia 5

Fortes instintos, natureza aventureira e desejo de liberdade são indicados pelo dia de aniversário número 5. Sua disposição para explorar ou experimentar qualquer novidade e a sua abordagem animada sugerem que a vida tem muito a lhe oferecer. Viagens e muitas oportunidades de mudança, algumas inesperadas, podem levá-lo a passar por uma verdadeira transformação de pontos de vista e crenças. Com o dia de aniversário número 5, você precisa sentir que a vida é empolgante; no entanto, talvez precise desenvolver uma atitude responsável e evitar a tendência à imprevisibilidade, a excessos e à agitação.

Muitas vezes, o dia de aniversário número 5 significa que você precisa aprender a ser paciente e a prestar atenção aos pormenores. Você pode alcançar o sucesso se evitar ações precipitadas ou especulativas. O talento natural do indivíduo número 5 é saber como seguir o fluxo da vida e ser desapegado.

Positivo: versatilidade, capacidade de adaptação, progressão, instinto forte, magnetismo, sorte, ousadia, amor à liberdade, rapidez, inteligência, curiosidade, misticismo, sociabilidade

Negativo: falta de confiabilidade, instabilidade, procrastinação, inconsistência, excesso de confiança, obstinação

Dia 6

Compaixão, idealismo e natureza atenciosa são alguns dos atributos sugeridos pelo dia de aniversário número 6. Este é o número da amizade universal e indica que você, muitas vezes, é um visionário ou humanitário, que pode ser responsável, amoroso e prestativo.

Embora possa ser, em muitas ocasiões, uma pessoa mundana e voltada para a sua vida profissional, com o dia de aniversário número 6, você é uma pessoa caseira e um pai de família dedicado. As suas intensas emoções e o desejo de promover a harmonia universal muitas vezes o encorajam a trabalhar arduamente pelo que acredita, seja mediante atividades na sua comunidade ou outro tipo de trabalho voluntário.

Os tipos mais sensíveis precisam encontrar uma forma de expressão criativa e são, muitas vezes, atraídos pelo mundo das diversões, da arte ou do *design*. Entre os desafios a ser enfrentados por algumas pessoas com o dia de aniversário número 6, estão o desenvolvimento da autoconfiança e da compaixão pelos amigos e vizinhos, bem como o aprendizado da responsabilidade. Pode ser que você precise superar a tendência a interferir na vida alheia, a preocupação, a insatisfação e a solidariedade com as pessoas erradas.

Positivo: fraternidade universal, compaixão, confiabilidade, compreensão, solidariedade, idealismo, vida doméstica, ideais humanitários, estabilidade, talento artístico, equilíbrio

Negativo: ansiedade, timidez, irracionalidade, teimosia, franqueza, desarmonia, perfeccionismo, comportamento dominador, irresponsabilidade, egoísmo, desconfiança, autocentramento

Dia 7

Analíticos e ponderados, os indivíduos de número 7 são, em geral, perfeccionistas, críticos e egocêntricos. Você, na maioria das vezes, prefere tomar as próprias decisões e sempre aprende melhor com a experiência pessoal. Por sua necessidade de elevar a autoconsciência, você gosta de reunir informações e tem interesse em ler, em escrever ou em assuntos ligados à espiritualidade. O desejo de aprender pode também levá-lo ao mundo acadêmico ou ao aperfeiçoamento constante das próprias habilidades. Como um indivíduo número 7, você muitas vezes pode se deixar levar pelo excesso de racionalização ou se perder em detalhes. Em outros momentos, pode se tornar uma pessoa extremamente sensível à crítica ou se sentir incompreendido. A tendência a ser enigmático ou dissimulado muitas vezes o leva a desenvolver a arte de fazer perguntas sutis sem deixar que ninguém saiba o que você realmente está pensando. Pode ser que o indivíduo número 7 também precise evitar ser excessivamente crítico, dogmático, pouco comunicativo e arrogante.

- **Positivo:** educação, confiabilidade, meticulosidade, idealismo, honestidade, habilidade física, orientação científica e racional, reflexão
- **Negativo:** ilusão, tendência à solidão, dissimulação, ceticismo, confusão, distanciamento, frieza

Dia 8

A força e o poder sugeridos pelo dia de aniversário número 8 mostram uma personalidade com princípios fortes e julgamento sólido. O número 8 muitas vezes indica que você aspira a grandes realizações e possui uma natureza ambiciosa. O desejo de dominação, segurança e sucesso material também é indicado por este dia de aniversário. Como uma pessoa número 8, você tem um senso natural para negócios e irá se beneficiar muito se desenvolver as suas habilidades organizacionais e executivas. Se tiver disposição para trabalhar duro, você sempre poderá arcar com grandes responsabilidades, mas talvez precise aprender a administrar a própria autoridade ou a delegar tarefas de forma justa e imparcial. Muitas pessoas com dia de aniversário número 8 costumam se sentir atraídas por atividades ligadas à justiça, lei e ordem, ou por posições de liderança em gerenciamento administrativo, bancário e financeiro. A forte necessidade de se sentir seguro ou estabelecido pode levá-lo a fazer planos ou investimentos em longo prazo. Muitos indivíduos com o dia de aniversário número 8 também possuem um grande poder de curar a si mesmos e aos outros e podem se beneficiar se aprenderem a canalizar essas forças para o aperfeiçoamento da humanidade.

- **Positivo:** liderança, meticulosidade, capacidade de trabalho, tradição, autoridade, proteção, poder de cura, capacidade de julgamento
- **Negativo:** impaciência, intolerância, avareza, agitação, excesso de trabalho, sede de poder, comportamento dominador, facilidade de ser desencorajado, falta de planejamento, comportamento controlador

Dia 9

Benevolência, compaixão e sensibilidade emocional estão associadas ao dia de aniversário número 9. Criativo e gentil, você é muitas vezes considerado inteligente e generoso. Você tem intuição, habilidades psíquicas e receptividade universal que, se forem positivamente canalizadas, podem inspirá-lo a seguir o caminho espiritual. Com o dia de aniversário número 9, você usualmente sente que a sua vida já está traçada e que não há muito espaço para manobrá-la.Você talvez precise desenvolver a compreensão, a tolerância e a paciência, bem como aprender a se tornar impessoal.

Este dia de aniversário sugere uma necessidade de superar desafios e uma tendência a ser excessivamente sensível e a sofrer de instabilidade emocional. Mesmo assim, as pessoas com o dia de aniversário número 9 estão destinadas a conquistar na vida e a servir à humanidade.

É provável que você se beneficie muito de viagens pelo mundo e da interação com pessoas dos mais diversos círculos sociais. Talvez precise evitar a tendência a ter sonhos irrealistas ou a inclinação ao escapismo.

Positivo: idealismo, humanitarismo, criatividade, sensibilidade, generosidade, magnetismo, natureza poética, caridade, distanciamento, sorte, popularidade

Negativo: frustração, nervosismo, incerteza, egoísmo, falta de senso prático, amargura, falta de personalidade, complexo de inferioridade, medo, preocupação, isolamento

Dia 10

Como as pessoas de dia de aniversário número 1, você provavelmente se esforça para alcançar as suas realizações e conquistas. Não obstante, talvez precise superar diversos obstáculos antes de conquistar as suas metas. Em geral, há uma forte necessidade de estabelecer uma identidade única, e o dia de aniversário número 10 indica que você pode ser inovador, autoconfiante e ambicioso.Você pensa grande e é em geral mundano. Muitas vezes vigoroso e original, você defende as próprias crenças, mesmo quando elas são diferentes das dos outros. Às vezes, pode se sentir sozinho ou pouco popular. A sua habilidade para iniciar as coisas sozinho e o seu espírito pioneiro freqüentemente o encorajam a viajar para locais distantes ou a se aventurar por conta própria. A sua tendência a depender dos outros muitas vezes deriva da falta de confiança, do medo, ou da necessidade de ser admirado e reconhecido. Com o dia de aniversário número 10, você talvez precise aprender que o mundo não gira ao seu redor e deve evitar o egoísmo e o autoritarismo. O sucesso e a realização são importantes para todas as pessoas que têm o dia de aniversário número 10, e muitas vezes você chegará ao topo da sua profissão. Como isso muitas vezes implica o envolvimento com questões mais amplas, pode ser que você não tenha inclinação para a vida doméstica.

Positivo: liderança, criatividade, progressão, vigor, otimismo, fortes convicções, competitividade, independência, senso gregário

Negativo: arrogância, ciúme, orgulho, antagonismo, falta de controle, egoísmo, fraqueza, instabilidade, impaciência

Dia 11

A vibração especial do dia de aniversário número 11 sugere que o idealismo, a inspiração e a inovação são altamente importantes para você. Um misto de humildade e de confiança geralmente o desafia a trabalhar o próprio autocontrole, tanto material quanto espiritual. Mediante a experiência, você pode aprender a lidar com os dois lados da sua natureza e a desenvolver uma atitude menos radical, quando acredita nos próprios sentimentos. Embora tenha intuição, você pode desperdiçar as suas energias e muitas vezes precisa encontrar um objetivo sobre o qual possa concentrar a sua atenção. Usualmente, você é altamente enérgico e vigoroso, mas deve evitar se tornar excessivamente ansioso ou perder o senso prático.

Com o dia de aniversário número 11, você, na pior das hipóteses, pode ter dificuldade em separar os seus sentimentos do que deseja realizar. Na melhor, pode ter características geniais que podem gerar benefícios para as outras pessoas.

Positivo: equilíbrio, foco, objetividade, entusiasmo, inspiração, espiritualidade, idealismo, intuição, inteligência, natureza expansiva, inventividade, natureza artística, disposição para servir, habilidade de cura, humanitarismo, fé, habilidade psíquica

Negativo: complexo de superioridade, emotividade excessiva, desonestidade, falta de objetivos, facilidade para ser magoado, tensão, egoísmo, falta de clareza, dominação, mesquinhez

Dia 12

O desejo de estabelecer uma verdadeira individualidade é muitas vezes sugerido pelo dia de aniversário número 12. Em geral intuitivo, prestativo e amigável, você tem boa capacidade de raciocínio. Inovador, compreensivo e sensível, você também sabe usar o tato e métodos cooperativos para alcançar os seus objetivos e metas. Para os outros, você muitas vezes parece ser confiante, embora a dúvida quanto a si mesmo e a desconfiança possam minar a sua personalidade naturalmente expansiva e sua perspectiva positiva. Quando alcança o equilíbrio entre a necessidade de auto-expressão e a inclinação natural para apoiar as outras pessoas, você pode encontrar a satisfação emocional e a realização pessoal. No entanto, talvez precise desenvolver a autoconfiança ou aprender a não ser facilmente desencorajado pelas outras pessoas.

Positivo: criatividade, atração, iniciativa, disciplina, promoção dos outros

Negativo: reclusão, excentricidade, falta de cooperação, excesso de sensibilidade, falta de auto-estima

Dia 13

Sensibilidade, entusiasmo e inspiração são muitas vezes identificados com o dia de aniversário número 13. Numericamente, você está associado à ambição e ao trabalho árduo e pode conquistar muito por meio da auto-expressão criativa. Pode ser, contudo, que você precise desenvolver uma perspectiva pragmática, se quiser transformar os seus talentos criativos em resultado concreto. A sua abordagem original e inovadora inspira novas e excitantes idéias que, freqüentemente, resultam em trabalhos que impressionam as pessoas.

Com o dia de aniversário número 13, você é sério, romântico, charmoso e amante das diversões, e com dedicação pode prosperar na vida. As suas poderosas emoções e desejo de liberdade e de auto-expressão emocional podem ser os seus grandes trunfos. Porém, quando aprende a importância das parcerias e da cooperação, você tem mais oportunidades de compartilhar o seu grande talento com as outras pessoas. Como muitos outros que fazem aniversário no dia 13, você talvez queira viajar ou se estabelecer em um novo ambiente, em busca de uma vida melhor. Os idealistas podem escolher uma carreira no mundo do entretenimento e procurar caminhos para expressar seu talento criativo.

Positivo: ambição, criatividade, amor à liberdade, auto-expressão, iniciativa

Negativo: impulsividade, indecisão, autoritarismo, natureza pouco emotiva, rebeldia

Dia 14

Potencial intelectual, perspectiva pragmática e forte determinação são algumas das qualidades das pessoas nascidas no dia 14. Muitas vezes, você possui um forte desejo de estabelecer uma sólida base e de alcançar o sucesso por meio do trabalho árduo. De fato, com o dia de aniversário número 14, você normalmente prioriza o trabalho e julga a si próprio e aos outros tomando como base a realização profissional.

Embora você precise de estabilidade, a agitação indicada pelo número 14 impele-o a seguir adiante e a assumir novos desafios, em uma constante tentativa de aperfeiçoamento. Essa insatisfação inata também pode inspirá-lo a passar por grandes mudanças na vida, especialmente se não estiver satisfeito com sua situação profissional e com sua condição financeira. Como muitas pessoas associadas a este dia de aniversário, você pode muitas vezes chegar ao topo da sua profissão.

As características ocultas indicadas pelo dia de aniversário número 14 sugerem que você sempre será beneficiado se explorar os seus talentos criativos e se aprender a expressar os seus sentimentos mais abertamente. O amor pode, em algumas ocasiões, apresentar-se como um verdadeiro desafio, embora a sua versatilidade, senso prático e grande intuição possam atropelar a sua tendência à teimosia. Com a sua mente perceptiva, você reage rapidamente aos problemas e gosta de resolvê-los. Tendo o dia de aniversário 14, você gosta de jogos e de correr riscos, e pode ter bastante sorte.

Positivo: ações decisivas, trabalho árduo, sorte, criatividade, pragmatismo, imaginação, diligência

Negativo: cautela excessiva ou impulsividade excessiva, instabilidade, imprevidência, teimosia

Dia 15

Versatilidade, generosidade e inquietude são qualidades sugeridas pelo dia de aniversário número 15. Geralmente, você é uma pessoa rápida e animada e tem uma personalidade carismática. Os seus grandes trunfos são a sua grande intuição e a habilidade para aprender rapidamente mediante a combinação entre prática e teoria. Em muitas ocasiões, você consegue conciliar o ganho financeiro com o aprendizado de novas habilidades. Muitas vezes, você pode utilizar a sua intuição e perceber rapidamente as oportunidades que surgem. Com o aniversário número 15, você possui talento para atrair dinheiro e receber ajuda de outros. Habitualmente despreocupado e animado, você saúda o inesperado. Embora seja naturalmente aventureiro, você precisa ter uma base verdadeira, ou algum local que considere a sua verdadeira casa. Embora tenha muito vigor e ambição, às vezes você pode se tornar teimoso ou obstinado. Evite a mesmice. Se combinar as suas habilidades práticas com suas idéias originais e superar a tendência a ser agitado e a se sentir insatisfeito, você pode ser mais bem-sucedido nos seus empreendimentos.

Positivo: disposição, generosidade, responsabilidade, amabilidade, cooperação, apreço, idéias criativas

Negativo: destrutividade, agitação, irresponsabilidade, egocentrismo, medo de mudanças, perda da fé, preocupação, indecisão, materialismo, mau uso do poder

Dia 16

O dia de aniversário número 16 sugere que você é uma pessoa ambiciosa, mas emotiva, cuidadosa e amigável. O seu grande desejo de se realizar e a necessidade de conhecer o mundo podem encorajá-lo a se afastar da sua família. Muitas vezes, você julga a vida de acordo com os seus sentimentos e tem a capacidade de compreender profundamente as pessoas e as situações. Como uma personalidade de número 16, no entanto, você pode sofrer tensões interiores quando se defronta com a necessidade de conciliar a sua auto-expressão com a responsabilidade para com os outros.

Com o dia de aniversário número 16, você pode se interessar por assuntos mundanos e trabalhar em corporações internacionais ou ligadas a meios de comunicação internacionais. Mas você pode também se envolver com organizações de caridade e trabalhar em prol de causas justas. Os que são criativos podem ter talento para escrever e receber súbitos rasgos de inspiração. A inquietude interior indicada pelo dia de aniversário 16 freqüentemente indica um despertar espiritual do "eu", especialmente nos períodos de instabilidade ou de mudança. Se você fizer aniversário no dia 16, precisa aprender a equilibrar o excesso de confiança com a insegurança. Embora muitos de vocês venham de famílias unidas, sempre preferem viver sozinhos ou viajar muito.

Positivo: educação elevada, responsabilidade para com a casa e a família, intuição, sociabilidade, cooperação, discernimento

Negativo: preocupação, inabilidade para se sentir satisfeito, irresponsabilidade, autopromoção, dogmatismo, ceticismo, alvoroço, irritabilidade, egoísmo, falta de solidariedade

Dia 17

Com o dia de aniversário número 17, você é muitas vezes uma pessoa arguta, de natureza reservada e dotada de habilidade analítica. Com capacidade para pensar de forma independente, você é uma pessoa culta ou cheia de habilidades e confia em sua experiência pessoal. Usualmente, você se vale de seu conhecimento de forma específica para se desenvolver na sua especialização e tem capacidade para o sucesso material ou para ocupar uma posição proeminente, como especialista ou pesquisador. Reservado, retrospectivo e distante, com um grande interesse por fatos e números, você, em geral, tem um comportamento sério e ponderado e gosta de fazer as coisas em um ritmo próprio. Mas se desenvolver a sua capacidade de comunicação, você pode descobrir muito mais acerca de si mesmo com o auxílio das outras pessoas. Contudo, depois de optar por um curso de ação, pode ser bastante determinado e não dar ouvidos ao conselho dos outros. Freqüentemente capaz de longos períodos de concentração e de resistência, você pode aprender muito mais com a experiência. Não obstante, você pode aprender mais rapidamente se deixar o ceticismo de lado.

Positivo: ponderação, capacidade para se tornar um especialista, planejamento, aptidão para os negócios, habilidade para atrair dinheiro, pensamento independente, natureza trabalhadora, precisão, habilidade para o trabalho de pesquisa, habilidade científica

Negativo: distanciamento, solidão, teimosia, falta de cuidado, mudanças de humor, excesso de sensibilidade, estreiteza mental, criticismo, tendência à solidão, preocupação, desconfiança

Dia 18

Determinação, assertividade e ambição são alguns dos atributos associados ao dia de aniversário número 18. Dinâmico e ativo, você muitas vezes deseja o poder e precisa de desafios constantes. Muitas vezes uma pessoa capaz, trabalhadora e responsável, você alcança posições de autoridade e tem inclinação para carreiras ligadas à justiça, à organização social e ao governo. Mas o seu grande senso para os negócios e sua capacidade de organização podem levá-lo ao mundo do comércio. Com o aniversário no dia 18, você pode ser uma pessoa com tendência a discussões, uma pessoa crítica ou difícil de contentar. Há também uma inclinação ao excesso de trabalho. Por isso talvez você precise aprender a relaxar ou a diminuir o ritmo de vez em quando.

Como uma personalidade número 18, você tem poder de curar, aconselhar ou resolver problemas dos outros. Contudo, talvez precise aprender a distinguir entre o bom e mau uso do poder, aprendendo a viver com os outros.

Positivo: evolução, assertividade, intuição, coragem, resolução, capacidade de cura, eficiência, habilidade para aconselhar

Negativo: descontrole das emoções, preguiça, falta de ordem, egoísmo, insensibilidade, incapacidade de concluir trabalhos ou projetos, engano

Dia 19

Criativo, radiante, ambicioso e dinâmico, embora humanitário e sensível, com o dia de aniversário número 19, você é uma pessoa decidida e cheia de recursos. Você tem profundidade de visão, mas o lado sonhador da sua natureza é compassivo, idealista e sensível. A necessidade de se tornar alguém pode ser a força que o leva a ser uma pessoa dramática e a querer ocupar o centro das atenções. Muitas vezes, há um grande desejo de criar uma identidade individual. Contudo, para tanto, você precisa primeiro superar a influência exercida pela pressão dos outros.

Somente por meio de diversas experiências, você poderá desenvolver a sua autoconfiança e capacidade de liderança. Para os outros, você pode aparentar ser uma pessoa confiante, resistente e cheia de recursos, mas as suas tensões internas podem causar instabilidade emocional. Embora seja orgulhoso e sinta necessidade de achar que as outras pessoas apreciam os seus esforços, você precisa também aprender que o mundo não gira ao seu redor. Isso muitas vezes indica que a sua tendência a ser egoísta e arrogante deve ser superada. É provável que você precise aprender algo acerca de coragem, planejamento e estrutura, bem como a superar o medo de ficar sozinho. Criativo e carismático, você sente que o mundo está aí para ser explorado e terá mais possibilidade de ser bem-sucedido se trabalhar sozinho ou em grandes corporações.

Positivo: dinamismo, centramento, criatividade, liderança, sorte, progressão, otimismo, fortes convicções, competitividade, independência, espírito gregário

Negativo: autocentramento, depressão, preocupação, medo de rejeição, instabilidade, materialismo, egoísmo, impaciência

Dia 20

Com o dia de aniversário número 20, você é uma pessoa intuitiva, sensível, adaptável e compreensiva, e muitas vezes se vê fazendo parte de um grupo maior. Em geral, você gosta de atividades cooperativas nas quais possa interagir, compartilhar experiências ou aprender com os outros. Influenciado pelo seu ambiente, você pode ser artístico ou musical. Normalmente charmoso e gracioso, você tem habilidades diplomáticas e sociais e pode freqüentar com facilidade diversos círculos sociais. Todavia, talvez precise desenvolver a autoconfiança ou superar a tendência a ser facilmente magoado pelas atitudes e críticas alheias. Em relacionamentos e sociedades em geral, você deve evitar a inclinação a se martirizar, a ser desconfiado ou a ser excessivamente dependente dos outros. Você é um mestre quando se trata de criar uma atmosfera agradável e harmônica e pode ser chamado a atuar como mediador em assuntos familiares ou apaziguador no trabalho, onde freqüentemente assiste aos outros.

Positivo: boas parcerias, gentileza, tato, receptividade, intuição, consideração, harmonia, agradável, amigável, boa vontade extrema

Negativo: desconfiança, subserviência, timidez, excesso de sensibilidade, egoísmo, tendência a ser facilmente magoado, ilusão

Dia 21

Vigor dinâmico e personalidade expansiva estão sempre presentes nas pessoas nascidas no dia 21. Com inclinação social, você tem muitos interesses e contatos e costuma ter sorte. Geralmente, você mostra aos outros a sua personalidade gregária e amigável. Altamente original e intuitivo, você possui um espírito independente.

Se você nasceu no dia 21, pode ser amante das diversões, magnético, criativo e dotado de charme social. Mas pode ser que você seja tímido e reservado, com necessidade de desenvolver a assertividade, especialmente nas relações mais próximas.Você tem muitas oportunidades e alcança o sucesso com as outras pessoas. Embora possa ter inclinação para relacionamentos cooperativos ou para o casamento, sempre quer ser reconhecido pelos próprios talentos e habilidades. As personalidades de número 21, contudo, devem evitar ser muito egoístas ou procurar a própria identidade nos sonhos de outras pessoas.Você pode também despender muito tempo com os seus relacionamentos e, assim, acabar se tornando uma pessoa dependente.

- **Positivo**: inspiração, criatividade, amor a uniões, relacionamentos duradouros
- **Negativo**: dependência, nervosismo, emotivo ao extremo, falta de visão, desapontamento, medo de mudança

Dia 22

Com o dia de aniversário 22, você é uma pessoa orgulhosa, prática, disciplinada e altamente intuitiva. Este é um número mestre, que pode vibrar tanto como número 22 quanto como número 4. Muitas vezes honesto, trabalhador, com capacidade natural de liderança, você tem uma personalidade carismática e uma capacidade de compreender profundamente as pessoas e suas motivações. Embora seja reservado, você sempre mostra uma preocupação cuidadosa e protetora com o bem-estar das pessoas. No entanto, você nunca perde de vista a sua posição pragmática ou realista. Freqüentemente culto e mundano, você tem muitos amigos e admiradores. Seus atributos mais evidentes são as suas habilidades práticas e executivas. A sua personalidade direta, mas tranqüila, ajuda-o a conquistar cargos gerenciais. Os que são mais competitivos alcançam o sucesso e prosperidade com a ajuda e o encorajamento de outros. Muitas pessoas nascidas neste dia têm fortes vínculos com irmãos e irmãs e muitas vezes os apóiam e protegem.

- **Positivo**: universalidade, intuição, pragmatismo, habilidade manual e construtora, organização, realismo, resolução de problemas, realização
- **Negativo**: vontade de enriquecimento rápido, nervosismo, complexo de inferioridade, autoritarismo, materialismo, falta de visão, preguiça, egoísmo, autopromoção

Dia 23

Intuição, sensibilidade emocional e criatividade são alguns dos atributos do dia de aniversário 23. Você é versátil, apaixonado, tem rapidez de raciocínio, atitude profissional e mente cheia de idéias criativas. Com a influência do número 23, você pode aprender novos assuntos facilmente, mas prefere a prática à teoria.Você precisa, contudo, superar a tendência a criticar os outros e desenvolver uma atitude menos egoísta. Amante das viagens, aventuras e desejoso de conhecer novas pessoas, sua inquietude leva-o a ter diversas experiências, às quais você se adapta para tirar o melhor proveito da situação. Em geral amigável e amante das diversões, dotado de coragem e vigor, você precisa levar uma vida ativa para realizar o seu verdadeiro potencial. Embora goste de ajudar os outros, se tiver propensão à indecisão e a mudar de idéia, pode aparentar ser uma pessoa irresponsável. Algumas pessoas de número 23 podem ter diversos relacionamentos curtos antes de encontrar a felicidade e o parceiro ideal.

Positivo: lealdade, responsabilidade, viagens, comunicação, intuição, criatividade, versatilidade, confiabilidade, fama

Negativo: egoísmo, insegurança, teimosia, natureza inflexível, criticismo, ciúme, retraimento, agitação

Dia 24

Percepção, responsabilidade e empreendimento são algumas das qualidades encontradas nas pessoas nascidas no dia 24. Embora você possa não gostar da rotina, é, na maioria das vezes, uma pessoa trabalhadora, dotada de senso prático e de boa capacidade de julgamento. A sensibilidade emocional do número 24 indica que você precisa de estabilidade, lei e ordem. Você também é sensível à forma e à estrutura e pode facilmente criar um sistema complexo, mas eficiente. Muitas vezes honesto, confiável e preocupado com a própria segurança, você precisa do amor e do apoio de um parceiro e deseja construir uma sólida base para si e para sua família. Confiável e justo, mas reservado, você se inclina a acreditar que as ações falam mais alto do que as palavras. A sua maneira pragmática de encarar a vida também lhe confere aptidão para os negócios e habilidade para ser materialmente bem-sucedido na vida. Com o dia de aniversário 24, você talvez precise superar períodos de instabilidade e a tendência a ser teimoso ou a ter idéias fixas. Aprendendo a confiar na sua intuição e a desenvolver habilidades sociais, você pode adquirir autodisciplina. Você deve, no entanto, evitar se comportar de forma destrutiva, pois isso pode ser interpretado pelos outros como rudeza e materialismo. O maior desafio para o dia de aniversário número 24 é aprender a conviver com as pessoas e superar a tendência à desconfiança, bem como construir uma base segura.

Positivo: energia, idealismo, habilidades práticas, determinação, honestidade, franqueza, imparcialidade, generosidade, amor à casa, atividade

Negativo: rudeza, materialismo, avareza, aversão à rotina, preguiça, infidelidade, dominação, teimosia, vingança

Dia 25

Intuitivo e ponderado, embora rápido e vigoroso, você precisa se expressar mediante experiências diferentes, como, por exemplo, idéias, pessoas ou lugares novos e empolgantes. O desejo de perfeição associado ao dia de aniversário 25 muitas vezes leva ao trabalho árduo e à produtividade. Porém, quando as coisas não acontecem conforme o planejado, você precisa ser menos impaciente ou crítico.

A sensibilidade emocional e o talento artístico e criativo são apenas alguns dos seus atributos ocultos. Talvez você precise evitar se subestimar, pois isso pode levar à frustração ou a um comportamento destrutivo. A sua grande necessidade de ter relacionamentos pessoais próximos duradouros, amor e afeição pode ser minada pela vibração agitada do número 25. Você, em geral, é uma pessoa instintiva e alerta, que pode ampliar o seu conhecimento por meio da aplicação prática, mais do que pela teoria. Sua capacidade de julgamento e a atenção que dispensa aos detalhes garantem o seu sucesso. Talvez seja importante desenvolver uma atitude menos cética e superar a tendência a tomar decisões impulsivas. Você pode sentir-se emocionalmente tenso ou mal-humorado devido ao medo que tem de mudanças. Como número 25, você possui uma grande energia mental; quando se concentra, ela o ajuda a considerar todos os fatos e a chegar a uma conclusão mais rapidamente do que qualquer outra pessoa. O sucesso e a felicidade serão seus quando aprender a confiar na própria intuição e quando desenvolver a perseverança e a paciência.

Positivo: intuição, busca da perfeição, percepção, criatividade, habilidade em lidar com as pessoas

Negativo: impulsividade, impaciência, irresponsabilidade, emotividade excessiva, ciúme, hermetismo, criticismo, mau humor, nervosismo

Dia 26

O dia de aniversário 26, freqüentemente, sugere que você aspira a grandes realizações e possui uma natureza ambiciosa. Muitas vezes, você tem uma maneira pragmática de encarar a vida, habilidade executiva e aptidão para os negócios. A força e o poder sugeridos pelo número 26 mostram que você tem uma personalidade cautelosa, princípios e boa capacidade de julgamento. Se você nasceu no dia 26 é, normalmente, uma pessoa responsável, com senso estético inato. O amor à vida doméstica e o forte instinto paternal podem também sugerir que você tem uma grande necessidade de construir uma sólida base ou uma estabilidade genuína. Mas, devido à teimosia ou à falta de autoconfiança, você pode, às vezes, desistir muito facilmente. Não obstante, com autocontrole e planejamento cuidadoso, você pode alcançar o sucesso.

A sua inclinação para causas idealistas e humanitárias pode levá-lo a se envolver em atividades educacionais ou comunitárias. Muitas vezes, você é um manancial de força para outras pessoas, apóia os amigos e familiares que o procuram em momentos de dificuldade. Você deve, no entanto, evitar as tendências materialistas e o desejo de controlar as situações e as pessoas.

Positivo: criatividade, praticidade, cuidado, responsabilidade, orgulho da família, entusiasmo, coragem

Negativo: teimosia, rebeldia, falta de entusiasmo, falta de persistência, instabilidade, dominação

Dia 27

O dia de aniversário 27 indica que você pode ter uma maior profundidade de pensamento se desenvolver a paciência e o autocontrole. Intuitivo, mas analítico, você é muitas vezes vigoroso, determinado e observador e presta muitas atenção aos detalhes. Muitas vezes idealista e sensível, dotado de uma mente fértil e criativa, você pode impressionar os outros com os seus pensamentos e idéias originais. Embora às vezes possa aparentar ser uma pessoa reservada, racional ou distante, na verdade, você pode estar escondendo uma tensão interna, que pode se manifestar como uma tendência à impulsividade, à indecisão, à confusão ou à desconfiança em face de mudanças iminentes. Se desenvolver a sua capacidade de se comunicar, você pode superar a relutância em expressar seus sentimentos mais profundos. Muitas vezes, a inspiração é a chave para o sucesso. Quando desenvolve uma perspectiva mais universal, você consegue controlar rompantes ou evitar se preocupar com o que os outros possam pensar ou dizer. A educação e a cultura são essenciais para as pessoas nascidas no dia 27 e, com as devidas qualificações, você pode ser bem-sucedido se escrever, pesquisar ou trabalhar em grandes organizações. Naturalmente versátil e imaginativo, dotado de grande intuição ou habilidade psíquica, você pode ser uma pessoa ambiciosa e cheia de idéias. No entanto, a inquietação pode levá-lo a se comportar de forma instável e impulsiva. Talvez você precise aprender a converter as suas idéias em resultados concretos. Embora seja muitas vezes afetivo e tenha consideração pelos outros, você pode, ocasionalmente, dar a impressão de ser uma pessoa excessivamente sensível e distante. Se desenvolver uma perspectiva mais neutra, você será capaz de ouvir e de aceitar as críticas ou idéias alheias.

Positivo: versatilidade, imaginação, criatividade, decisão, coragem, boa compreensão, capacidade mental, espiritualidade, inventividade, força mental

Negativo: mau humor, facilidade de se ofender, tendência a discutir com os outros, inquietação, nervosismo, desconfiança, sentimentalismo excessivo, tensão

Dia 28

Independente, idealista e anticonvencional, embora pragmático e determinado, você é, muitas vezes, a sua própria lei. O conflito interno entre o desejo de ser independente e o de querer pertencer a um grupo também é patente. Como o indivíduo número 1, você é ambicioso, direto e empreendedor. Sempre pronto para a ação e para se lançar em novos empreendimentos, você assume corajosamente os desafios da vida e, com o seu entusiasmo, pode facilmente inspirar os outros — se não a juntar-se a você, pelo menos a apoiá-lo no seu empreendimento mais recente. Entre as suas diversas qualidades incluem-se fortes convicções, abundância de recursos, bom juízo e habilidade para acumular conhecimento e usá-lo na solução dos problemas. Com o dia de aniversário 28, você normalmente tem capacidade de liderança e confia no seu senso comum, lógica e clareza de pensamento. Embora se preocupe com o sucesso e seja ambicioso, a sua família e a vida doméstica são muito importantes para você. Encontrar a estabilidade e cuidar dos entes queridos pode às vezes ser um desafio para você. Muitas vezes, você assume responsabilidades, mas pode também se tornar uma pessoa excessivamente entusiasmada, impaciente ou intolerante. Você deve também evitar o autoritarismo, o dogmatismo ou a rebeldia.

Positivo: compaixão, progressão, audácia, habilidade artística, criatividade, idealismo, ambição, capacidade para o trabalho árduo, vida familiar estável, força de vontade

Negativo: sonhador, sem compaixão, pouco sensato, autoritarismo, mau juízo, agressividade, falta de cooperativismo, falta de confiança, dependência de outras pessoas, orgulho

Dia 29

Visionários idealistas, dotados de uma natureza vigorosa, os indivíduos número 29 possuem uma personalidade poderosa e um extraordinário potencial. Você é muitas vezes altamente intuitivo, sensível e emotivo. Sua natureza compassiva e compreensiva inspira um sentimento humanitário e pode encorajar os outros a realizar as suas esperanças e sonhos. De fato, a inspiração é a chave para o seu sucesso... sem ela você pode experimentar uma falta de sentido na vida. Embora seja um verdadeiro sonhador, com freqüência, os aspectos extremos da sua natureza indicam que você tem de se resguardar contra a instabilidade emocional. Você pode oscilar entre ser muito amigável e caloroso e ser frio e indiferente com os outros; ou pode oscilar entre o otimismo e o pessimismo. Embora quem nasce no dia 29 seja uma pessoa competitiva e ambiciosa, você tem necessidade de ser popular e se interessa pelo que os outros pensam a seu respeito. No entanto, você precisa aprender a ser menos crítico, desconfiado, tímido ou distante e a ter mais consideração com os que estão ao seu redor. Se confiar nos seus sentimentos mais íntimos e se abrir o seu coração para os outros, você pode superar a tendência a se preocupar ou a usar a sua mente como escudo protetor. Use os seus pensamentos criativos para realizar alguma coisa de especial e única, que possa inspirar ou servir aos outros.

- **Positivo**: inspiração, equilíbrio, paz interior, generosidade, sucesso, criatividade, intuição, misticismo, sonhos poderosos, interesse pelo mundo, fé
- **Negativo**: falta de concentração, insegurança, nervosismo, temperamental, pessoa difícil, extremismo, isolamento, sensibilidade excessiva

Dia 30

Artístico e criativo, amigável e sociável são apenas alguns dos adjetivos usados para caracterizar as pessoas que fazem aniversário no dia 30. Você gosta de levar uma vida confortável e de se socializar e pode ser excepcionalmente carismático, leal e amigável. Emotivo e ambicioso, dotado de potencial criativo, você apreende as idéias e as expande no seu próprio estilo dramático. Com temperamento estável e espírito gregário, dotado de bom gosto e talento estético, você pode ser bem-sucedido em todos os tipos de trabalho relativos à arte, ao *design* e à música. O orgulho e a ambição, combinados com boas oportunidades, muitas vezes permitem que você chegue ao topo da sua profissão. Se você nasceu no dia 30, possui sentimentos fortes: estar apaixonado ou sentir-se contente é um requisito vital. Na sua busca de felicidade, evite ser preguiçoso, excessivamente indulgente, impaciente ou invejoso, pois isso pode provocar uma instabilidade emocional. Entre as pessoas que nasceram no dia 30, muitas têm reconhecimento ou fama, especialmente os músicos, atores e comediantes, mas talvez precisem fazer ainda alguns sacrifícios pelas pessoas que amam.

- **Positivo**: amor à diversão, lealdade, amizade, capacidade de síntese, talento com as palavras, criatividade, sorte
- **Negativo**: preguiça, obstinação, comportamento errático, impaciência, indulgência excessiva, indiferença, indecisão, inveja

Dia 31

Forte força de vontade, determinação e ênfase na auto-expressão são indicados pelo dia de aniversário 31. Você, muitas vezes, combina a sua intuição com a capacidade prática de tomar as decisões certas. Geralmente, você é incansável e determinado e tem necessidade de progredir materialmente; contudo, talvez você precise aprender a aceitar as limitações da vida e, por isso, precise construir uma sólida base. Se você nasceu no dia 31, é uma pessoa com idéias originais, dotada de senso estético e habilidade para ser bem-sucedida nos negócios, se não se precipitar e se seguir um plano de ação prático. Boa sorte e oportunidades também são sugeridas pelo número 31, além da capacidade de transformar passatempos em empreendimentos lucrativos. Contudo, talvez você precise aprender a não se desencorajar facilmente e a ter mais consideração pelos outros. Para você, é crucial ter tempo para o amor e para as diversões, dado que tende a ser uma pessoa muito trabalhadora. No entanto, precisa evitar a tendência a ser excessivamente indulgente ou egoísta, ou ser excessivamente otimista. Os indivíduos mais fracos associados ao dia de aniversário 31 são inseguros e desistem muito facilmente dos seus sonhos ou se deixam levar pelo mundo da fantasia.

Positivo: sorte, criatividade, originalidade, capacidade para construir e ser construtivo, persistência, praticidade, capacidade de comunicação, responsabilidade

Negativo: insegurança, impaciência, desconfiança, tendência a se desencorajar facilmente, falta de ambição, egoísmo, teimosia, materialismo

Os 31 dias de CÂNCER

22 de junho a 22 de julho

22 de Junho

A posição única do seu dia de aniversário, em uma cúspide, sugere que você recebe influências tanto de Gêmeos quanto de Câncer. Você, mais do que ninguém, possui poderes mentais e intuitivos, e com a sua receptividade natural aprende rapidamente e possui um grande potencial para seguir qualquer carreira.

Tendo nascido no primeiro decanato de Câncer, você se beneficia da dupla influência da Lua e possui uma imaginação sensível e poderosas emoções. Como em geral é uma pessoa multitalentosa e com muitos interesses, você deseja adquirir conhecimentos e estímulo mental. Se você aceitar os desafios indicados por este dia de aniversário, pode ser bem-sucedido em qualquer campo de estudo. Mas você pode usar a sua engenhosidade e sua habilidade prática para se envolver em trabalhos ligados a reformas ou para melhorar as condições de vida das pessoas.

♋

SOL: CÚSPIDE DE CÂNCER/GÊMEOS
DECANATO: CÂNCER/LUA
GRAU: 29°30' GÊMEOS - 1° CÂNCER
MODO: CARDEAL
ELEMENTO: ÁGUA

♋

Inteligente e carinhoso, você é solidário e possui uma capacidade mental aguçada. Apesar de inteligente e imaginativo, sem estrutura ou objetivos você pode ficar facilmente irritado, obstinado ou se envolver em jogos de poder que provocam tensão mental. Isso pode causar mau humor ou dúvida quanto a si mesmo, especialmente se permitir que as outras pessoas minem a sua confiança.

As pessoas mais inspiradas nascidas neste dia sentem atração por qualquer forma de autoexpressão e por atividades artísticas, especialmente pela música ou pelo teatro. Como muitas vezes conhece as expectativas dos outros, você usa o seu poder de discernimento e personalidade amável para se movimentar com facilidade por todos os tipos de círculos sociais.

Você coloca em segundo plano as questões relacionadas à segurança depois dos 30 anos de idade, quando o seu Sol progredido entra no signo de Leão. Isso o ajuda a ganhar mais confiança e ter um bom desempenho na carreira escolhida. Se, por volta da meia-idade, você não tiver usado essas poderosas energias inerentes a esta data de nascimento, terá uma outra chance de se realizar. A partir dos 60 anos de idade, quando o seu Sol progredido entra no signo de Virgem, você adota uma atitude mais pragmática, em que servir às outras pessoas se torna uma questão mais importante na sua vida.

O Seu Eu Secreto

A necessidade de sentir firmeza naquilo que acredita pode, às vezes, ser desafiada pelas pessoas com as quais você mantém contato. Ainda que tenha uma aparência confiante, muitas vezes você se pergunta se realmente sabe o que está acontecendo. Franco e sincero, você gosta de ser honesto e espera o mesmo dos outros. No entanto, a força das suas convicções pode torná-lo uma pessoa obstinada mas persistente. Por isso, é aconselhável que você aprenda a diferenciar entre a determinação e a inflexibilidade, e a objetividade e o pensamento racional podem ser a resposta se você deseja superar as suas inseguranças emocionais.

Você gosta de correr riscos e pode se sentir tentado a realizar os seus objetivos por meio da especulação. Mesmo que seja bom ter grandes planos, você precisa aprender a se expressar criativamente ou a se dedicar aos seus ideais. Mas a sua formidável mente produtiva e a realização do seu enorme potencial podem ser colocados em risco com a tendência ao escapismo.

Trabalho & Vocação

A sua ambição pode levá-lo ao mundo dos negócios, no qual você pode se sobressair graças à sua capacidade de organização e administração. Isso sugere também que você pode ser bem-sucedido nas áreas industrial, bancária, imobiliária e de *merchandising*. A sua visão e a sua imaginação ativa podem levá-lo a seguir carreiras como teatro, fotografia, cinema ou decoração de interiores. A sua habilidade natural para lidar com as pessoas pode ser canalizada para profissões que envolvam o trato com o público, como comunicação, educação, medicina, trabalho social ou advocacia. O seu *insight* especial e compaixão podem levá-lo a trabalhar no mundo da cura, seja da medicina tradicional ou da medicina alternativa.

Numerologia

Com o dia de aniversário número 22, você é uma pessoa orgulhosa, prática e altamente intuitiva. Como este é um número-mestre, pode vibrar tanto como 22 quanto como 4. Muitas vezes honesto e trabalhador, com capacidade natural de liderança, você possui uma personalidade carismática e uma profunda compreensão das pessoas. Embora reservado, você se preocupa com o bem estar dos outros. Muitas pessoas nascidas neste dia têm fortes laços com irmãos e irmãs e muitas vezes os protegem e os apóiam. A subinfluência do mês número 6 indica que você é uma pessoa voltada para as questões ligadas à sua segurança e que gosta de criar harmonia. Confiável e responsável, você apóia os outros e é um amigo solidário. Com os seus talentos interiores de imaginação e criatividade, você freqüentemente abriga ideais, mas o lado prático da sua natureza o mantém com os pés firmes no chão. A vitória é importante para você, mas o sucesso é geralmente possível por meio de idéias originais que possam trazer benefícios para as outras pessoas.

♋

ESTRELAS FIXAS

Betelgeuze; Polaris, também conhecida como Al Rukkabah ou Estrela Polar; Menkalinan, também conhecida como Ombro do Reinholder

ESTRELA PRIMÁRIA

Nome da estrela:
Betelgeuze
Posição:
27°46'-28°42' de Gêmeos, entre os anos de 1930 e 2000
Magnitude:
1
Força:
★★★★★★★★★★
Órb:
2°30'
Constelação:
Alpha Orionis
Dias:
18, 19, 20, 21, 22 e 23 de junho
Qualidades da estrela:
Marte/ Mercúrio
Descrição:
uma estrela variável laranja-avermelhada, localizada no ombro direito de Orion

♋

Positivo: universalidade, direção, elevada intuição, pragmatismo, praticidade, habilidade manual, construção, capacidade de organização, realismo, resolução de problemas

Negativo: esquemas de enriquecimento rápido, nervosismo, autoritarismo, materialismo, falta de visão, egotismo, autopromoção

Amor & Relacionamentos

A sua riqueza de sentimentos e forte sexto-sentido usualmente sugerem que você precisa de um parceiro que possa compreender a sua sensibilidade e compartilhar os seus valores e idéias. Você é um manancial de força para as pessoas que ama, mas pode ter propensão a oscilações de humor. Desenvolvendo uma perspectiva filosófica e superando a tendência à preocupação, você pode conquistar a sua estabilidade emocional. Os seus relacionamentos sociais e românticos mais bem-sucedidos são com as pessoas que compartilham os seus diversos interesses ou que possam estimulá-lo mentalmente.

INFLUÊNCIA DA ESTRELA PRIMÁRIA

Betelgeuze confere capacidade de julgamento, perspectiva otimista, mente rápida e natureza competitiva. Esta estrela também confere sorte e sucesso por meio da resolução e da determinação. Você pode receber honrarias pelas suas admiráveis conquistas e pode também ter riqueza material.
Ligada ao grau do seu Sol, esta estrela mostra o talento para a Filosofia e aptidão para estudos metafísicos. Betelgeuze confere sucesso nos esportes e em questões legais, bem como transmite uma boa influência em todos os assuntos relacionados a outras pessoas. Embora as honrarias e a riqueza possam ser alcançadas, elas não são duradouras, pois há sempre o perigo de perdas súbitas.

- **Positivo**: boa capacidade de julgamento, capacidade de resolver problemas, harmonia entre ação e pensamento
- **Negativo**: obstinado, propenso a discussões, "do contra"

Consulte o Apêndice para obter mais informações acerca das estrelas fixas.

ALGUÉM ESPECIAL

Para ter relacionamentos calorosos e serenos, comece procurando entre as pessoas nascidas nas seguintes datas:

Amor & amizade: jan: 10, 13, 20, 30; fev: 8, 11, 18, 28; mar: 6, 9, 16, 26; abr: 4, 7, 14, 24; mai: 2, 5, 12, 22; jun: 3, 10, 20; jul: 1, 8, 18; ago: 6, 16, 30; set: 4, 14, 28, 30; out: 2, 12, 26, 28, 30; nov: 10, 24, 26, 28; dez: 8, 22, 24, 26

Relacionamentos benéficos: jan: 12, 16, 17, 28; fev: 10, 14, 15, 26; mar: 8, 12, 13, 24; abr: 6, 10, 11, 22; mai: 4, 8, 9, 20, 29; jun: 2, 6, 7, 18, 27; jul: 4, 5, 16, 25; ago: 2, 3, 14, 23; set: 1, 12, 21; out: 10, 19; nov: 8, 17; dez: 6, 15

Atrações fatais: mar: 31; abr: 29; mai: 27; jun: 25; jul: 23; ago: 21; set: 19; out: 17; nov: 15; dez: 17, 21, 22, 23, 24

Relacionamentos desafiantes: jan: 6, 18, 22, 27; fev: 4, 16, 20, 25; mar: 2, 14, 18, 23; abr: 12, 16, 21; mai: 10, 14, 19; jun: 8, 12, 17; jul: 6, 10, 15; ago: 4, 8, 13; set: 2, 6, 11; out: 4, 9; nov: 2, 7 ; dez: 5

Alma gêmea: mar: 28; abr: 26; mai: 24; jun: 22; jul: 20; ago: 18; set: 16; out: 14; nov: 12; dez: 10

23 de Junho

Intuitivo e receptivo, com habilidade para apreender rapidamente as idéias, você é uma pessoa inteligente e astuta. Como todo canceriano, você é sensível e tímido; contudo, o seu grande potencial mental o inspira a sonhar alto e a alcançar o sucesso. Protetor e solidário, você apóia as pessoas à sua volta e, na maioria das vezes, considera a sua família o elemento mais importante para a sua segurança e bem-estar.

Como possui uma mente alerta, você gosta de se manter ocupado e bem-informado. Ainda que você sempre leve em consideração os seus sentimentos, a tendência ao ceticismo implica que você precisa aprender que a sabedoria da sua voz interior é o seu bem mais valioso.

A dupla influência de Câncer, como seu regente e planeta do seu decanato, indica que você se beneficia com o desenvolvimento dos seus poderes psíquicos. Aprendendo a canalizar as suas fortes emoções para um objetivo positivo, você pode superar crises de frustração e incerteza.

♋

SOL: CÂNCER
DECANATO: CÂNCER/LUA
GRAU: 0°30'-2° CÂNCER
MODO: CARDEAL
ELEMENTO: ÁGUA

♋

Quando está com uma disposição positiva, você reage às situações com espontaneidade, força de vontade e determinação, convidando as pessoas a acompanhar o seu fluxo de pensamento. A tendência a perder a fé, retrair-se e ficar mal-humorado pode ser um obstáculo, impedindo que você se abra às suas maravilhosas possibilidades.

Até os 29 anos de idade a sua maior preocupação se concentra na sua própria sensibilidade e na sua vida doméstica e familiar. Depois desse período, quando o seu Sol progredido entra no signo de Leão, você pode ser levado a participar de situações públicas que requeiram força e confiança. Essa tendência prossegue até os 59 anos de idade, quando o seu Sol progredido entra no signo de Virgem. Essa nova fase coloca em evidência questões de ordem prática e você se torna mais metódico e voltado para o mundo dos negócios.

O Seu Eu Secreto

Com um talento natural para avaliar as coisas e ganhar dinheiro, você também possui um poder interior que aumenta a sua tenacidade e determinação e desempenha um papel importante e dinâmico no seu sucesso. Isso lhe dá a capacidade para superar todos os obstáculos, não importa o quão difíceis eles pareçam ser. Às vezes, você tem a tendência a deixar as coisas por fazer e se sente com vontade de parar tudo, mas, quando acredita em um projeto, trabalha duro para que ele se transforme em realidade.

Há dentro de você uma jovialidade que, se expressa positivamente, poderá ter uma influência muito criativa em sua vida, impedindo que você seja muito sério. No entanto, você precisa regularmente de espaço e tempo para si mesmo a fim de se sintonizar com a parte mais perceptiva do seu caráter e desenvolver os seus *insights* mais profundos.

Trabalho & Vocação

A sua sensibilidade e sua natureza protetora levam-no a seguir carreiras que lidam com pessoas carentes ou a profissões ligadas a reformas sociais e medicina. Com a sua capacidade mental, você pode também se envolver em educação ou usar o seu talento comunicativo para escrever. As áreas em que pode dividir o seu conhecimento com os outros, como pesquisa, debates ou advocacia, podem ser atraentes para a sua personalidade racional. Se a habilidade técnica é o seu forte, você pode ser levado a trabalhar com computadores ou engenharia. Por outro lado, você pode também se interessar por religião e metafísica. É bem possível que você alcance o sucesso trabalhando em órgãos do governo ou na venda de artigos domésticos.

ESTRELAS FIXAS

Betelgeuze; Menkalinan; Tejat também chamada de Tejat Prior

ESTRELA PRIMÁRIA

Nome da estrela:
Betelgeuze

Posição:
27°46'-28°42' de Gêmeos, entre os anos de 1930 e 2000

Magnitude:
1

Força:
★★★★★★★★★★

Órb:
2°30'

Constelação:
Alpha Orionis

Dias:
18, 19, 20, 21, 22 e 23 de junho

Qualidades da estrela:
Marte/ Mercúrio

Descrição:
uma estrela variável laranja-avermelhada, localizada no ombro direito de Orion

Numerologia

Intuitivo, emocionalmente sensível e criativo são algumas das maneiras como as pessoas descrevem quem nasce com o dia de aniversário número 23. Você é, usualmente, uma pessoa versátil, apaixonada, com capacidade de pensar rapidamente e que tem uma atitude profissional. Com uma mente cheia de idéias criativas, você, em geral, é uma pessoa multitalentosa. Você gosta de viagens, aventuras e de conhecer pessoas novas, e a inquietude sugerida pelo número 23 o impele a ter diferentes tipos de experiências, pois se adapta facilmente às situações. Você é uma pessoa amável e que gosta de se divertir, tem coragem e força de vontade, e precisa de uma vida ativa para realizar o seu verdadeiro potencial. A subinfluência do mês número 6 indica que você é emotivo, sensível e possui uma natureza idealista e protetora. Com os seus fortes instintos ou habilidade psíquica, você pode sentir as emoções e perceber os pensamentos das outras pessoas. Como deseja estabilidade e segurança, você tem inclinação para a vida doméstica e é um pai dedicado. O seu desafio é desenvolver a autoconfiança e evitar ser excessivamente dependente.

Positivo: lealdade, responsabilidade, viagens, capacidade de comunicação, intuição, criatividade, versatilidade, confiabilidade, fama

Negativo: egoísmo, insegurança, teimosia, falta de comprometimento, criticismo, obtusidade, retraimento, preconceito

Amor & Relacionamentos

Sensível, mentalmente inquieto e altamente intuitivo, você precisa se sentir emocionalmente seguro e é muitas vezes um parceiro encorajador e prestativo. Você costuma se sentir atraído por pessoas ambiciosas, que têm força de vontade e são trabalhadoras. Isso pode fazer com que você busque a companhia de pessoas inteligentes, autodisciplinadas e inventivas. Embora você provavelmente precise de tempo antes de se comprometer com relacionamentos duradouros, depois de decidido tem firmes convicções e é muito leal.

INFLUÊNCIA DA ESTRELA PRIMÁRIA

Betelgeuze confere capacidade de julgamento, perspectiva otimista, mente rápida e natureza competitiva. Esta estrela também confere sorte e sucesso por meio da resolução e da determinação. Você pode receber honrarias pelas suas admiráveis conquistas e pode também ter riqueza material.
Ligada ao grau do seu Sol, esta estrela mostra o talento para a Filosofia e aptidão para estudos metafísicos. Betelgeuze confere sucesso nos esportes e em questões legais, bem como transmite uma boa influência em todos os assuntos relacionados a outras pessoas. Embora as honrarias e a riqueza possam ser alcançadas, elas não são duradouras, pois há sempre o perigo de perdas súbitas.

- **Positivo**: boa capacidade de julgamento, capacidade de resolver problemas, harmonia entre ação e pensamento
- **Negativo**: obstinado, propenso a discussões, "do contra"

Consulte o Apêndice para obter mais informações acerca das estrelas fixas.

ALGUÉM ESPECIAL

Pode ser mais fácil ter relacionamentos com as pessoas nascidas nas seguintes datas:

Amor & amizade: jan: 21, 28, 31; fev: 19, 26, 29; mar: 17, 24, 27; abr: 15, 22, 25; mai: 13, 20, 23; jun: 11, 18, 21; jul: 9, 16, 19; ago: 7, 14, 17, 31; set: 5, 12, 15, 29; out: 3, 10, 13, 27, 29, 31; nov: 1, 8, 11, 25, 27, 29; dez: 6, 9, 23, 25, 27

Relacionamentos benéficos: jan: 9, 12, 18, 24, 29; fev: 7, 10, 16, 22, 27; mar: 5, 8, 14, 20, 25; abr: 3, 6, 12, 18, 23; mai: 1, 10, 16, 21, 31; jun: 2, 8, 14, 19, 29; jul: 6, 12, 17, 27; ago: 4, 10, 15, 25; set: 2, 8, 13, 23; out: 6, 11, 21; nov: 4, 9, 19; dez: 2, 7, 17

Atrações fatais: jan: 3; fev: 1; abr: 30; mai: 28; jun: 26; jul: 24; ago: 22; set: 20; out: 18; nov: 16; dez: 14, 22, 23, 24, 25

Relacionamentos desafiantes: jan: 7, 8, 19, 28; fev: 5, 6, 17, 26; mar: 3, 4, 15, 24; abr: 1, 2, 13, 22; mai: 11, 20; jun: 9, 18; jul: 7, 16; ago: 5, 14; set: 3, 12; out: 1, 10; nov: 8 ; dez: 6

Alma gêmea: jan: 3, 19; fev: 1, 17; mar: 15; abr: 13; mai: 11; jun: 9; jul: 7; ago: 5; set: 3; out: 1

24 de Junho

Como nativo de Câncer, você é uma pessoa despreocupada, que possui uma personalidade amável mas reservada. A maneira conservadora com que aborda a vida sugere que você é um bom mediador. Com o seu jeito natural para lidar com as pessoas, você prefere usar a diplomacia em vez do confronto direto.

A dupla influência da Lua muitas vezes implica que as preocupações com a vida doméstica e familiar podem tomar grande parte do seu tempo. Todavia, se você se dedicar apenas a buscar a segurança doméstica, não irá desenvolver o seu verdadeiro potencial.

A necessidade de harmonia e tranqüilidade implicada por este dia de aniversário não deve ser entendida como sinal de fraqueza, mas como uma indicação da sua mente sintonizada. A sua clara visão e sua natureza prática podem torná-lo um bom estrategista. Com o seu poder de concentração e sua disposição para o trabalho duro e desafiante, você é uma pessoa trabalhadora e dedicada. A responsabilidade e o forte senso de dever são alguns dos seus mais importantes atributos, e o progresso na vida vem por meio dos seus esforços e fortitude. Se for uma pessoa inspirada, você é capaz de se dedicar ao trabalho sem esperar por recompensas imediatas.

♋

SOL: CÂNCER
DECANATO: CÂNCER/LUA
GRAU: 1°30'-3° CÂNCER
MODO: CARDEAL
ELEMENTO: ÁGUA

♋

Ainda que possa ter uma mente excepcionalmente perceptiva, a sua oscilação entre a ambição e a inércia desafia o seu grande potencial. Somente combinando esses dois lados da sua personalidade, você pode estabelecer uma atitude equilibrada.

Até os 28 anos de idade, as questões relativas à casa, segurança ou família têm um papel importante na sua vida. Porém, depois que o seu Sol progredido entra no signo de Leão, você se torna mais ousado à medida que o seu poder, sua criatividade e sua confiança aumentam. Aos 58 anos de idade, quando o seu Sol progredido entra no signo de Virgem, você passa a ter mais discernimento e eficiência na sua vida, e é possível que passe a ter um interesse maior em questões médicas ou em servir os outros.

O Seu Eu Secreto

Embora a sua casa e família sejam importantes, você gosta do poder, é voltado para a sua carreira profissional e é muito determinado. Quando percebe que não trabalha bem sozinho, você faz com que as atividades cooperativas sejam uma parte central da sua vida. Algumas vezes pode ser difícil sair da sua rotina confortável, mas, depois que se decide e determina os seus objetivos, você pode ser extremamente trabalhador e habilidoso para comercializar os seus talentos.

Não permita que a ansiedade, especialmente em relação ao dinheiro, mine a sua capacidade de superar os obstáculos, pois em geral ela é infundada. Quando fica ansioso, você tende a fugir em vez de enfrentar os seus problemas na hora certa. Por isso é importante ter um plano de ação que lhe possibilite prosseguir na vida e exigir o reconhecimento que você precisa e merece.

Trabalho & Vocação

Você pode ser levado a expressar o lado mais carinhoso da sua natureza por meio de carreiras nas quais ajude aos outros, como a de terapeuta ou arrecadando fundos para causas justas. Interesses e atividades mentais podem levá-lo a ensinar, a dar palestras, a fazer pesquisas ou a escrever. O seu charme natural e talento artístico levam-no a seguir carreiras na área de teatro, música e outras atividades ligadas à arte. Você possui uma compreensão natural das pessoas e por isso pode ter atração por ocupações que envolvam contato pessoal, como terapeuta ou em departamentos de recursos humanos. Você pode se sobressair igualmente bem na área dos negócios, especialmente na área de vendas, promoções e relações públicas. Este dia de aniversário pode também produzir bons gerentes e executivos, bem como pessoas que trabalham excepcionalmente bem em atividades domésticas.

ESTRELA FIXA

Nome da estrela:
Tejat, também chamada de Tejat Prior

Posição:
2°27'-3°26' de Câncer, entre os anos de 1930 e 2000

Magnitude:
3

Força:
★★★★★★

Órb:
1°40'

Constelação:
Eta Gemini

Dias:
23, 24, 25 e 26 de junho

Qualidades da estrela:
Mercúrio/Vênus

Descrição:
uma estrela variável laranja-avermelhada, localizada no pé esquerdo do Gêmeo do norte

Numerologia

A sensibilidade emocional associada ao dia de aniversário número 24 sugere que você provavelmente precisará estabelecer harmonia e ordem. Você é em geral uma pessoa honesta, confiável, voltada para a sua segurança, que precisa de amor e apoio de um parceiro e deseja construir uma sólida base para si mesmo e sua família. A sua maneira pragmática de encarar a vida lhe dá também um bom senso para os negócios e habilidade para atingir o sucesso material. Com o dia de aniversário número 24, você precisa superar períodos de instabilidade e a tendência a ser teimoso ou a ter idéias fixas. A subinfluência do mês número 6 indica que você é uma pessoa consciente e responsável. Embora na maioria das vezes dê muita importância para a sua vida profissional, você é também bastante voltado para sua vida doméstica e para os seus filhos. Gentil e idealista, você é determinado, apóia os outros e possui uma natureza carinhosa. Apesar da sua grande aversão à rotina, você procura a estabilidade e a segurança. Você precisa também superar a tendência à insatisfação causada por preocupações e por prestar solidariedade a pessoas erradas.

Positivo: energia, idealismo, habilidades práticas, forte determinação, honestidade, generosidade, amor ao lar, atividade

Negativo: materialismo, muito econômico, aversão à rotina, preguiça, autoritarismo, teimosia, ressentimento

Amor & Relacionamentos

Com os seus fortes instintos e sua natureza passional, você muitas vezes revela-se uma personalidade dramática. A influência paternal associada ao seu dia de aniversário sugere que você é um pai dedicado e um parceiro carinhoso. O poder emocional associado à sua data de aniversário implica que você pode precisar evitar o excesso de sensibilidade ou melodramas. No entanto, você é uma pessoa hospitaleira, charmosa e amável, que tem ligações fortes com a sua família e a vida doméstica. A sua necessidade de se expressar muitas vezes sugere que você pode se sentir atraída por pessoas criativas e teatrais ou pode arrecadar fundos para causas que considere importantes.

INFLUÊNCIA DA ESTRELA PRIMÁRIA

Tejat confere confiança, orgulho, dignidade e uma natureza refinada. A influência desta estrela denota uma riqueza de sentimentos, senso de beleza e habilidades artísticas e literárias. Tejat também dá alegria, senso de humor e a sabedoria de que duas cabeças pensam melhor do que somente uma. Diversos benefícios podem advir da cooperação, do pensamento associativo e do desenvolvimento de uma maneira diplomática e persuasiva. Contudo, Tejat adverte para que esse talento não seja usado de forma negativa, como dissimulação e esperteza, inconsistência ou confiança excessiva. Ela também adverte contra possíveis problemas legais.

Ligada ao grau do seu Sol, esta estrela confere apreço pela beleza, talento artístico e literário e interesses fora do comum. Tejat dá uma natureza leve, mas adverte contra a falta de força de vontade e a tendência à inconsistência. Com esta estrela, você pode passar por períodos de instabilidade e mudanças.

- **Positivo**: pensamentos amorosos, senso artístico, união amorosa, habilidade para escrever
- **Negativo**: inclinação para o desperdício, vida despreocupada, vaidade, convencimento

ALGUÉM ESPECIAL

Para encontrar aquele alguém especial, comece procurando entre as pessoas nascidas nas seguintes datas:

Amor & amizade: jan: 18, 22, 28; fev: 16, 20, 26; mar: 14, 18, 28, abr: 12, 16, 26; mai: 10, 14, 24; jun: 8, 12, 22; jul: 6, 10, 20, 29; ago: 4, 8, 18, 27, 30; set: 2, 6, 16, 25, 28; out: 4, 14, 23, 26, 30; nov: 2, 12, 21, 24, 28; dez: 10, 19, 22, 26, 28

Relacionamentos benéficos: jan: 6, 10, 25, 30; fev: 4, 8, 23, 28; mar: 2, 6, 21, 26; abr: 4, 19, 24; mai: 2, 17, 22; jun: 15, 20, 30; jul: 13, 18, 28; ago: 11, 16, 26; set: 9, 14, 24; out: 7, 12, 22; nov: 5, 10, 20; dez: 3, 8, 18

Atrações fatais: mai: 29; jun: 27; jul: 25; ago: 23; set: 21; out: 19; nov: 17; dez: 14, 23, 24, 25

Relacionamentos desafiantes: jan: 13, 29, 3; fev: 11, 27, 29; mar: 9, 25, 27; abr: 7, 23, 25; mai: 5, 21, 23; jun: 3, 19, 21; jul: 1, 17, 19; ago: 15, 17; set: 13, 15; out: 11, 13; nov: 9, 11; dez: 7, 9

Alma gêmea: jan: 6, 25; fev: 4, 23; mar: 2, 21; abr: 19; mai: 17; jun: 15; jul: 13; ago: 11; set: 9; nov: 7; dez: 5

25 de Junho

Instintos fortes, boa capacidade mental e necessidade de variedade são indicados pelo seu dia de aniversário. Como canceriano, você é sensível e imaginativo e possui uma personalidade protetora, mas a sua mente alerta e seu forte poder intuitivo o impelem a ser aventureiro. Como é uma pessoa curiosa e com pensamento rápido, você é, na maioria das vezes, uma boa companhia, especialmente quando usa o seu senso de humor original para divertir os outros. Porém, como é uma pessoa inteligente, você não tem paciência com pessoas enfadonhas, o que pode levá-lo à impaciência.

A dupla influência da Lua freqüentemente implica que você é uma pessoa altamente intuitiva e sensível. Ávido por novas experiências, você tem interesse por outros países e pessoas estrangeiras. Essa influência, infelizmente, também sugere que você tem propensão à inquietude e precisa desenvolver a autodisciplina.

♋

SOL: CÂNCER
DECANATO: CÂNCER/LUA
GRAU: 2°30'-4° CÂNCER
MODO: CARDEAL
ELEMENTO: ÁGUA

♋

Para ser bem-sucedido, você precisa ter algum interesse que realmente prenda a sua imaginação, que o mantenha interessado. Se não conseguir se manter mentalmente desafiado, você corre o risco de desperdiçar as suas energias ou de se sentir insatisfeito. Se desenvolver a paciência e uma atitude responsável diante dos seus deveres, você logo perceberá que, além da intuição, você também possui profundidade de pensamento, excelente capacidade de raciocínio e habilidade mental para fazer trabalhos científicos ou de pesquisa.

A sua sensibilidade o afligirá menos depois dos 27 anos de idade, quando o seu Sol progredido entra no signo de Leão. Isso permite que você se torne mais ousado e autoconfiante em todas as áreas da sua vida. Depois dos 57 anos de idade, quando o seu Sol progredido entra no signo de Virgem, você passa a gostar de agir com paciência e precisão e a ter uma maneira mais pragmática de encarar a vida.

O Seu Eu Secreto

Prático e animado, você pode inspirar as outras pessoas com as suas idéias. A insatisfação emocional e a tendência a se entediar com facilidade indicam que você precisa de muita variedade na sua vida. Isso inclui também a companhia de muitas pessoas e a convivência com diferentes tipos de amizades e envolvimentos.

Como você possui a sua filosofia de vida, ela sempre o mantém com uma disposição positiva diante das dificuldades. O seu senso comum inato e a maneira direta de abordar a vida o ajudam a simplificar as questões e a resolver os problemas de forma intuitiva, pois pode apontar o óbvio que as outras pessoas não conseguem perceber. Quando está com uma disposição otimista, você pode pensar em grandes termos e gosta de correr riscos. Mas o lado mais cauteloso da sua natureza garante que esses riscos são calculados e não apenas simples atos precipitados.

Trabalho & Vocação

A sua inteligência rápida e sua necessidade de estímulo mental exigem variedade e permitem que você apreenda muito rapidamente qualquer situação. A necessidade de expressar a sua individualidade, sua sensibilidade e sua maravilhosa imaginação permitem que você seja bem-sucedido como escritor, jornalista, arquiteto, artista ou músico. A sua forte intuição e sua curiosidade podem levá-lo a seguir carreiras na área religiosa ou mística. Mas qualquer que seja a carreira escolhida, é importante evitar o tédio; por isso, procure optar por uma ocupação que exija constante atividade, como viagens, restaurantes ou trabalho com o público.

ESTRELAS FIXAS

Tejat; Dirah, também chamada de Nuhaiti

ESTRELA PRIMÁRIA

Nome da estrela:
Tejat, também chamada de Tejat Prior
Posição:
2°27'-3°26' de Câncer, entre os anos de 1930 e 2000
Magnitude:
3
Força:
★★★★★★
Órb:
1°40'
Constelação:
Eta Gemini
Dias:
23, 24, 25 e 26 de junho
Qualidades da estrela:
Mercúrio/Vênus
Descrição:
uma estrela variável laranja-avermelhada, localizada no pé esquerdo do Gêmeo do norte

Numerologia

Você em geral é uma pessoa intuitiva e alerta, que tem capacidade de julgamento e jeito para lidar com detalhes. De uma forma geral, você pode aprender mais por meio da aplicação prática do que pela teoria. Entretanto, você precisa ficar menos impaciente ou insatisfeito se as coisas não ocorrerem de acordo com os seus planos. A sensibilidade emocional e o talento artístico são algumas das suas qualidades não aparentes. Você possui uma forte energia mental que, quando concentrada, ajuda-o a ver todos os fatos e a chegar a uma conclusão antes de qualquer outra pessoa. A subinfluência do mês número 6 indica que você é uma pessoa responsável e empreendedora, que possui habilidades práticas e capacidade de julgamento. Como se interessa no seu auto-aperfeiçoamento, o segredo para o seu progresso é a auto-análise. Você precisa aprender a arte de expressar os próprios sentimentos mais abertamente e a se comunicar claramente sem parecer tímido ou inseguro.

Positivo: intuição elevada, perfeccionismo, percepção, mente criativa, bom trato com as pessoas

Negativo: impulsividade, impaciência, irresponsabilidade, excesso de emotividade, ciúme, dissimulação, criticismo, mau humor, nervosismo

Amor & Relacionamentos

Sociável e charmoso, você em geral tem muitos amigos. Você é profundamente emotivo, mas a sua relutância em revelar os seus sentimentos sugere que você pode ser uma pessoa indiferente. Usualmente, você é uma pessoa altamente idealista; contudo, às vezes, prefere cultivar amizades platônicas a ter relacionamentos emocionalmente envolventes. Você pode se envolver com mais de uma pessoa e ter dificuldade para escolher entre dois amores. Quando encontra a pessoa certa, você é um parceiro leal e companheiro.

INFLUÊNCIA DA ESTRELA PRIMÁRIA

Tejat confere confiança, orgulho, dignidade e uma natureza refinada. A influência desta estrela denota uma riqueza de sentimentos, senso de beleza e habilidades artísticas e literárias. Tejat também dá alegria, senso de humor e a sabedoria de que duas cabeças pensam melhor do que somente uma. Diversos benefícios podem advir da cooperação, do pensamento associativo e do desenvolvimento de uma maneira diplomática e persuasiva. Contudo, Tejat adverte para que esse talento não seja usado de forma negativa, como dissimulação e esperteza, inconsistência ou confiança excessiva. Ela também adverte contra possíveis problemas legais.
Ligada ao grau do seu Sol, esta estrela confere apreço pela beleza, talento artístico e literário e interesses fora do comum. Tejat dá uma natureza leve, mas adverte contra a falta de força de vontade e a tendência à inconsistência. Com esta estrela, você pode passar por períodos de instabilidade e mudanças.

- **Positivo**: pensamentos amorosos, senso artístico, união amorosa, habilidade para escrever
- **Negativo**: inclinação para o desperdício, vida despreocupada, vaidade, convencimento

Consulte o Apêndice para obter informações adicionais acerca das estrelas fixas.

ALGUÉM ESPECIAL

Você pode ter relacionamentos mais benéficos com pessoas nascidas nas seguintes datas:

Amor & amizade: jan: 13, 19, 23; fev: 11, 17, 21; mar: 9, 15, 19, 28, 29, 30, abr: 7, 13, 17, 26, 27; mai: 5, 11, 15, 24, 25, 26; jun: 3, 9, 13, 22, 23, 24; jul: 1, 7, 11, 20, 21; ago: 5, 9, 18, 19, 20; set: 3, 7, 16, 17, 18; out: 1, 5, 14, 15, 16, 29, 31; nov: 3, 12, 13, 14, 27, 29; dez: 1, 10, 11, 12, 25, 27, 29

Relacionamentos benéficos: jan: 7, 15, 20, 31; fev: 5, 13, 18, 29; mar: 3, 11, 16, 27; abr: 1, 9, 14, 25; mai: 7, 12, 23; jun: 5, 10, 21; jul: 3, 8, 19; ago: 1, 6, 17, 30; set: 4, 15, 28; out: 2, 13, 26; nov: 11, 24; dez: 9, 22

Atrações fatais: dez: 23, 24, 25, 26

Relacionamentos desafiantes: jan: 6, 14, 30; fev: 4, 12, 28; mar: 2, 10, 26; abr: 8, 24; mai: 6, 22; jun: 4, 20; jul: 2, 18; ago: 16; set: 14; out: 12; nov: 10; dez: 8

Alma gêmea: abr: 30; mai: 28; jun: 26; jul: 24; ago: 22; set: 20; out: 18, 30; nov: 16, 28; dez: 14, 26

26 de Junho

A sua maneira prática e intuitiva de encarar a vida muitas vezes indica que embora você seja uma pessoa sensível e cuidadosa, quer mais da vida. De uma forma geral, a segurança é um aspecto importante para você e no seu caso isso é enfatizado pela dupla influência do seu planeta regente, a Lua. Com uma mente positiva e boa capacidade de organização, você usa o seu conhecimento de forma construtiva.

A vida familiar é, em geral, importante para todo canceriano, e você tem tudo para ser um bom pai e um membro familiar responsável. Com a sua compreensão e seu senso comum, você freqüentemente aconselha os que estão à sua volta. Você tem amor ao conhecimento, e uma boa educação é muito importante para você e o ajuda a estabelecer uma base sólida em qualquer carreira que escolha. No caso de não ter seguido o curso convencional de estudo, poderá vir a ser um autodidata.

♋

SOL: CÂNCER
DECANATO: CÂNCER/LUA
GRAU: 3°30'-5° CÂNCER
MODO: CARDEAL
ELEMENTO: ÁGUA

♋

A necessidade de expressar as suas idéias e sua filosofia de vida o leva muitas vezes a se envolver em assuntos que lhe interessam. Você possui uma boa compreensão dos mecanismos de compra e venda ou de fazer transações, e sabe usar os seus contatos e diplomacia quando isso interessa. Você se sente feliz quando está mentalmente ativo, gosta de viajar e de aprender outras culturas e hábitos, em vez de desperdiçar o seu tempo e sua energia em busca de prazeres supérfluos.

As questões relativas à sua vida emocional, sensibilidade e família podem concentrar a sua atenção até cerca dos 20 e poucos anos. A partir dos 26 anos de idade, quando o seu Sol progredido entra no signo de Leão, você se torna uma pessoa mais corajosa para exibir os seus talentos e habilidades de forma positiva e assertiva. Depois dos 56 anos de idade, quando o seu Sol progredido entra no signo de Virgem, as considerações práticas adquirem proeminência, e é provável que você fique mais eficiente, competente e com mais habilidade de organização.

O Seu Eu Secreto

Você é, aparentemente, uma pessoa confiante e capaz, mas no seu íntimo é sensível e um tanto inseguro. Com a sua inquietude interior, você gosta de estar sempre em movimento e não encontrará a felicidade que procura enquanto não aprender a ficar mais tranqüilo para refletir acerca da sua vida. Quando esse lado mais calmo da sua natureza se combina ao seu amor pela mudança e atividade, é um espetáculo impressionante vê-lo em movimento.

Altamente idealista, você anseia pela harmonia e pode se interessar pela música, pela arte e por outras formas de criatividade. Esse desejo de paz pode levá-lo a lutar por causas caras ao seu coração ou pode se refletir na importância que você dá à sua casa como o local que o protege dos problemas do mundo. Todavia, como você está sempre procurando ampliar os seus horizontes, gosta de planejar viagens ou aventuras.

Trabalho & Vocação

Com a sua poderosa imaginação e sua mente rápida, você é uma pessoa cheia de idéias financeiramente lucrativas. O seu interesse por comida sugere ocupações ligadas à culinária, como o trabalho em restaurantes. Como tem uma boa capacidade para planejar e organizar, você pode ser bem-sucedido na área de vendas, comércio, promoções, publicidade, esportes ou política. Você pode ter um interesse especial pelo estudo da Filosofia, pela Psicologia ou pelo pensamento religioso. Profissões como magistério, política e economia são também possibilidades excelentes para a sua ótima capacidade mental. Se se envolver na área de negócios, você precisa ter bastante espaço para trabalhar de modo independente e pode se sentir mais feliz trabalhando por conta própria. As suas habilidades para planejar e colocar em ação projetos que considera valerem a pena o tornam um valioso membro de qualquer equipe.

Numerologia

A força ou o poder sugeridos pelo dia de aniversário número 26 mostram que você é uma pessoa cautelosa e que tem um forte senso de valores e sólida capacidade de julgamento. Você tem uma maneira prática de abordar a vida, habilidade executiva e bom senso para os negócios. Com o dia de aniversário número 26, você é em geral uma pessoa responsável e possui um senso estético natural. Porém, a teimosia ou a falta de confiança podem fazer com que você algumas vezes abandone muito rapidamente os seus projetos. A subinfluência do mês número 6 indica que, embora seja cuidadoso e responsável, você pode às vezes ser levado por uma preocupação ou ansiedade exageradas. Você, muitas vezes, é um manancial de força para os seus amigos e familiares, pois está sempre disposto a apoiar os que o procuram em épocas de dificuldade. Como tem necessidade de ser uma pessoa popular, você se esforça para fazer com que todos fiquem felizes. No entanto, você pode querer fazer demais e acabar desagradando a todos.

Positivo: criatividade, praticidade, cuidado, responsabilidade, orgulho da família, entusiasmo, coragem

Negativo: teimosia, rebeldia, insegurança, falta de entusiasmo, falta de persistência, instabilidade

♋

ESTRELAS FIXAS

Tejat; Dirah, também chamada de Nuhaiti

ESTRELA PRIMÁRIA

Nome da estrela:
Tejat, também chamada de Tejat Prior

Posição:
2°27'-3°26' de Câncer, entre os anos de 1930 e 2000

Magnitude:
3

Força:
★★★★★★

Órb:
1°40'

Constelação:
Eta Gemini

Dias:
23, 24, 25 e 26 de junho

Qualidades da estrela:
Mercúrio/Vênus

Descrição:
uma estrela variável laranja-avermelhada, localizada no pé esquerdo do Gêmeo do norte

♋

Amor & Relacionamentos

Afetuoso e sociável, você tem muitos amigos e está sempre próximo aos seus familiares. Mesmo que em algum momento da sua vida você possa ter relacionamentos fora do comum, o seu poder de discernimento indica que raramente você se apaixona. Mas quando encontrar alguém que o estimule mentalmente de forma positiva, você pode ser um parceiro muito leal e protetor. Você gosta de ser direto e honesto com os seus parceiros e ajudá-los de forma prática e realista.

INFLUÊNCIA DA ESTRELA PRIMÁRIA

Tejat confere confiança, orgulho, dignidade e uma natureza refinada. A influência desta estrela denota uma riqueza de sentimentos, senso de beleza e habilidades artísticas e literárias. Tejat também dá alegria, senso de humor e a sabedoria de que duas cabeças pensam melhor do que somente uma. Diversos benefícios podem advir da cooperação, do pensamento associativo e do desenvolvimento de uma maneira diplomática e persuasiva. Contudo, Tejat adverte para que esse talento não seja usado de forma negativa, como dissimulação e esperteza, inconsistência ou confiança excessiva. Ela também adverte contra possíveis problemas legais.

Ligada ao grau do seu Sol, esta estrela confere apreço pela beleza, talento artístico e literário e interesses fora do comum. Tejat dá uma natureza leve, mas adverte contra a falta de força de vontade e a tendência à inconsistência. Com esta estrela, você pode passar por períodos de instabilidade e mudanças.

- **Positivo**: pensamentos amorosos, senso artístico, união amorosa, habilidade para escrever
- **Negativo**: inclinação para o desperdício, vida despreocupada, vaidade, convencimento

Consulte o Apêndice para obter informações adicionais acerca das estrelas fixas.

ALGUÉM ESPECIAL

É mais provável que você tenha um relacionamento especial com alguém nascido em uma das seguintes datas:

Amor & amizade: jan: 3, 4, 14, 20, 24; fev: 2, 12, 18, 22; mar: 10, 16, 20, 29, 30, abr: 8, 14, 18, 27, 28; mai: 6, 12, 16, 25, 26, 31; jun: 4, 10, 14, 23, 24, 29; jul: 2, 8, 12, 21, 22, 27; ago: 6, 10, 19, 20, 25; set: 4, 8, 17, 18, 23; out: 2, 6, 15, 16, 21, 30; nov: 4, 13, 14, 19, 28, 30; dez: 2, 11, 12, 17, 26, 28, 30

Relacionamentos benéficos: jan: 4, 8, 21; fev: 2, 6, 19; mar: 4, 17, 28; abr: 2, 15, 16; mai: 13, 24; jun: 11, 22; jul: 9, 20; ago: 7, 18, 31; set: 5, 16, 29; out: 3, 14, 27; nov: 1, 12, 25; dez: 10, 23

Atrações fatais: jan: 3; fev: 1; mai: 31; jun: 29; jul: 27; ago: 25; set: 23; out: 21; nov: 19; dez: 17, 25, 26, 27, 28

Relacionamentos desafiantes: jan: 7, 10, 15, 31; fev: 5, 8, 13, 29; mar: 3, 6, 11, 27; abr: 1, 4, 9, 25; mai: 2, 7, 23; jun: 5, 21; jul: 3, 19; ago: 1, 17; set: 15; out: 13; nov: 11; dez: 9

Alma gêmea: mar: 31; abr: 29; mai: 27; jun: 25; jul: 23; ago: 21; set: 19; out: 17, 29; nov: 15, 27; dez: 13, 25

27 de Junho

Imaginativo e sensível, você é um canceriano com fortes poderes intuitivos. Você é, na maioria das vezes, uma pessoa brilhante, amável e versátil, com talentos criativos; no entanto, a tendência a sucumbir às oscilações emocionais pode reduzir o grande potencial indicado pelo dia de seu aniversário.

Como um indivíduo atencioso e compreensivo, você pode demonstrar grande compaixão pelos entes queridos. Com a subinfluência do regente do seu decanato, Câncer, as suas habilidades psíquicas são duplamente reforçadas. Porém, você pode também precisar se resguardar da tendência à preocupação, ao estresse e à indecisão.

Quando se sente emocionalmente inseguro, você pode aparentar ser uma pessoa muito temperamental, falante ou dispersiva. Em outras ocasiões, você pode ser muito positivo, divertido e boa companhia, com um excelente senso de humor.

♋

SOL: CÂNCER
DECANATO: CÂNCER/LUA
GRAU: 4°30'-6° CÂNCER
MODO: CARDEAL
ELEMENTO: ÁGUA

♋

Como uma pessoa versátil e gregária, você possui uma inteligência brilhante que pode levá-lo a explorar muitos caminhos, mas ela pode também ser a fonte de sua confusão, já que pode tentar fazer muitas coisas ao mesmo tempo. Ainda que tenha talentos criativos, e esteja sempre cheio de idéias, você pode se beneficiar se aprender a se concentrar em uma única meta. Mas se, por outro lado, você já é realista e decidido, suas chances de sucesso já se encontram disponíveis para você.

Seja escrevendo ou atuando, trabalhando com *design* ou decoração, você precisa aprender a se expressar emocional e mentalmente. Sociável e amigável, você gosta de se divertir e tem necessidade de aproveitar a vida.

Embora aparente ser autoconfiante, a sólida segurança que você procura e precisa só virá depois dos 25 anos de idade, quando o seu Sol progredido entra no signo de Leão. Isso aumenta a sua força e criatividade e permite que você exiba mais as suas habilidades sociais. Depois dos 55 anos de idade, quando o seu Sol progredido entra no signo de Virgem, você se torna mais prático e analítico, e com uma maior capacidade de discernimento.

O Seu Eu Secreto

É provável que viagens ou mudanças tenham um importante papel na sua vida, pois você precisa de experiências estimulantes e desafiantes. Não tenha medo de aproveitar as oportunidades e seguir adiante se as circunstâncias forem favoráveis, pois elas podem ser excelentes na sua vida. Você pode ser uma pessoa extremamente bem-sucedida, mas precisa aceitar as instabilidades da sua vida financeira. Apesar de generoso, a tendência ao exagero implica que você precisa evitar o excesso de indulgência.

Orgulhoso e digno, você precisa ter fé para construir o seu senso de autoconfiança e descartar preocupações recorrentes. Como um bom psicólogo, com habilidade para avaliar as pessoas, você pode detectar rapidamente as forças e fraquezas das pessoas. Charmoso e espirituoso, você encanta as pessoas com o seu idealismo e sua imaginação.

Trabalho & Vocação

A sua data de nascimento indica que você é um bom pai, que sabe cuidar bem da sua casa e que em qualquer carreira que siga terá uma abordagem criativa. Como possui uma excelente capacidade para lidar com as pessoas, você pode ser bem-sucedido em áreas como magistério, vendas ou negócios. A sua necessidade de uma carreira estimulante sugere que você deve evitar ocupações monótonas. Caso se envolva no mundo dos negócios, é provável que você o faça de uma maneira positiva e seja bem-sucedido se trabalhar como vendedor ou corretor de imóveis. A capacidade criativa indicada por este dia de aniversário permite o sucesso nas áreas da música, do teatro ou da escrita, embora o lado teatral da sua natureza possa também levá-lo ao mundo da política.

ESTRELA FIXA

Nome da estrela:
Tejat, também chamada de Tejat Prior

Posição:
2°27'-3°26' de Câncer, entre os anos de 1930 e 2000

Magnitude:
3

Força:
★★★★★★

Órb:
1°40'

Constelação:
Eta Gemini

Dias:
23, 24, 25 e 26 de junho

Qualidades da estrela:
Mercúrio/Vênus

Descrição:
uma estrela variável laranja-avermelhada, localizada no pé esquerdo do Gêmeo do norte

Numerologia

Você é uma pessoa intuitiva, mas analítica, e o dia de aniversário número 27 indica que a sua capacidade de pensar com profundidade pode aumentar em muito se desenvolver a paciência e o autocontrole. Determinado e observador, você sabe prestar atenção aos detalhes. Você pode às vezes aparentar ser dissimulado, racional ou indiferente, mas na verdade está escondendo suas tensões internas. Se desenvolver a sua habilidade para se comunicar, você pode superar a tendência à relutância a manifestar os seus sentimentos mais profundos. A subinfluência do mês número 6 indica que você está constantemente procurando o equilíbrio e a harmonia. Como os seus fortes instintos e sentimentos podem ocasionalmente entrar em conflito com os seus pensamentos e crenças, você pode ficar apreensivo. Mesmo sendo afetuoso e tendo consideração pelas pessoas, você pode aparentar ser excessivamente sensível e distante. Desenvolvendo uma perspectiva mais neutra, você se torna capaz de ouvir as outras pessoas e aceitar as suas críticas e idéias.

Positivo: versátil, imaginativo, criativo, resoluto, corajoso, capaz, espiritualizado, inventivo, força mental

Negativo: desagradável, brigão, facilmente ofendido, propenso a discussões, pouco confiável, tenso

Amor & Relacionamentos

Charmoso e amável, você possui uma personalidade calorosa e é muitas vezes um parceiro dedicado e um pai amoroso. A vida doméstica e familiar é importante para você. A sua disposição em fazer sacrifícios pelos entes queridos muitas vezes sugere que você é uma pessoa protetora. A sua natureza generosa e os seus talentos criativos também indicam que você precisa encontrar alguma maneira de expressar a sua versatilidade, pois se não o fizer pode ficar frustrado e insatisfeito. Apesar de ter facilidade em fazer amigos e em encantar as pessoas, você pode ter oscilações de humor e, se não tomar cuidado, elas podem afetar os seus relacionamentos.

INFLUÊNCIA DA ESTRELA PRIMÁRIA

Tejat confere confiança, orgulho, dignidade e uma natureza refinada. A influência desta estrela denota uma riqueza de sentimentos, senso de beleza e habilidades artísticas e literárias. Tejat também dá alegria, senso de humor e a sabedoria de que duas cabeças pensam melhor do que somente uma. Diversos benefícios podem advir da cooperação, do pensamento associativo e do desenvolvimento de uma maneira diplomática e persuasiva. Contudo, Tejat adverte para que esse talento não seja usado de forma negativa, como dissimulação e esperteza, inconsistência ou confiança excessiva. Ela também adverte contra possíveis problemas legais.

Ligada ao grau do seu Sol, esta estrela confere apreço pela beleza, talento artístico e literário e interesses fora do comum. Tejat dá uma natureza leve, mas adverte contra a falta de força de vontade e a tendência à inconsistência. Com esta estrela, você pode passar por períodos de instabilidade e mudanças.

- **Positivo**: pensamentos amorosos, senso artístico, união amorosa, habilidade para escrever
- **Negativo**: inclinação para o desperdício, vida despreocupada, vaidade, convencimento

ALGUÉM ESPECIAL

É mais provável que você tenha um relacionamento especial com alguém nascido em uma das seguintes datas:

Amor & amizade: jan: 21, 25; fev: 19, 23; mar: 17, 21, 30, abr: 15, 19, 28, 29; mai: 13, 17, 26, 27; jun: 11, 15, 24, 25, 30; jul: 9, 13, 22, 23, 28; ago: 7, 11, 20, 21, 26, 30; set: 5, 9, 18, 19, 24, 28; out: 3, 7, 16, 22, 26, 29; nov: 1, 5, 14, 15, 20, 24, 27; dez: 3, 12, 13, 18, 22, 25, 27, 29

Relacionamentos benéficos: jan: 5, 13, 16, 22, 28; fev: 3, 11, 14, 20, 26; mar: 1, 9, 12, 18, 24, 29; abr: 7, 10, 16, 22, 27; mai: 5, 8, 14, 20, 25; jun: 3, 6, 12, 18, 23; jul: 1, 4, 10, 16, 21; ago: 2, 8, 14, 19; set: 6, 12, 17; out: 4, 10, 15; nov: 2, 8, 13; dez: 6, 11

Atrações fatais: jun: 29, 30; jul: 28; ago: 26; set: 24; out: 22; nov: 20; dez: 18, 26, 27, 28, 29

Relacionamentos desafiantes: jan: 2, 23, 30; fev: 21, 28; mar: 19, 26, 28; abr: 17, 24, 26; mai: 15, 22, 24; jun: 13, 20, 22; jul: 11, 18, 20; ago: 16, 18, 19; set: 7, 14, 16; out: 5, 12, 14; nov: 3, 10, 12; dez: 1, 8, 10

Alma gêmea: jan: 14, 22; fev: 12, 20; mar: 10, 18; abr: 8, 16; mai: 6, 14; jun: 4, 12; jul: 2, 10; ago: 8; set: 6; out: 4; nov: 2

28 de Junho

O seu dia de aniversário revela que você é um idealista, ainda que pragmático, uma pessoa astuta e altamente intuitiva, com uma mente aguçada e um natural senso de humor. Com um agudo poder de raciocínio e capaz de apreender rapidamente idéias e articulá-las, você possui um talento inato para línguas e comunicação. Como um nativo de Câncer, você é afetuoso e impressionável, e tem necessidade da segurança de laços familiares fortes, bem como do conforto da vida doméstica. O seu orgulho, sua confiança e sua assertividade muitas vezes escondem uma alma sensível e, embora você possua uma natureza atenciosa, com fortes instintos maternais ou paternais, a influência adicional da Lua pode causar oscilações de humor. Manter-se constantemente ocupado pode ser um antídoto para a sua tendência a se entediar com facilidade. No entanto, suas fortes convicções e sua habilidade natural para avaliar rapidamente as pessoas e situações, quando combinadas com um espírito de empreendimento, garantem o seu sucesso.

♋

SOL: CÂNCER
DECANATO: CÂNCER/LUA
GRAU: 5°30'-6°30' CÂNCER
MODO: CARDEAL
ELEMENTO: ÁGUA

♋

Socialmente orientado, você costuma se dar bem com pessoas de diferentes círculos sociais e acaba desenvolvendo uma habilidade no trato com as pessoas. Entretanto, procure evitar ser provocativo ou manipulador, pois você pode perder os diversos benefícios que advêm do trabalho cooperativo. Aprender a equilibrar a cooperação com o desejo de ser independente e auto-suficiente pode lhe trazer grande satisfação pessoal e aumentar o seu bem estar.

Uma forte influência da Lua no primeiro decanato de Câncer provoca um duplo impacto por toda a sua infância e juventude. Essa influência sugere que, ainda no início da vida, você tenha sido tímido e sensível, havia ainda um desejo de ser o centro das atenções. Após os 24 anos de idade, quando o seu Sol progredido entra no signo de Leão, você recebe a dose necessária de criatividade, força e confiança. Quando o seu Sol progredido entra no signo de Virgem, aos 54 anos de idade, você se torna menos dominador, mais ponderado e analítico e isso traz um desejo crescente por uma vida organizada.

O Seu Eu Secreto

Com a sua profunda determinação e capacidade para iniciar novos projetos, você tem uma personalidade orgulhosa e dinâmica. Como prefere abordar as coisas de forma direta, você não faz rodeios; contudo, você precisa desenvolver a arte de se manter calado. No melhor dos casos, você é um bom conselheiro e uma figura de autoridade que as outras pessoas admiram e respeitam.

Por um lado, você busca compreender as coisas profundamente, o que o torna uma pessoa séria, voltada para a segurança, reflexiva e ponderada. Por outro lado, o seu humor satírico, sua espontaneidade e suas respostas rápidas e vivas permitem que você manifeste o lado teatral da sua personalidade, tornando-se o centro das atenções. Com a sua sede de conhecimento e intelecto aguçado, você gosta de uma boa discussão, mas deve evitar ser muito brigão ou sarcástico.

Em um nível profundo, você pode ir ao fundo do poço somente para aprender a se levantar e superar todos os obstáculos que surgem no seu caminho. A sua tenacidade, combinada com a forte necessidade de autoconsciência, pode às vezes trazer o desejo de uma transformação total.

Trabalho & Vocação

Como é um psicólogo natural, você pode sentir-se atraído por ocupações que envolvam o contato pessoal, tais como o trabalho em departamentos de recursos humanos, de promoções ou relações públicas. Com a sua mente brilhante, você também pode sentir atração por profissões como magistério, jornalismo, medicina ou na área da comunicação. A sua necessidade de auto-expressão e o amor pelo dramático podem levá-lo ao mundo da arte e do entretenimento. O desejo de usar a sua criatividade no âmbito doméstico pode levá-lo a carreiras como decoração de interiores ou artes culinárias. Mas a sua capacidade de liderança e sua habilidade de organização e de planejamento estratégico podem colocá-lo no mundo do comércio, em que você pode desfrutar os desafios advindos de grandes projetos.

Numerologia

Independente, idealista e pouco convencional, ainda que pragmático e determinado, você é na maioria das vezes a sua lei. Um conflito interno entre o desejo de ser independente e de fazer parte de um grupo é também indicado. Como o indivíduo número 1, você é ambicioso, direto e empreendedor. Entre as suas diversas qualidades, destacam-se a engenhosidade, a capacidade de julgamento e a habilidade para cumular conhecimento e usá-lo para resolver problemas. Com o dia de aniversário número 28, você muitas vezes tem senso comum e pode pensar com clareza. Embora seja orientado pelo sucesso e seja ambicioso, a vida doméstica e familiar são importantes para você. A subinfluência do mês número 6 indica que você possui charme e convicções firmes. Mesmo sendo uma pessoa determinada, com um forte senso de propósito, você possui um lado cético e desconfiado. A chave para transformar os seus sonhos em realidade concreta é mostrar a sua verdadeira generosidade e seu dom para combinar negócios com prazer. A sua engenhosidade, combinada com a sua habilidade administrativa, pode levá-lo a cargos de autoridade.

Positivo: compassivo, progressista, ousado, artístico, criativo, ambicioso, trabalhador, autoconfiante, determinado

Negativo: sonhador, sem motivação, sem compaixão, fora da realidade, autoritário, julgamentos precipitados, agressivo, falta de confiança, dependência excessiva, orgulho

♋

ESTRELAS FIXAS

Alhena ou Al-Hena, também chamada de Pé Brilhante de Gêmeos; Dirah, também chamada de Nuhaiti

ESTRELA PRIMÁRIA

Nome da estrela:
Alhena ou Al-Hena, também chamada de Pé Brilhante de Gêmeos

Posição:
8°7'-9°7' de Câncer, entre os anos de 1930 e 2000

Magnitude:
2

Força:
★★★★★★★★

Órb:
2°10'

Constelação:
Gamma Gêmeos

Dias:
28, 29 e 30 de junho e 1 e 2 de julho

Qualidades da estrela:
Mercúrio/Vênus ou Lua/Vênus com Júpiter

Descrição:
uma estrela brilhante e branca, localizada no pé esquerdo do Gêmeo do sul

♋

Amor & Relacionamentos

Como é uma pessoa amável, espirituosa e charmosa, você não tem dificuldades para atrair admiradores. A sua necessidade de diversão e apreço o torna uma pessoa naturalmente gregária, mas a tendência ao excesso de sensibilidade ou a se fixar ao passado podem ser obstáculos para a formação de novos relacionamentos. Quando encontra alguém com quem possa compartilhar interesses intelectuais estimulantes, você pode ter o relacionamento ideal.

INFLUÊNCIA DA ESTRELA PRIMÁRIA

A influência de Alhena pode dar proeminência no mundo da arte e denota uma natureza refinada, amável e afável. Você se interessa por espiritualidade ou artes e ciências. Esta estrela também indica que você se orgulha das suas realizações, sejam grandes ou pequenas. O amor pelo luxo e pelo conforto também é sugerido. Ligada ao grau do seu Sol, esta estrela denota ainda inclinações artísticas, interesse pelas ciências e proeminência no estudo da Astrologia ou da Metafísica. Você possui uma personalidade carismática e pode prosperar por meio de trabalhos sociais e no trato com o público. Você se motiva pelo desejo de ter prazer e luxo. Esta estrela é também associada a Aquiles e, portanto, adverte contra o perigo de contusões no pé.

- **Positivo**: tato, alegria de viver, sociabilidade, estilo de *superstar* cinematográfico
- **Negativo**: preguiça, excesso de indulgência, desperdício, convencimento, orgulho

Consulte o Apêndice para obter mais informações a respeito das estrelas fixas.

ALGUÉM ESPECIAL

Você pode ter um incentivo maior para ter relacionamentos duradouros com pessoas nascidas em uma das seguintes datas:

Amor & amizade: jan: 6, 16, 22, 26; fev: 4, 14, 20, 24; mar: 2, 12, 18, 22; abr: 10, 16, 20, 30; mai: 8, 14, 18, 28; jun: 6, 12, 16, 26; jul: 4, 10, 14, 24, 31; ago: 2, 8, 12, 22, 29; set: 6, 10, 20, 27; out: 4, 8, 18, 25; nov: 2, 6, 16, 23, 30; dez: 4, 14, 21, 28, 30

Relacionamentos benéficos: jan: 6, 17, 23, 31; fev: 4, 15, 21, 29; mar: 2, 13, 19, 27, 30; abr: 11, 17, 25, 28; mai: 9, 15, 23, 26; jun: 7, 13, 21, 24; jul: 5, 11, 19, 22; ago: 3, 9, 17, 20; set: 1, 7, 15, 18, 30; out: 5, 13, 16, 28; nov: 3, 11, 14, 26; dez: 1, 9, 12, 24

Atrações fatais: dez: 26, 27, 28

Relacionamentos desafiantes: jan: 24; fev: 22; mar: 20, 29; abr: 18, 27, 29; mai: 6, 16, 25, 27, 30; jun: 14, 22, 25, 28; jul: 12, 21, 23, 26; ago: 10, 19, 21, 24; set: 8, 17, 19, 22; out: 6, 15, 17, 20; nov: 4, 13, 15, 18; dez: 2, 11, 13, 16

Alma gêmea: jan: 13; fev: 11; mar: 9; abr7; mai: 5; jun: 3, 30; jul: 1, 28; ago: 26; set: 24; out: 22; nov: 20 dez: 18

29 de Junho

Inspiração, sensibilidade emocional e amor ao conhecimento fazem parte do seu charme pessoal. Como nativo de Câncer, você é uma pessoa idealista e sensível, ainda que dinâmica. Muitas vezes, a sua mente curiosa o impele a ser ousado e experimental. Rápido para apreender as coisas, você reconhece imediatamente uma boa idéia. Progressista e inovador, você em geral se interessa por reformas sociais e educacionais ou está constantemente buscando idéias novas e empolgantes.

Muitas vezes charmoso e atraente, com talento artístico, você possui uma natureza refinada e uma personalidade leve e despreocupada. Entretanto, quando está mentalmente desestimulado, você desperdiça as suas energias com banalidades. Apesar de ser um idealista, o seu amor pelas coisas da vida implica que o dinheiro é um aspecto importante e você não gosta de ter um saldo bancário pequeno. Contudo, como é uma pessoa capaz e bem-informada, você sempre encontra meios de complementar a sua renda.

♋

SOL: CÂNCER
DECANATO: CÂNCER/LUA
GRAU: 6°-7°30' CÂNCER
MODO: CARDEAL
ELEMENTO: ÁGUA

♋

Com os seus talentos artísticos e desejo de conhecimento, você muitas vezes reúne as informações, desenvolve a sua habilidade de comunicação e tem jeito para escrever. Agradável e diplomático, você pode ser uma companhia amável e estimulante, embora às vezes, quando está de mau humor, possa aparentar frieza ou falta de interesse.

Como é uma pessoa sensível, você pode ter uma inclinação a ser um tanto reservado na sua juventude, mas depois dos 23 anos de idade, quando o seu Sol progredido entra no signo de Leão, há uma expansão do seu poder, criatividade e confiança. Aos 53 anos de idade, quando o seu Sol progredido entra no signo de Virgem, você tende a usar a sua capacidade de autoridade para servir as pessoas de forma prática e útil.

O Seu Eu Secreto

Mesmo que possua uma aparência alinhada e contida, no fundo, os seus relacionamentos com as pessoas queridas são de importância vital para você. As suas visões idealistas e seu anseio pelo amor podem levá-lo a buscar aquela ligação ideal ou podem se manifestar por meio da arte, da música ou de uma experiência mística. Parte do que precisa aprender na vida se relaciona a como você se dá emocionalmente e a aprender a receber, para criar um "eu" equilibrado.

Dinâmico e dramático, você atrai naturalmente as pessoas devido à sua inteligência e compreensão. Isso pode levá-lo a dar conselhos práticos ou a mostrar a sua habilidade de se colocar na posição das outras pessoas. Como pode ser uma pessoa muito protetora com os entes queridos, você tem muitas vezes ousadia para defender os outros. Aparentemente independente, você é sábio o suficiente para perceber que não pode ser sozinho na vida.

Trabalho & Vocação

O seu sensível intelecto, combinado com a sua poderosa memória e capacidade de liderança, garante que você pode dar uma contribuição valiosa em diversas áreas. Com atração por ocupações e atividades relacionadas com o trato com as pessoas, você pode se sobressair em carreiras como as de professor, treinador, publicitário, vendedor ou como relações públicas. É provável que possa usar as suas habilidades naturais em atividades de promoção ou para defender uma causa. A sua imaginação e sua inteligência rápida podem levá-lo a trabalhar nas áreas científica, médica, de medicina alternativa ou no campo dos negócios. É possível que você também seja bem-sucedido na indústria da beleza ou em carreiras ligadas à casa e à família. A necessidade de expressão criativa pode levá-lo a escrever, a atividades musicais ou artísticas.

ESTRELA FIXA

Nome da estrela:
Alhena ou Al-Hena, também chamada de Pé Brilhante de Gêmeos

Posição:
8°7'-9°7' de Câncer, entre os anos de 1930 e 2000

Magnitude:
2

Força:
★★★★★★★

Órb:
2°10'

Constelação:
Gamma Gêmeos

Dias:
28, 29 e 30 de junho e 1 e 2 de julho

Qualidades da estrela:
Mercúrio/Vênus ou Lua/Vênus com Júpiter

Descrição:
uma estrela brilhante e branca, localizada no pé esquerdo do Gêmeo do sul

Numerologia

Um visionário idealista, com personalidade dinâmica e enérgica, o indivíduo número 29 tem uma poderosa personalidade e um extraordinário potencial. A inspiração é a chave para o seu sucesso e sem ela você pode sentir uma falta de propósito na vida. Um verdadeiro sonhador, os lados extremos da sua natureza indicam que você deve evitar a oscilação no seu estado de humor – de super amável e caloroso a frio e indiferente, ou de otimista a pessimista. Muito observador, você precisa aprender a ser menos crítico e ter mais consideração pelas pessoas à sua volta. A subinfluência do mês número 6 indica que você pode ser uma pessoa responsável, altamente intuitiva e receptiva. Embora possua uma boa capacidade de raciocínio, você em geral julga as situações segundo os seus sentimentos e precisa estar em contato com as suas profundas emoções. Depois que desenvolve os seus critérios de julgamento e aprende a pensar por si mesmo, pode se tornar menos dependente das outras pessoas.

Positivo: inspiração, equilíbrio, paz interior, generosidade, sucesso, criatividade, intuição, misticismo, mundanismo

Negativo: falta de concentração, insegurança, nervosismo, mau humor, extremismo, falta de consideração

Amor & Relacionamentos

Você pode atrair as pessoas com facilidade graças à sua inteligência e a suas habilidades sociais. A tendência à inconstância e ao ciúme revela que você precisa desenvolver uma perspectiva mais equilibrada e prática no que diz respeito aos seus relacionamentos. Depois que encontra o seu amor ideal, você se dispõe a fazer grandes sacrifícios e apóia o seu parceiro em qualquer coisa que ele queira empreender. Com as suas habilidades diplomáticas, você sabe como manter a harmonia das situações e pode ser uma pessoa hospitaleira e generosa. Você prefere a companhia de pessoas trabalhadoras e bem-sucedidas.

INFLUÊNCIA DA ESTRELA PRIMÁRIA

A influência de Alhena pode dar proeminência no mundo da arte e denota uma natureza refinada, amável e afável. Você se interessa por espiritualidade ou artes e ciências. Esta estrela também indica que você se orgulha das suas realizações, sejam grandes ou pequenas. O amor pelo luxo e pelo conforto também é sugerido. Ligada ao grau do seu Sol, esta estrela denota ainda inclinações artísticas, interesse pelas ciências e proeminência no estudo da Astrologia ou da Metafísica. Você possui uma personalidade carismática e pode prosperar por meio de trabalhos sociais e no trato com o público. Você se motiva pelo desejo de ter prazer e luxo. Esta estrela é também associada a Aquiles e, portanto, adverte contra o perigo de contusões no pé.

- **Positivo**: tato, alegria de viver, sociabilidade, estilo de *superstar* cinematográfico
- **Negativo**: preguiça, excesso de indulgência, desperdício, convencimento, orgulho

ALGUÉM ESPECIAL

Você pode ter mais sorte para encontrar um parceiro procurando entre as pessoas nascidas em uma das seguintes datas:

Amor & amizade: jan: 1, 4, 27, 29; fev: 2, 25, 27; mar: 23, 25, abr: 21, 23; mai: 19, 21, 29; jun: 17, 19, 27; jul: 15, 17, 25; ago: 13, 15, 23; set: 11, 13, 21; out: 9, 11, 19; nov: 7, 9, 17; dez: 5, 7, 15

Relacionamentos benéficos: jan: 3, 10, 15, 18; fev: 1, 8, 13, 16; mar: 6, 11, 14, 29, 31; abr: 4, 9, 12, 27, 29; mai: 2, 7, 10, 25, 27; jun: 5, 8, 23, 25; jul: 3, 6, 21, 23; ago: 1, 4, 19, 21; set: 2, 17, 19; out: 15, 17; nov: 13, 15; dez: 11, 13

Atrações fatais: abr: 30; mai: 28; jun: 26; jul: 24; ago: 22; set: 20; out: 18; nov: 16; dez: 14, 28, 29, 30, 31

Relacionamentos desafiantes: jan: 9, 14, 16, 25; fev: 7, 12, 14, 23; mar: 5, 10, 12, 14, 23; abr: 3, 8, 10, 19, 26, 28; mai: 1, 6, 8, 17, 24, 26; jun: 4, 6, 15, 22, 24; jul: 2, 4, 13, 20, 22; ago: 2, 11, 18, 20; set: 9, 16, 18; out: 7, 14, 16; nov: 5, 12, 14; dez: 3, 10, 12

Alma gêmea: dez: 29

30 de Junho

Segundo o seu dia de aniversário, o seu maior poder é a sua força emocional. Essa força dinâmica sem dúvida se relaciona à sua busca pela auto-expressão. Como nativo de Câncer, você é uma pessoa imaginativa e intuitiva e possui um coração generoso. Disposto a fazer qualquer coisa pelas pessoas que ama, você pode ser um pai, professor ou amigo dedicado. Esse poder dinâmico, contudo, sugere também que você precisa aprender a se controlar e a evitar tendências como dominação emocional, mau humor ou frustração.

A necessidade de amor e apreço muitas vezes o leva à vida pública e, com os seus talentos criativos e senso dramático, você em pouco tempo ocupa uma posição de destaque. Muitas pessoas que compartilham a sua data de aniversário buscam ocupar cargos de autoridade; como eles, você provavelmente é uma pessoa orgulhosa e nobre.

♋

SOL: CÂNCER
DECANATO: CÂNCER/LUA
GRAU: 7°-8°30' CÂNCER
MODO: CARDEAL
ELEMENTO: ÁGUA

♋

Na maioria das vezes, você é uma pessoa corajosa e direta e que gosta das coisas claras e concisas. Apaixonado e dedicado, você está disposto a fazer grandes sacrifícios e a trabalhar duro quando acredita em alguém ou em alguma coisa. Entretanto, certifique-se de que os investimentos emocionais realmente valham a pena.

Depois dos 22 anos de idade, quando o seu Sol progredido entra no signo de Leão, você se expõe a um número maior de oportunidades para usar o lado teatral da sua personalidade. Seja no trabalho ou em atividades sociais, você se torna uma pessoa mais assertiva e equilibrada. A partir dos 50 e poucos anos de idade, quando o seu Sol progredido entra no signo de Virgem, você tende a ser motivado por questões de natureza prática e se torna uma pessoa com mais senso de discernimento e organização.

O Seu Eu Secreto

Como possui grandes sonhos e elevadas aspirações, você talvez precise aprender a ser paciente e perseverante. O trabalho duro e o progresso lento podem às vezes se apresentar como verdadeiros desafios para a sua personalidade dinâmica. Felizmente, com os seus poderes de persuasão e senso de humor, você normalmente se sai bem de situações difíceis. Você em geral é comandado pelo seu coração e pode ser uma pessoa apaixonada e amorosa, além de bastante protetora com os seus entes queridos.

Charmoso e desejoso de compartilhar a sua intimidade, você se expressa por meio de gestos espontâneos de generosidade. Entretanto, você precisa evitar ataques de mau humor ou ser muito egoísta. Como um bom psicólogo, quando necessário, você pode ser uma pessoa diplomática e com uma visão neutra, e pode usar a sua profunda compreensão de forma amável e altruísta.

Trabalho & Vocação

Com as suas fortes emoções e seu senso dramático, você pode ser a pessoa mais importante de qualquer projeto ou carreira profissional que seguir. O seu charme natural, sua liderança e sua capacidade de comunicação podem levá-lo a ocupações como professor ou escritor. Mas o seu lado humanitário, sua solidariedade e sua intuição podem levá-lo a trabalhar como terapeuta ou em obras de caridade ou comunitárias. A sua poderosa capacidade mental complementa a sua sensibilidade altamente desenvolvida, o que pode levá-lo a escolher as áreas dos negócios, das ciências ou do mundo do entretenimento.

Numerologia

Amável e caloroso, você gosta de atividades sociais e pode ser excepcionalmente carismático e leal. Com o dia de aniversário número 30, você possui sentimentos fortes que precisam ser expressos criativamente . Estar apaixonado ou emocionalmente satisfeito é um requisito fundamental; na sua busca pela felicidade, evite ser excessivamente indulgente ou impaciente. O orgulho e a ambição combinados com boas oportunidades podem levá-lo ao topo da sua profissão. Com bom gosto e estilo, você pode ser bem-sucedido em todos os tipos de atividades relacionadas a arte, *design* e música. Entre as pessoas com o dia de aniversário número 30, muitos terão reconhecimento ou fama, especialmente os músicos, atores e comediantes. A subinfluência do mês número 6 indica que você é uma pessoa idealista e sensível e que muitas vezes julga a vida de acordo com os seus sentimentos. Você é capaz de apreender as idéias e manifestá-las do seu jeito dramático. Como às vezes pode se sentir desanimado, aprenda a ser decisivo e evite a insatisfação, dando valor ao que já conquistou.

Positivo: amor à diversão, lealdade, amizade, talento com as palavras, criatividade, generosidade

Negativo: preguiça, obstinação, comportamento errático, impaciência, insegurança, indiferença, desperdício de energia

ESTRELA FIXA

Nome da estrela:
Alhena ou Al-Hena, também chamada de Pé Brilhante de Gêmeos

Posição:
8°7'-9°7' de Câncer, entre os anos de 1930 e 2000

Magnitude:
2

Força:
★★★★★★★★

Órb:
2°10'

Constelação:
Gamma Gêmeos

Dias:
28, 29 e 30 de junho e 1 e 2 de julho

Qualidades da estrela:
Mercúrio/Vênus ou Lua/Vênus com Júpiter

Descrição:
uma estrela brilhante e branca, localizada no pé esquerdo do Gêmeo do sul

Amor & Relacionamentos

O poder do amor é a sua maior virtude e, com a sua natureza romântica, seu temperamento apaixonado e sua generosidade, as pessoas se sentem atraídas pelo seu carisma e encanto. Embora esteja disposto a fazer grandes sacrifícios pelos seus entes queridos, você precisa superar a tendência a permitir que os seus sentimentos controlem a sua mente. Aprendendo a dar sem esperar nada de volta, você conquistará o autocontrole por meio da compaixão.

INFLUÊNCIA DA ESTRELA PRIMÁRIA

A influência de Alhena pode dar proeminência no mundo da arte e denota uma natureza refinada, amável e afável. Você se interessa por espiritualidade ou artes e ciências. Esta estrela também indica que você se orgulha das suas realizações, sejam grandes ou pequenas. O amor pelo luxo e pelo conforto também é sugerido. Ligada ao grau do seu Sol, esta estrela denota ainda inclinações artísticas, interesse pelas ciências e proeminência no estudo da Astrologia ou da Metafísica. Você possui uma personalidade carismática e pode prosperar por meio de trabalhos sociais e no trato com o público. Você se motiva pelo desejo de ter prazer e luxo. Esta estrela é também associada a Aquiles e, portanto, adverte contra o perigo de contusões no pé.

- **Positivo**: tato, alegria de viver, sociabilidade, estilo de *superstar* cinematográfico
- **Negativo**: preguiça, excesso de indulgência, desperdício, convencimento, orgulho

ALGUÉM ESPECIAL

Você pode ser mais bem-sucedido no amor e na amizade com as pessoas nascidas em uma das seguintes datas:

Amor & amizade: jan: 2, 28; fev: 26; mar: 24, abr: 22; mai: 20, 29, 30; jun: 18, 27, 28; jul: 16, 25, 26; ago: 14, 23, 24; set: 12, 21, 22; out: 10, 19, 20, 29, 31; nov: 8, 17, 18, 27, 29; dez: 6, 15, 16, 25, 27

Relacionamentos benéficos: jan: 2, 10, 13, 16; fev: 8, 11, 14; mar: 6, 9, 12; abr: 4, 7, 10; mai: 2, 5, 8; jun: 3, 6; jul: 1, 4, 30; ago: 2, 28, 30; set: 26, 28; out: 24, 26; nov: 22, 24; dez: 20, 22, 30

Atrações fatais: out: 31; nov: 29; dez: 27, 29, 30, 31

Relacionamentos desafiantes: jan: 3, 9, 10; fev: 1, 7, 8; mar: 5, 6, 31; abr: 3, 4, 29; mai: 1, 2, 27; jun: 25; jul: 23; ago: 2, 21, 31; set: 19, 29; out: 17, 27; nov: 15, 25; dez: 13, 23

Alma gêmea: jan: 5; fev: 3; mar: 1; mai: 30; jun: 28; jul: 26; set: 22; out: 20; nov: 18; dez: 16

1º de Julho

Muita determinação, sensibilidade e insight indicam que, embora tímido e reservado, o seu sorriso gentil esconde uma natureza inflexível. Como nativo de Câncer, você é impressionável, intuitivo e trabalhador. Atencioso e protetor, você, muitas vezes, pode ser um pai dedicado e um amigo leal; contudo, você, às vezes, pode se tornar uma pessoa mal-humorada ou dominadora, perturbada por emoções conflitantes. Isso indica que a inclinação à depressão ou a se atormentar deve ser evitada. No entanto, a sua natureza firme e decidida lhe dá o ímpeto para superar grandes desafios. Esse poder de saber recomeçar por meio de novos projetos e idéias é um dos seus grandes trunfos.

A subinfluência do regente do seu decanato, Câncer, sugere que, ainda que ambicioso e independente, você precisa de privacidade e de uma vida tranqüila. Você é sociável, não gosta que as pessoas saibam da sua vida e se ressente com a interferência alheia.

♋

SOL: CÂNCER
DECANATO: CÂNCER/LUA
GRAU: 9°-10° CÂNCER
MODO: CARDEAL
ELEMENTO: ÁGUA

♋

A sua capacidade de liderança e sua necessidade de se manter em atividade sugerem que você não é o tipo de pessoa que adia as coisas por muito tempo. Quando desenvolve o seu *insight* natural, você aprende a valorizar a sabedoria adquirida por meio das experiências da vida. Se for limitado por imposições, você se defende comportando-se de forma rebelde. Uma pessoa idealista, quando está inspirado você pode exibir uma grande força.

Depois dos 21 anos de idade, quando o seu Sol progredido entra no signo de Leão, você terá muitas oportunidades para desenvolver a sua força, sua criatividade e sua auto-expressão. Essa ênfase na sua autoconfiança prossegue até cerca dos 51 anos de idade, quando o seu Sol progredido entra no signo de Virgem e você passa a ser mais pragmático e a ter um desejo racional de ajudar os outros.

O Seu Eu Secreto

A sua necessidade de ter relacionamentos pessoais ou íntimos é a chave para a sua felicidade. Você tem capacidade de comunicação e, se evitar a desconfiança e o ciúme, pode ter bons amigos. Quando aprende a ser independente, sente-se mais confiante e pode superar o medo de ficar sozinho ou ser abandonado.

A sua capacidade de liderar e de trabalhar duro faz com que você se destaque em qualquer área. Um perfeccionista altamente idealista e romântico, você tem uma grande necessidade de amor e afeição. Como sempre coloca padrões elevados para si e para os outros, você, muitas vezes, acaba chegando à conclusão de que é difícil mantê-los. Quando tem uma causa na qual acredita, você pode canalizar com sucesso os seus ideais elevados, seu *insight* rápido e sua compaixão para com os outros.

Trabalho & Vocação

Com uma compreensão inata do público em geral, você pode ser bem-sucedido em carreiras relacionadas com o trato com as pessoas. Você gosta de estar em posição de controle e não se subordinar aos outros, por isso muitas vezes pode se sobressair em cargos gerenciais e executivos ou trabalhando por conta própria. Você pode ser uma pessoa solidária e intuitiva, ainda que quando necessário seja forte e autoritário – uma excelente combinação para uma carreira no mundo político. As outras pessoas certamente irão valorizar a sua habilidade para assumir o comando e a maneira com que aborda idéias novas e originais. Se seguir uma carreira no mundo do teatro ou do cinema, você pode ser um bom ator ou diretor, ou pode ser que a sua forte individualidade e sua imaginação encontrem na arte, na música ou na dança uma forma de se expressar. Pode ser que as suas inclinações humanitárias o levem a seguir profissões de assistência aos outros ou ao trabalho com crianças.

ESTRELA FIXA

Nome da estrela:
Alhena ou Al-Hena, também chamada de Pé Brilhante de Gêmeos
Posição:
8°7'-9°7' de Câncer, entre os anos de 1930 e 2000
Magnitude:
2
Força:
★★★★★★★
Órb:
2°10'
Constelação:
Gamma Gêmeos
Dias:
28, 29 e 30 de junho e 1 e 2 de julho
Qualidades da estrela:
Mercúrio/Vênus ou Lua/Vênus com Júpiter
Descrição:
uma estrela brilhante e branca, localizada no pé esquerdo do Gêmeo do sul

Numerologia

Como número 1, você é mais inclinado a ser uma pessoa individualista, inovadora e corajosa, além de possuir muita energia. Muitas vezes, há a necessidade de estabelecer uma forte identidade e desenvolver a autoconfiança e a assertividade. O espírito pioneiro aqui indicado o encoraja a tomar as suas decisões ou a agir por conta própria. Cheio de entusiasmo e idéias originais, você muitas vezes mostra aos outros o caminho a seguir. Com o dia de aniversário número 1, você também precisa aprender que o mundo não gira ao seu redor; evite a inclinação para ser autocentrado ou autoritário. A vitória é importante para você e dar início a novas idéias pode levá-lo ao sucesso. A subinfluência do mês número 7 indica que você é uma pessoa altamente sensível, com forte intuição e sabedoria interior. Você precisa aprender a confiar nos próprios instintos e a desenvolver a fé e a compreensão. Como uma pessoa que possui fortes valores e grande capacidade de julgamento, você aspira a grandes realizações. A sua natureza ambiciosa e o poder de curar os outros sugerem que você pode trabalhar para o bem-estar e aperfeiçoamento da humanidade.

Positivo: liderança, criatividade, progressista, vigoroso, otimista, fortes convicções, competitivo, independente, gregário

Negativo: arrogância, ciúme, egotismo, muito orgulho, egoísmo, fraqueza, hesitação, impaciência

Amor & Relacionamentos

O seu desejo de segurança e estabilidade financeira desempenha muitas vezes um papel importante na escolha dos seus parceiros. Você pode ser solidário e atencioso para com as pessoas de que gosta, mas prefere estar sempre na posição de controle, tomando as suas decisões. Você prefere ter alguns poucos amigos a ter muitos conhecidos, e a lealdade e a confiança são muito importantes nas suas amizades. A vida familiar e as suas responsabilidades podem às vezes colidir com o seu desejo pessoal de liberdade e independência.

INFLUÊNCIA DA ESTRELA PRIMÁRIA

A influência de Alhena pode dar proeminência no mundo da arte e denota uma natureza refinada, amável e afável. Você se interessa por espiritualidade ou artes e ciências. Esta estrela também indica que você se orgulha das suas realizações, sejam grandes ou pequenas. O amor pelo luxo e pelo conforto também é sugerido. Ligada ao grau do seu Sol, esta estrela denota ainda inclinações artísticas, interesse pelas ciências e proeminência no estudo da Astrologia ou da Metafísica. Você possui uma personalidade carismática e pode prosperar por meio de trabalhos sociais e no trato com o público. Você se motiva pelo desejo de ter prazer e luxo. Esta estrela é também associada a Aquiles e, portanto, adverte contra o perigo de contusões no pé.

- **Positivo**: tato, alegria de viver, sociabilidade, estilo de *superstar* cinematográfico
- **Negativo**: preguiça, excesso de indulgência, desperdício, convencimento, orgulho

ALGUÉM ESPECIAL

Você pode encontrar o seu verdadeiro parceiro entre as pessoas nascidas em uma das seguintes datas:

Amor & amizade: jan: 11, 20, 25, 27, 29; fev: 9, 18, 23, 25, 27; mar: 7, 16, 21, 23, 25; abr: 5, 14, 19, 21, 23; mai: 3, 12, 17, 19, 21; jun: 1, 10, 15, 17, 19; jul: 8, 13, 15, 17; ago: 6, 11, 13, 15; set: 4, 9, 11, 13; out: 2, 7, 9, 11; nov: 5, 7, 9; dez: 3, 5, 7

Relacionamentos benéficos: jan: 9, 26; fev: 7, 24; mar: 5, 22, abr: 3, 20; mai: 1, 18, 29; jun: 16, 27; jul: 14, 25, 29, 30; ago: 12, 23, 27, 28, 31; set: 10, 21, 25, 26, 29; out: 8, 19, 23, 24, 27; nov: 6, 17, 21, 22, 25; dez: 4, 15, 19, 20, 23

Atrações fatais: jan: 1, 2, 16; fev: 14; mar: 12; abr: 10; mai: 8; jun: 6; jul: 4; ago: 2; dez: 30, 31

Relacionamentos desafiantes: jan: 8, 29, 31; fev: 6, 27, 29; mar: 4, 25, 27, 28; abr: 2, 23, 25, 26; mai: 21, 23, 24; jun: 19, 21, 22; jul: 17, 19, 20; ago: 15, 17, 18; set: 13, 15, 16; out: 11, 13, 14, 30; nov: 9, 11, 12, 28; dez: 7, 9, 10, 26

Alma gêmea: mai: 30; jun: 28; jul: 26; set: 22, 30; out: 20, 28; nov: 18, 26; dez: 16, 24

2 de Julho

Embora o seu aniversário seja sempre associado a uma personalidade dinâmica e imponente, você é também uma pessoa idealista, atenciosa e reservada. A subinfluência do regente do seu decanato, Escorpião, torna-o uma pessoa naturalmente assertiva e dotada de emoções fortes e intensas. Você, muitas vezes, possui talento artístico e habilidade psíquicas e precisa encontrar meios para expressar a sua originalidade.

Com uma aparência amigável e despretensiosa e personalidade carismática, você freqüentemente atrai outras pessoas e se beneficia com associações e parcerias. Você é um psicólogo natural e gosta de saber exatamente a motivação das pessoas, tendo, na maior parte das vezes, uma atitude relaxada, com uma abordagem honesta e direta. Embora seja um amigo leal que gosta de reuniões sociais, você se preocupa muito com a parte material da vida e tem um senso natural para os negócios que se esconde sutilmente atrás do seu sorriso caloroso.

♋

SOL: CÂNCER
DECANATO: ESCORPIÃO/PLUTÃO
GRAU: 9°45-11° CÂNCER
MODO: CARDEAL
ELEMENTO: ÁGUA

♋

Talvez seja o forte desejo de desfrutar as coisas boas da vida a sua maior fonte de motivação e inspiração. Contudo, uma insatisfação inerente, tendência sonhadora ou a propensão a se entediar com facilidade podem ameaçar a realização do seu verdadeiro potencial. Previna-se contra a inquietude, vontade de mudar constantemente de interesse ou de tentar se encaixar nos sonhos de outras pessoas. Reconhecendo que o poder do amor é maior do que o poder do dinheiro, você se inspira e enriquece o seu coração.

Depois dos 20 anos de idade, quando o seu Sol progredido entra no signo de Leão, você se torna uma pessoa mais dinâmica, positiva e confiante. Esta influência permanecerá durante os trinta anos seguintes e o ajudará a alcançar posições de autoridade. A partir dos 50 anos de idade, quando o seu Sol progredido entra no signo de Virgem, você se torna uma pessoa com um poder maior de discriminação e pode vir a desejar sentir-se mais útil, voltado para ajudar as outras pessoas.

O Seu Eu Secreto

Intuitivo, mentalmente rápido e espirituoso, você tem uma maravilhosa capacidade de lidar com pessoas e é excelente quando se trata de estabelecer novos contatos. Contudo, como é uma pessoa versátil e multitalentosa, você precisa aprender a importância de tomar decisões. Embora seja intelectualmente brilhante, se sentir-se inseguro para fazer as coisas de forma independente, você pode acabar trabalhando em situações aquém da sua verdadeira capacidade e talento. Quando aprende a focalizar a sua atenção em apenas alguns objetivos, você pode evitar preocupações e indecisão e alcançar um grande sucesso.

O seu interesse por tudo e por todos sugere que você é uma pessoa popular, adaptável e com inclinação social. A necessidade de compartilhar o seu senso de diversão com as outras pessoas implica que você é, na maioria das vezes, uma pessoa generosa, que tem dificuldade em dizer não às pessoas que gosta. Na maior parte das vezes, você tenta manter a paz usando a sua diplomacia e charme.

Trabalho & Vocação

Voltado para a vida profissional, habilidade para lidar com as pessoas e capacidade de liderança são qualidades que podem levá-lo a ocupar posições de autoridade. Como não gosta de obedecer, você é especialmente apto para cargos executivos e gerenciais ou para trabalhar por conta própria. Pode ser que você também tenha talento para os negócios e poderá ser particularmente bem-sucedido em áreas como vendas imobiliárias, meios de comunicação e publicidade. Como é um bom psicólogo e tem uma simpatia natural, você pode se interessar por áreas ligadas a diversas formas de terapia e aconselhamento. Você é um organizador habilidoso e não tem medo de pensar grande, o que pode ajudá-lo em qualquer carreira que escolher. Por outro lado, a sua mente aguda e senso dramático podem levá-lo a buscar alguma forma de expressão por meio da literatura, do teatro ou da música.

ESTRELA FIXA

Nome da estrela:
Alhena ou Al-Hena, também chamada de Pé Brilhante de Gêmeos

Posição:
8°7'-9°7' de Câncer, entre os anos de 1930 e 2000

Magnitude:
2

Força:
★★★★★★★★

Órb:
2°10'

Constelação:
Gamma Gêmeos

Dias:
28, 29 e 30 de junho e 1 e 2 de julho

Qualidades da estrela:
Mercúrio/Vênus ou Lua/Vênus com Júpiter

Descrição:
uma estrela brilhante e branca, localizada no pé esquerdo do Gêmeo do sul

Numerologia

Sensibilidade e uma grande necessidade de pertencer a um grupo são características sugeridas pelo dia de aniversário número 2. Você é adaptável e compreensivo e gosta de atividades cooperativas nas quais pode interagir com outras pessoas. Receptivo e influenciado pelo ambiente que o cerca, você possui uma personalidade amigável e calorosa, tem boa habilidade social e uma abordagem diplomática. Na sua tentativa de agradar as outras pessoas, você corre o risco de se tornar excessivamente dependente. Contudo, se desenvolver a sua auto-confiança, você pode superar a tendência a se magoar facilmente com as atitudes dos outros. A subinfluência do mês número 7 indica que você é uma pessoa perceptiva e reflexiva. Freqüentemente uma pessoa perfeccionista, você pode ser crítico e voltado para si mesmo. No entanto, em algumas situações você pode ter a tendência à racionalização excessiva ou a se perder em detalhes. Quando aprende a confiar na sua própria intuição e a desenvolver a sua fé, você pode superar a inclinação à susceptibilidade às críticas alheias ou a se sentir mal compreendido.

Positivo: boas parcerias, gentileza, tato, receptividade, intuição, consideração, harmonia, personalidade agradável, embaixador da boa-vontade

Negativo: desconfiança, timidez, sensibilidade excessiva, emotividade, facilidade para se magoar

Amor & Relacionamentos

Você muitas vezes deseja ter uma vida simples ao lado de um parceiro leal que seja inteligente e mentalmente estimulante. Você se sente atraído por pessoas inteligentes e conscientes, devido ao seu interesse pelo seu próprio crescimento. Com talento para combinar negócios com prazer, você tem habilidade para a vida social e para estabelecer contatos que podem lhe trazer novas oportunidades. Como é uma pessoa generosa, os seus amigos o ajudam quando você precisa.

INFLUÊNCIA DA ESTRELA PRIMÁRIA

A influência de Alhena pode dar proeminência no mundo da arte e denota uma natureza refinada, amável e afável. Você se interessa por espiritualidade ou artes e ciências. Esta estrela também indica que você se orgulha das suas realizações, sejam grandes ou pequenas. O amor pelo luxo e pelo conforto também é sugerido. Ligada ao grau do seu Sol, esta estrela denota ainda inclinações artísticas, interesse pelas ciências e proeminência no estudo da Astrologia ou da Metafísica. Você possui uma personalidade carismática e pode prosperar por meio de trabalhos sociais e no trato com o público. Você se motiva pelo desejo de ter prazer e luxo. Esta estrela é também associada a Aquiles e, portanto, adverte contra o perigo de contusões no pé.

- **Positivo**: tato, alegria de viver, sociabilidade, estilo de *superstar* cinematográfico
- **Negativo**: preguiça, excesso de indulgência, desperdício, convencimento, orgulho

ALGUÉM ESPECIAL

Para o amor e a amizade, você pode encontrar a pessoa certa entre as nascidas em uma das seguintes datas:

Amor & amizade: jan: 4, 11, 12, 26, 28, 30; fev: 2, 9, 10, 24, 26, 28; mar: 7, 8, 22, 24, 26; abr: 5, 6, 20, 22, 24, 30; mai: 3, 4, 18, 20, 22, 28, 31; jun: 1, 2, 16, 18, 20, 26, 29; jul: 14, 16, 18, 24, 27; ago: 12, 14, 16, 22, 25; set: 10, 12, 14, 20, 23; out: 8, 10, 12, 18, 21; nov: 6, 8, 10, 16, 19; dez: 4, 6, 8, 14, 17

Relacionamentos benéficos: jan: 3, 10, 29; fev: 1, 8, 27; mar: 6, 25, abr: 4, 23; mai: 2, 21; jun: 19; jul: 17, 30; ago: 15, 28; set: 13, 26; out: 11, 24; nov: 9, 22; dez: 7, 20

Atrações fatais: jan: 1, 2, 3, 11; fev: 9; mar: 7; abr: 5; mai: 3; jun: 1; dez: 31

Relacionamentos desafiantes: jan: 9; fev: 7; mar: 5, 28; abr: 3, 26; mai: 1, 24; jun: 22; jul: 20; ago: 18; set: 16; out: 14, 30, 31; nov: 12, 28, 29; dez: 10, 26, 27

Alma gêmea: jan: 7; fev: 5; mar: 3; abr: 1; mai: 29; jun: 4, 27; jul: 25; set: 21; out: 19; nov: 17; dez: 15

3 de Julho

Imaginativo e criativo, dotado com habilidades práticas, você é um canceriano que se preocupa com a sua segurança e tem sentimentos poderosos. A subinfluência do regente do seu decanato, Escorpião, indica, muitas vezes, que você tem ideais humanitários e emoções intensas, e que o idealismo e o senso de visão desempenham um papel importante na sua vida. Contudo, a preocupação com o lado material da vida pode fazer com que sempre mantenha os seus pés firmes no chão.

Observador e perceptivo, dotado com um grande senso de forma e estilo, você tem capacidade para transformar rapidamente os seus interesses e talentos criativos em empreendimentos comerciais bem-sucedidos. Com a sua habilidade de organização e poder intuitivo, você, muitas vezes, possui capacidade de julgamento e tem fortes valores materiais. Entretanto, devido ao desejo de levar uma boa vida, pode ser que você precise evitar o excesso de indulgência ou extravagância.

♋

SOL: CÂNCER
DECANATO: ESCORPIÃO/PLUTÃO
GRAU: 10°45'-12° CÂNCER
MODO: CARDEAL
ELEMENTO: ÁGUA

♋

Generoso e orgulhoso, sensível ainda que crítico e onisciente são características pelas quais as outras pessoas o definem. Isso indica que, devido à sua inibição emocional, você às vezes esconde os seus verdadeiros sentimentos e inseguranças. Contudo, com a sua personalidade dinâmica e amigável e talento com as palavras, você pode ser uma pessoa com bastante poder de persuasão.

Depois dos 19 anos de idade, quando o seu Sol progredido entra no signo de Leão, a sua timidez e preocupação com a sua própria segurança diminuem. A influência de Leão o ajuda a sentir-se mais confiante e a melhorar o seu desempenho profissional. A partir dos 49 anos de idade, o seu Sol progredido entra no signo de Virgem e você adquire uma atitude mais prática e discriminativa e a vontade de servir a outras pessoas se torna uma parte mais importante na sua vida.

O Seu Eu Secreto

Embora possa ser uma pessoa expressiva e criativa, o seu grande desafio pode ser a inclinação a desperdiçar a sua energia em muitos interesses. Isso sugere que a indecisão e a preocupação, especialmente no tocante a questões de ordem financeira, podem minar o seu grande potencial. Apesar de ter sorte, você deve evitar jogos especulativos e esquemas de enriquecimento rápido, pois é por meio da determinação e da perseverança que pode ser bem-sucedido. Na maior parte das vezes, você é uma pessoa caridosa e generosa com o seu tempo e energia.

O seu potencial para coisas grandes advém da sua capacidade intelectual superior e da habilidade para perceber as idéias em grande escala. Quando sente-se inspirado, você tem talento para organizar grandes eventos e trabalhar duro em prol de uma causa nobre. Isso lhe trará o reconhecimento que você merece.

Trabalho & Vocação

Você tem potencial para brilhar em cargos de autoridade e, como é uma pessoa justa, pode ser um excelente gerente ou administrador. O seu altruísmo e habilidade para dar início a projetos pode levá-lo à liderança de organizações como sindicatos, grupos de pais ou trabalhos de caridade. Você pode também se interessar por atividades ligadas à educação ou a qualquer outra forma de interesse social ou público. A sua compreensão inata quanto ao dinheiro e ao valor das coisas pode levá-lo a seguir uma carreira na área dos negócios, onde você pode ser especialmente bem-sucedido, em particular quando precisa usar a sua capacidade criativa, como transações com antiguidades, *chef* de cozinha, ou administrador. A necessidade de expressar a sua individualidade e criatividade pode levá-lo ao mundo da arte ou do entretenimento.

♋

ESTRELA FIXA

Nome da estrela:
Sirius

Posição:
13°6'-14°2' de Câncer, entre os anos de 1930 e 2000

Magnitude:
1

Força:
★★★★★★★★★★

Órb:
2°30'

Constelação:
Alpha Canis Major

Dias:
3, 4, 5, 6, 7 e 8 de julho

Qualidades da estrela:
interpretações variadas: Lua/Júpiter/Marte

Descrição:
uma estrela binária brilhante, branca e amarela, localizada na boca do Grande Cão; associada ao deus egípcio Osíris.

♋

Numerologia

Necessidade de amor, criatividade e sensibilidade são qualidades indicadas pelo dia de aniversário número 3. Uma pessoa de temperamento fácil e boa companhia, você gosta de atividades sociais e cultiva muitos interesses. A sua versatilidade e necessidade de auto-expressão podem levá-lo a buscar numerosas experiências. A sua inclinação para se entediar facilmente, no entanto, pode fazer com que se sinta indeciso ou a querer abraçar o mundo com as pernas. Embora com o dia de aniversário número 3 você possa ser uma pessoa cheia de entusiasmo e charmosa, com bom senso de humor, você precisa desenvolver a auto-estima para prevenir-se contra preocupações e outras inseguranças emocionais. A subinfluência do mês número 7 indica que embora seja uma pessoa analítica e intuitiva, você pode, às vezes, ser um tanto cético. Você tem talento com as palavras e pode desenvolver a arte de fazer perguntas sutis sem deixar que ninguém perceba o que realmente está pensando.

Positivo: bem-humorado, alegre, amigável, produtivo, criativo, artístico, poder de desejar, amante da liberdade, talento com as palavras

Negativo: entedia-se com facilidade, vaidoso, muito imaginativo, exagerado, contador de prosa, auto-indulgente, preguiçoso, hipócrita

Amor & Relacionamentos

Com interesse por pessoas criativas e comunicativas, você muitas vezes encontra o amor e a amizade quando se sente à vontade com a outra pessoa. Generoso e orgulhoso, você gosta de exibir uma aparência confiante e inteligente. Os seus diversos interesses podem levá-lo a ter diferentes tipos de relacionamentos. Quando se sente inseguro, as questões de ordem financeira e sentimentos de indecisão podem provocar tensão nos seus relacionamentos. Às vezes, a sua inquietude e inabilidade para se acalmar também sugerem que você pode ser inconstante no amor mas, depois que se decide por alguém, você pode ser um companheiro leal e atencioso.

INFLUÊNCIA DA ESTRELA PRIMÁRIA

Sirius confere uma perspectiva ampla e otimista e habilidade para fazer amigos leais em posições elevadas. Com a influência desta estrela, você pode ter prosperidade e sucesso e pode ser guardião ou ocupar uma posição de custódia. Muitas vezes, e sem muito esforço, você pode receber favores dos seus superiores. Sirius indica honra, riqueza e fama, bem como oportunidade para exercer o poder e capacidade de liderança. Sirius pode também encorajar o comportamento rebelde ou temerário, e por isto adverte contra o perigo de ações prematuras.

Ligada ao grau do seu Sol, esta estrela sugere sucesso nos negócios, felicidade doméstica e inclinação para a Arte, a Astrologia, a Filosofia ou a Educação Superior. Se receber honras muito cedo na vida, pode estar despreparado e ser incapaz para lidar com o sucesso. Muitas vezes, você tem um comportamento nobre e é bem-sucedido no trato com o público. Esta estrela também indica que você é uma pessoa confiável e que pode cuidar de propriedades alheias.

- **Positivo**: confiabilidade, responsabilidades importantes, alegria de viver, amor ao empreendimento, sucesso, atividades criativas
- **Negativo**: necessidade de liberdade a qualquer preço, mau uso do poder e de posições de confiança

ALGUÉM ESPECIAL

Para encontrar o seu parceiro ideal, você pode começar procurando por alguém que tenha nascido em uma das seguintes datas:

Amor & amizade: jan: 13, 29; fev: 11, 27, 29; mar: 9, 25, 27; abr: 7, 23, 25; mai: 5, 21, 23, 29; jun: 3, 19, 21, 27, 30; jul: 1, 17, 19, 25, 28; ago: 15, 17, 23, 26; set: 13, 15, 21, 24; out: 11, 13, 19, 22, 29; nov: 9, 11, 17, 20, 27; dez: 7, 9, 15, 18, 25

Relacionamentos benéficos: jan: 11; fev: 9; mar: 7, 31; abr: 5, 29; mai: 3, 27, 31; jun: 1, 25, 29; jul: 23, 27, 31; ago: 21, 25, 29, 30; set: 19, 23, 27, 28; out: 17, 21, 25, 26; nov: 15, 19, 23, 24, 30; dez: 22, 28

Atrações fatais: jan:1, 2, 3, 4, 12; fev: 10; mar: 8; abr: 6; mai: 4; jun: 2; dez: 31

Relacionamentos desafiantes: jan: 10; fev: 8; mar: 6, 29; abr: 4, 27; mai: 2, 25; jun: 23; jul: 21; ago: 19; set: 17; out: 15, 31; nov: 13, 29, 30; dez: 11, 27, 28

Alma gêmea: jan: 18, 24; fev: 16, 22; mar: 14, 20; abr: 12, 18; mai: 10, 16; jun: 8, 14; jul: 6, 12; ago: 4, 10; set: 2, 8; out: 6; nov: 4; dez: 2

4 de Julho

Sucesso e determinação estão muitas vezes ligados ao seu dia de aniversário. Reservado e sensível, você também é tenaz e ambicioso como os outros nativos de Câncer. Se encontrar a verdadeira inspiração, você freqüentemente está disposto a trabalhar duro e alcançar a prosperidade e a fama.

Carisma, charme e jovialidade são algumas das suas qualidades naturais. Embora possa ser altamente espirituoso e divertido, o lado mais sério da sua natureza o impele a buscar a sua realização e ser ambicioso. Essa combinação única de materialismo e idealismo precisa de um propósito para ser produtivo e, quando encontra aquilo que realmente o interessa, você rapidamente transforma-se em uma pessoa responsável e madura.

♋

SOL: CÂNCER
DECANATO: PLUTÃO
GRAU: 11°45'-13° CÂNCER
MODO: CARDEAL
ELEMENTO: ÁGUA

♋

Espontâneo por natureza, você tem amor à liberdade, o que lhe dá muito entusiasmo. Adaptável, sociável e consciente da sua imagem, você precisa sentir-se bonito e bem arrumado e muitas vezes gasta o seu dinheiro em roupas e artigos luxuosos. Como gosta de novidades, variedade e estilo, você precisa de dinheiro para bancar as coisas boas da vida. Embora goste de ser independente, os esforços conjuntos e o trabalho cooperativo com outras pessoas podem lhe dar lucro e sucesso. Com a sua atitude responsável, você muitas vezes é um excelente contribuidor para uma equipe.

Até os 18 anos de idade, as suas maiores preocupações são a sua casa, família e segurança. Depois dessa idade, quando o seu Sol progredido entra no signo de Leão, você pode sentir-se atraído por situações públicas que exigem que você seja forte e confiante. Essa tendência prossegue até os 48 anos de idade, época em que os seus interesses passam por uma grande transformação, quando o seu Sol progredido entra no signo de Virgem. Essa nova influência faz com que as questões de ordem prática se tornem proeminentes na sua vida, na medida em que você se torna uma pessoa mais analítica, observadora e organizada.

O Seu Eu Secreto

Você pode sentir-se dividido entre o que o inspira e o que é financeiramente compensador e, freqüentemente, isto cria uma tensão interior. Embora possa ser criativo e habilidoso, sem esforço e determinação os seus talentos não se realizarão. Aprender a fazer as escolhas certas e tomar as decisões corretas pode ser o maior desafio a ser superado. Como é dotado de intuição e *insight*, você tem muito a ganhar ouvindo a sua voz interior.

Se reconhecer a necessidade de desafiar-se mentalmente, você pode compreender o valor do conhecimento e da educação como meios de alcançar o sucesso. Como muitas vezes cultiva diversos interesses e atividades, você precisa desenvolver o seu poder de discriminação e aprender a focalizar a sua atenção em um assunto específico.

Trabalho & Vocação

Na sua vida profissional, qualquer área de atividade que envolva pessoas lhe dará um senso maior de realização. O seu carisma pessoal, capacidade de liderança e habilidade organizacional indicam que você possui o potencial para chegar ao topo da sua área de atuação. A sua chance de ser bem-sucedido é maior nas áreas de vendas, negociações ou promoções. Da mesma forma, as áreas editorial, de advocacia, bancária ou política podem ser carreiras apropriadas. Qualquer ocupação que lide com artigos para casa, comida ou cuidados com as pessoas também são boas possibilidades profissionais. A sua necessidade de autoexpressão e amor pelo lado dramático podem atraí-lo para o mundo da arte e do entretenimento. A sua independência e ambição podem ser um estímulo para trabalhar por conta própria.

Numerologia

Dotado com energia, habilidades práticas e forte determinação, você pode alcançar o sucesso por meio do trabalho duro. Com o dia de aniversário número 4, você é uma pessoa esteticamente sensível e com capacidade de criar sistemas práticos. Voltado para sua própria segurança, você quer construir uma base sólida para si e para a sua família. A sua maneira pragmática de abordar a vida lhe confere um bom senso para os negócios e habilidade para seguir adiante e alcançar o sucesso material na vida. Como uma pessoa número 4, você é na maior parte das vezes honesto, franco e justo. Contudo, precisa aprender a ser mais diplomático e evitar a tendência a ser teimoso ou a falta de tato. A subinfluência do mês número 7 indica que você pode ser uma pessoa idealista e intuitiva, com idéias originais e inspiradas. Uma combinação de modéstia e confiança muitas vezes o desafia a buscar uma visão mais equilibrada e a superar a tendência a ser facilmente ferido pela crítica alheia. Essa busca de equilíbrio também implica que você leva em consideração os seus sentimentos e pensamentos.

Positivo: autodisciplina, firmeza, trabalho duro, organização, habilidade manual, pragmatismo, confiabilidade, precisão

Negativo: instabilidade, comportamento destrutivo, falta de comunicação, repressão, rigidez, preguiça, insensibilidade, muito econômico, ressentimento, autoritarismo, severidade

♋

ESTRELAS FIXAS

Sirius; Canopus

ESTRELA PRIMÁRIA

Nome da estrela:
Sirius

Posição:
13°6'-14°2' de Câncer, entre os anos de 1930 e 2000

Magnitude:
1

Força:
★★★★★★★★★★

Órb:
2°30'

Constelação:
Alpha Canis Major

Dias:
3, 4, 5, 6, 7 e 8 de julho

Qualidades da estrela:
interpretações variadas: Lua/Júpiter/Marte

Descrição:
uma estrela binária brilhante, branca e amarela, localizada na boca do Grande Cão; associada ao deus egípcio Osíris.

♋

Amor & Relacionamentos

Jovial, você é uma pessoa amigável e sociável, com muitos interesses. Embora tenha muitos conhecidos e possa fazer amigos com facilidade, você se interessa mais por pessoas bem-sucedidas e empreendedoras e que estão determinadas a alçançar o sucesso. Você também tem excelentes oportunidades por intermédio de amigos e associados, e as viagens podem ser um dos seus muitos passatempos. As vantagens advindas do casamento e das parcerias também são indicadas e, se tiver dinheiro suficiente, você pode sentir-se uma pessoa feliz e satisfeita. Contudo, procure escolher cuidadosamente e sem pressa os seus relacionamentos, pois se não o fizer poderá vir a ter muitos relacionamentos pouco duradouros.

INFLUÊNCIA DA ESTRELA PRIMÁRIA

Sirius confere uma perspectiva ampla e otimista e habilidade para fazer amigos leais em posições elevadas. Com a influência desta estrela, você pode ter prosperidade e sucesso e pode ser guardião ou ocupar uma posição de custódia. Muitas vezes, e sem muito esforço, você pode receber favores dos seus superiores. Sirius indica honra, riqueza e fama, bem como oportunidade para exercer o poder e capacidade de liderança. Sirius pode também encorajar o comportamento rebelde ou temerário, e por isto adverte contra o perigo de ações prematuras.
Ligada ao grau do seu Sol, esta estrela sugere sucesso nos negócios, felicidade doméstica e inclinação para a Arte, a Astrologia, a Filosofia ou a Educação Superior. Se receber honras muito cedo na vida, pode estar despreparado e ser incapaz para lidar com o sucesso. Muitas vezes, você tem um comportamento nobre e é bem-sucedido no trato com o público. Esta estrela também indica que você é uma pessoa confiável e que pode cuidar de propriedades alheias.

- **Positivo**: confiabilidade, responsabilidades importantes, alegria de viver, amor ao empreendimento, sucesso, atividades criativas
- **Negativo**: necessidade de liberdade a qualquer preço, mau uso do poder e de posições de confiança

Consulte o Apêndice para obter informações adicionais acerca das estrelas fixas.

ALGUÉM ESPECIAL

Você pode ter mais chances de encontrar o seu parceiro certo com alguém que tenha nascido em uma das seguintes datas:

Amor & amizade: jan: 6, 8, 14, 23, 26, 28; fev: 4, 10, 12, 21, 24, 26; mar: 2, 10, 12, 19, 22, 24; abr: 8, 14, 17, 20, 22; mai: 6, 15, 16, 18, 20; jun: 4, 13, 16, 28; jul: 2, 11, 14, 16, 20; ago: 9, 12, 14, 22; set: 7, 10, 12, 24; out: 5, 8, 10, 26; nov: 3, 6, 8, 28; dez: 1, 4, 6, 30

Relacionamentos benéficos: jan: 9, 12; fev: 7, 10; mar: 5, 8; abr: 3, 6; mai: 1, 4; jun: 2, 30; jul: 28; ago: 26, 30, 31; set: 24, 28, 29; out: 22, 26, 27; nov: 20, 24, 25; dez: 18, 22, 23, 29

Atrações fatais: jan:1, 2, 3, 4, 5

Relacionamentos desafiantes: jan: 11, 13, 29; fev: 9, 11; mar: 7, 9, 30; abr: 5, 7, 28; mai: 3, 5, 26, 31; jun: 1, 3, 24, 29; jul: 1, 22, 27; ago: 20, 25; set: 18, 23, 30; out: 16, 21, 28; nov: 14, 19, 26; dez: 12, 17, 24

Alma gêmea: jan: 12, 29; fev: 10, 27; mar: 8, 25; abr: 6, 23; mai: 4, 21; jun: 2, 19; jul: 17; ago: 15; set: 13; out: 11; nov: 9; dez: 7

5 de Julho

Otimista, aventureiro e multitalentoso, o seu dia de aniversário revela que você é um canceriano intuitivo com um grande desejo de realização. Embora seja imaginativo e tenha muitas habilidades práticas, sem paciência e perseverança muitas de suas idéias não sairão do papel.

Dotado de um excelente senso para os negócios, você pode ser um investidor arguto que se envolve em grandes empreendimentos e especulações. A subinfluência do regente do seu decanato, Câncer, sugere que você busca maneiras de transformar a sua vida. Contudo, essa influência também implica que você precisa superar a inclinação a explorar as situações. Na maioria das vezes, você acredita que dinheiro é poder e, realmente, em algumas situações ele o é; mas, se ficar preso apenas na busca de benefícios materiais, você pode deixar de perceber o que de fato tem valor na vida.

♋

SOL: CÂNCER
DECANATO: CÂNCER/PLUTÃO, LUA/MARTE
GRAU: 12°45'-14° CÂNCER
MODO: CARDEAL
ELEMENTO: ÁGUA

♋

Mesmo no caso de ser uma pessoa autodisciplinada e trabalhadora, você freqüentemente tem um gosto extravagante e as aquisições podem ser a medida do seu senso de autovalorização. Como um idealista prático com capacidade de liderança, você tem visão e, graças a isso, pode comercializar os seus talentos por meio da autopromoção. Você sonha grande e qualquer coisa que faça na vida quer fazê-lo em grande escala. Essa necessidade de expansão, todavia, pode indicar que a inquietude ou a insatisfação interior com a sua situação atual pode encorajá-lo a progredir ainda mais.

Depois dos 17 anos de idade, quando o seu Sol progredido entra no signo de Leão, o seu poder, sua criatividade e sua confiança aumentam e é provável que você se torne uma pessoa mais aventureira. Quando o seu Sol progredido entra no signo de Virgem, aos 47 anos de idade, você se torna mais eficiente e com uma maior capacidade de discernimento. É provável que a partir dessa época você passe a ter mais interesse em questões ligadas à saúde ou em servir as outras pessoas.

O Seu Eu Secreto

Vigoroso, mas sensível, você tem o *insight* e o conhecimento para avaliar rapidamente o ambiente que o cerca. A sua nobreza interior e seu senso de dignidade ou orgulho sugerem que você não gosta de tarefas subalternas ou trabalhos que o desafiem mentalmente. Certamente, é quase sempre a sua superior habilidade mental que permite que você alcance o reconhecimento e o sucesso.

Apesar de ter uma aparência confiante e assertiva, é por meio da educação e do aprendizado que você pode vir a realizar o seu grande potencial. Generoso e amável, você é sempre uma pessoa atenciosa e cuidadosa. Capaz de compreender o valor da sabedoria, você pode utilizar as suas habilidades em projetos humanitários. Com uma boa capacidade de organização e o desejo de se manter ocupado, a sua vida é sempre rica e gratificante.

Trabalho & Vocação

A sua perspicácia natural para os negócios, seu senso agudo para ganhar dinheiro e sua habilidade para usar o seu charme quando necessário podem trazer-lhe recompensas financeiras. Você prefere carreiras profissionais voltadas para o trato com as pessoas. A aversão a obedecer ordens muitas vezes o leva a posições de autoridade. Multitalentoso e com habilidade para ser versátil, você pode se sobressair em ocupações como vendas, promoções ou restauração. Você pode também ser bem-sucedido como empresário, administrador, contador e banqueiro. Mas a sua inclinação filosófica pode levá-lo a carreiras religiosas ou metafísicas. Como sabe delegar tarefas e possui um lado altruísta, você pode seguir as carreiras de magistério ou que se relacionem com o benefício alheio. Os que possuem talentos criativos podem se tornar escritores, atores, cineastas ou músicos.

♋

ESTRELAS FIXAS

Sirius; Canopus

ESTRELA PRIMÁRIA

Nome da estrela:
Sirius
Posição:
13°6'-14°2' de Câncer, entre os anos de 1930 e 2000
Magnitude:
1
Força:
★★★★★★★★★★
Órb:
2°30'
Constelação:
Alpha Canis Major
Dias:
3, 4, 5, 6, 7 e 8 de julho
Qualidades da estrela:
interpretações variadas: Lua/Júpiter/Marte
Descrição:
uma estrela binária brilhante, branca e amarela, localizada na boca do Grande Cão; associada ao deus egípcio Osíris.

♋

Numerologia

A sua disposição para explorar e experimentar coisas novas, combinada com uma maneira entusiástica, sugere que a vida tem muito a lhe oferecer. As viagens e diversas oportunidades de mudança, algumas inesperadas, podem levá-lo a passar por uma verdadeira transformação de pontos de vista e crenças. Com o dia de aniversário número 5, você precisa sentir que a vida é excitante. Entretanto, você precisa desenvolver uma atitude responsável e evitar a tendência a ser imprevisível e inquieto. O talento natural do indivíduo número 5 é saber seguir o fluxo da vida e manter-se neutro. A subinfluência do mês número 7 indica que você é uma pessoa curiosa, mentalmente rápida e pragmática. Você em geral confia na própria intuição e prefere tomar as suas decisões. Voluntarioso e confiante, você precisa se sentir financeiramente seguro. Você gosta de reunir informações úteis que possa utilizar de alguma maneira prática.

- **Positivo**: versatilidade, adaptabilidade, progressismo, instintos fortes, magnetismo, sorte, ousadia, amor à liberdade, rapidez e espirituosidade, curiosidade, misticismo, sociabilidade
- **Negativo:** falta de confiabilidade, mutabilidade, inconsistência, excesso de confiança, obstinação

Amor & Relacionamentos

Sensível e intuitivo, você é uma pessoa apaixonada, com uma forte necessidade de expressar os seus sentimentos de forma dramática. Amigável e sociável, você considera importante ser uma pessoa popular e geralmente é leal e generoso com os entes queridos. Porém, como quer usufruir o que há de melhor na vida, pode ser que você tenha uma tendência à autoindulgência, especialmente quando se trata de compensar a falta de satisfação emocional. Você prefere se associar a pessoas bem-sucedidas e poderosas, que sejam carismáticas e influentes, ou a pessoas que possam ajudá-lo a conquistar o sucesso.

INFLUÊNCIA DA ESTRELA PRIMÁRIA

Sirius confere uma perspectiva ampla e otimista e habilidade para fazer amigos leais em posições elevadas. Com a influência desta estrela, você pode ter prosperidade e sucesso e pode ser guardião ou ocupar uma posição de custódia. Muitas vezes, e sem muito esforço, você pode receber favores dos seus superiores. Sirius indica honra, riqueza e fama, bem como oportunidade para exercer o poder e capacidade de liderança. Sirius pode também encorajar o comportamento rebelde ou temerário, e por isto adverte contra o perigo de ações prematuras.

Ligada ao grau do seu Sol, esta estrela sugere sucesso nos negócios, felicidade doméstica e inclinação para a Arte, a Astrologia, a Filosofia ou a Educação Superior. Se receber honras muito cedo na vida, pode estar despreparado e ser incapaz para lidar com o sucesso. Muitas vezes, você tem um comportamento nobre e é bem-sucedido no trato com o público. Esta estrela também indica que você é uma pessoa confiável e que pode cuidar de propriedades alheias.

- **Positivo**: confiabilidade, responsabilidades importantes, alegria de viver, amor ao empreendimento, sucesso, atividades criativas
- **Negativo**: necessidade de liberdade a qualquer preço, mau uso do poder e de posições de confiança

Consulte o Apêndice para obter informações adicionais acerca das estrelas fixas.

ALGUÉM ESPECIAL

Para o amor e a amizade, você pode encontrar a pessoa certa entre as nascidas nas seguintes datas:

- **Amor & amizade**: jan: 6, 15, 29, 31; fev: 4, 13, 27, 29; mar: 2, 11, 25, 27; abr: 9, 23, 25; mai: 7, 21, 23; jun: 5, 19, 21; jul: 3, 17, 19, 30; ago: 1, 15, 17, 28; set: 13, 15, 26; out: 11, 13, 24; nov: 9, 11, 22; dez: 7, 9, 20
- **Relacionamentos benéficos**: jan: 13, 15, 19; fev: 11, 13, 17; mar: 9, 11, 15; abr: 7, 9, 13; mai: 5, 7, 11; jun: 3, 5, 9; jul: 1, 3, 7, 29; ago: 1, 5, 27, 31; set: 3, 25, 29; out: 1, 23, 27; nov: 21, 25; dez: 19, 23
- **Atrações fatais**: jan:2, 3, 4, 5, 6; mai: 30; jun: 28; jul: 26; ago: 24; set: 22; out: 20; nov: 18; dez: 16
- **Relacionamentos desafiantes:** jan: 12; fev: 10; mar: 8; abr: 6; mai: 4; jun: 2; ago: 31; set: 29; out: 27, 29, 30; nov: 25, 27, 28; dez: 23, 25, 26, 30
- **Alma gêmea**: jan: 2, 28; fev: 26; mar: 24; abr: 22; mai: 20; jun: 18; jul: 16; ago: 14; set: 12; out: 10; nov: 8; dez: 6

6 de Julho

Generosidade, humanitarismo e amplitude mental são algumas das qualidades associadas ao seu dia de aniversário. Muitas vezes uma pessoa feliz e liberal, você pode atrair pessoas e ser popular. Entretanto, o seu sucesso depende muito de como você administra os seus trunfos. Como nativo de Câncer, você é sensível, idealista e altamente intuitivo, além de ter um bom senso de humor e sátira. Mas, às vezes você pode ficar excessivamente sério ou agitado e precisa aprender a se manter neutro.

A subinfluência do regente do seu decanato, Câncer, indica que você também pode ser uma pessoa de extremos. Ao resistir à sua inclinação a ser impaciente ou extravagante, você pode minimizar as suas frustrações e seu senso de incerteza. Isso sugere que, desenvolvendo uma atitude equilibrada e harmoniosa na vida, você pode evitar muitos obstáculos e desapontamentos.

♋

SOL: CÂNCER
DECANATO: CÂNCER/PLUTÃO, LUA/MARTE
GRAU: 13°30'-15°30' CÂNCER
MODO: CARDEAL
ELEMENTO: ÁGUA

♋

Assumindo uma atitude responsável e aprendendo a não deixar as coisas por conta do acaso e da sorte, você pode ter a inspiração necessária para explorar o seu verdadeiro potencial. Embora prefira ver as coisas por uma perspectiva mais ampla, com o seu entusiasmo você pode se esquecer dos pequenos, mas vitais, detalhes. Isso sugere que, sendo cuidadoso e metódico, você pode ampliar as suas chances de sucesso.

A sua sensibilidade será um problema menor depois dos 16 anos de idade, quando o seu Sol progredido entra no signo de Leão. Isso permite que você fique mais ousado e auto-assertivo em todas as áreas da sua vida. Depois dos 46 anos de idade, quando o seu Sol progredido entra no signo de Virgem, você volta a sua atenção para questões relacionadas à saúde e se torna uma pessoa mais consciente e com maior discernimento.

O Seu Eu Secreto

Ainda que possua um bom senso de valores, se tiver uma atitude de viver-apenas-para-o-momento ou uma insatisfação com as limitações materiais, você pode vir a adquirir um comportamento inquieto. Você terá vontade de viajar e explorar novas oportunidades, se a sua situação não lhe der nenhuma perspectiva.

Orgulhoso e dramático, você se importa com a sua aparência e procura apresentar uma imagem favorável. Mesmo com jeito para ganhar dinheiro, o fato de ser uma pessoa generosa e compassiva pode levá-lo a gastar com mais rapidez do que ganha. Isso também sugere que as oscilações financeiras podem limitar as suas aspirações. Aprender a controlar as despesas talvez seja a sua primeira lição na estrada que o levará ao sucesso. Contudo, como é um bom empresário ou como sabe lutar por uma causa, é provável que oportunidades espetaculares venham até você, já que Deus age de formas misteriosas.

Trabalho & Vocação

Uma interessante combinação de sensibilidade emocional com *insight* intelectual garante que, com disciplina e determinação, você pode ser bem-sucedido em qualquer carreira que escolha. Com a sua capacidade de liderança, você quer ocupar cargos de autoridade ou pelo menos ter liberdade de fazer as coisas do seu jeito, como na área de ensino ou de trabalho autônomo. Com a sua boa capacidade de avaliação, pode ser que o lado mais pragmático da sua natureza o leve a trabalhar nas áreas de vendas imobiliárias, bancária, dos negócios ou da Bolsa de Valores. Este dia de aniversário também indica possibilidade de sucesso no mundo do *show business* e das artes. Mas a sua veia humanitária pode atraí-lo para profissões ligadas à assistência social, à ajuda comunitária ou à medicina.

Numerologia

Compaixão, idealismo e natureza atenciosa são algumas das qualidades sugeridas pelo dia de aniversário número 6. Muitas vezes um visionário e humanitarista, você é uma pessoa responsável, amorosa e prestativa. Apesar de uma pessoa mundana e orientada para a sua carreira profissional, com o dia de aniversário número 6 você é um bom pai e dá grande importância à vida doméstica. Os que são mais sensíveis precisam encontrar uma forma de expressão criativa e são muitas vezes atraídos pelo mundo do entretenimento ou da arte e do *design*. Os desafios para algumas pessoas que fazem aniversário no dia 6 incluem o desenvolvimento da autoconfiança ou da capacidade de controle. A subinfluência do mês número 7 indica que você precisa estabelecer o seu estilo ou ser independente e original. Como é, na maioria das vezes, uma pessoa perfeccionista, pode ser também crítico; mas você deve evitar o excesso de dogmatismo ou a falta de comunicação. O excesso de sensibilidade às críticas que recebe pode levá-lo a se sentir mal entendido.

Positivo: mundanismo, fraternidade universal, amizade, compaixão, confiabilidade, compreensão, solidariedade, idealismo, vida doméstica, humanitarismo, prontidão, natureza artística, equilíbrio

Negativo: insatisfação, ansiedade, timidez, teimosia, franqueza, falta de harmonia, falta de responsabilidade, desconfiança, cinismo, autocentramento

♋

ESTRELAS FIXAS

Sirius; Canopus

ESTRELA PRIMÁRIA

Nome da estrela:
Sirius
Posição:
13°6'-14°2' de Câncer, entre os anos de 1930 e 2000
Magnitude:
1
Força:
★★★★★★★★★★
Órb:
2°30'
Constelação:
Alpha Canis Major
Dias:
3, 4, 5, 6, 7 e 8 de julho
Qualidades da estrela:
interpretações variadas: Lua/Júpiter/Marte
Descrição:
uma estrela binária brilhante, branca e amarela, localizada na boca do Grande Cão; associada ao deus egípcio Osíris.

♋

Amor & Relacionamentos

Atraído por pessoas mentalmente estimulantes, você busca pessoas que tenham algum tipo de atividade intelectual. Com a sua mente rápida e seu bom senso de humor, você sabe divertir as pessoas e é uma boa companhia. Embora seja amigável e sociável, se permitir que as suas inseguranças interiores se manifestem, você pode às vezes se tornar uma pessoa brigona. Esse fator pode provocar problemas em relacionamentos próximos. Contudo, a sua capacidade de comunicação pode atenuar as situações.

INFLUÊNCIA DA ESTRELA PRIMÁRIA

Sirius confere uma perspectiva ampla e otimista e habilidade para fazer amigos leais em posições elevadas. Com a influência desta estrela, você pode ter prosperidade e sucesso e pode ser guardião ou ocupar uma posição de custódia. Muitas vezes, e sem muito esforço, você pode receber favores dos seus superiores. Sirius indica honra, riqueza e fama, bem como oportunidade para exercer o poder e capacidade de liderança. Sirius pode também encorajar o comportamento rebelde ou temerário, e por isto adverte contra o perigo de ações prematuras.

Ligada ao grau do seu Sol, esta estrela sugere sucesso nos negócios, felicidade doméstica e inclinação para a Arte, a Astrologia, a Filosofia ou a Educação Superior. Se receber honras muito cedo na vida, pode estar despreparado e ser incapaz para lidar com o sucesso. Muitas vezes, você tem um comportamento nobre e é bem-sucedido no trato com o público. Esta estrela também indica que você é uma pessoa confiável e que pode cuidar de propriedades alheias.

- **Positivo**: confiabilidade, responsabilidades importantes, alegria de viver, amor ao empreendimento, sucesso, atividades criativas
- **Negativo**: necessidade de liberdade a qualquer preço, mau uso do poder e de posições de confiança

Consulte o Apêndice para obter informações adicionais acerca das estrelas fixas.

ALGUÉM ESPECIAL

Pode ser mais fácil encontrar aquele alguém especial entre as pessoas nascidas nas seguintes datas:

Amor & amizade: jan: 6, 16; fev: 4, 14; mar: 2, 12, 28, 30; abr: 10, 26, 28; mai: 8, 24, 26, 30; jun: 6, 22, 24, 28; jul: 4, 20, 22, 26, 31; ago: 2, 18, 20, 24, 29; set: 16, 18, 22, 27; out: 14, 16, 20, 25; nov: 12, 14, 18, 23; dez: 10, 12, 16, 21

Relacionamentos benéficos: jan: 9, 14, 16; fev: 7, 12, 14; mar: 5, 10, 12; abr: 3, 8, 10; mai: 1, 6, 8; jun: 4, 6; jul: 2, 4; ago: 2; set: 30; out: 28; nov: 26, 30; dez: 24, 28, 29

Atrações fatais: jan:3, 4, 5, 6, 7, 21; fev: 19; mar: 17; abr: 15; mai: 13; jun: 11; jul: 9; ago: 7; set: 5; out: 3; nov: 1

Relacionamentos desafiantes: jan: 4, 13, 28; fev: 2, 11, 26; mar: 9, 24; abr: 7, 22; mai: 5, 20; jun: 3, 18; ago: 14; set: 12; out: 10, 31; nov: 8, 29; dez: 6, 27

Alma gêmea: jan: 15, 22; fev: 13, 20; mar: 11, 18; abr: 9, 16; mai: 7, 14; jun: 5, 12; jul: 3, 10; ago: 1, 8; set: 6; out: 4; nov: 2

7 de Julho

Muita força de vontade, determinação e produtividade são algumas das qualidades associadas ao seu dia de aniversário. Como nativo de Câncer, você é uma pessoa intuitiva e imaginativa; contudo, o seu senso de valores e sua inclinação materialista indicam que a segurança financeira pode desempenhar um papel importante no seu projeto de vida.

A subinfluência do regente do seu decanato, Escorpião, sugere que você se sente bem em posição de influência, gosta do poder ou de estar no controle. Porém, você deve evitar a tendência a ser muito dominador. Trabalhador e enérgico, com boa habilidade para organização, você tem um bom senso para os negócios e uma maneira pragmática de encarar as situações. Embora possa ter pontos de vista conservadores e boas qualidades morais, você quer ser bem-sucedido material e socialmente.

Como deseja expressar a sua individualidade, você não gosta de obedecer aos outros; freqüentemente, cria o próprio código ético e de conduta, mas deve evitar tornar-se excessivamente dogmático. Se aprender a colaborar com as pessoas, você pode receber recompensas gratificantes e, se desenvolver as suas habilidades diplomáticas, você amplia o seu poder de persuasão.

♋

SOL: CÂNCER
DECANATO: ESCORPIÃO/PLUTÃO
GRAU: 14°30'-16°30' CÂNCER
MODO: CARDEAL
ELEMENTO: ÁGUA

♋

Você se torna mais confiante em todas as áreas da sua vida depois dos 15 anos de idade, quando o seu Sol progredido entra no signo de Leão e ali permanece por um período de trinta anos. Aos 45 anos de idade, há uma outra mudança na sua vida, quando o seu Sol progredido entra no signo de Virgem. Com essa influência, você se torna uma pessoa mais analítica e com uma maior capacidade de discernimento. Aos 75 anos de idade, quando o seu Sol progredido entra no signo de Libra, você passa a dar mais importância à harmonia e à beleza no seu ambiente.

O Seu Eu Secreto

Como um observador arguto, você apreende rapidamente as informações e é capaz de prestar atenção nos pequenos detalhes. Isso muitas vezes o ajuda a capitalizar os seus talentos e a fazer bons investimentos. *Insight*, sabedoria e conhecimento são alguns dos seus dons naturais, mas você precisa ter autodisciplina para desenvolver o seu formidável potencial. Apesar de altamente intuitivo, você pode às vezes ser desconfiado ou ser tomado pela dúvida quanto a si mesmo. Todavia, você gosta de participar de discussões e debates, pois isso o ajuda a manter a sua mente afiada.

O seu orgulho e sua nobreza interior sugerem que você não gosta do fracasso. Entretanto, você pode às vezes ser cabeça-dura e precisa desenvolver a paciência ou ouvir o conselho de outras pessoas. A sua espontaneidade natural o estimula a ser competitivo e pode ajudá-lo a se realizar nos seus esforços criativos.

Trabalho & Vocação

Intuitivo, mentalmente agudo e trabalhador, você tem o potencial para chegar ao topo da sua profissão. O seu estilo direto e profissional garante que você não perde tempo e sabe quais são os seus objetivos. Você gosta de poder, estrutura e eficiência, por isso pode ser bem-sucedido no mundo dos negócios, especialmente como organizador, executivo ou supervisor. A possibilidade de realização existe também nas áreas editorial, de vendas ou de negociação. Você pode também se sobressair na área da publicidade, advocacia ou bancária. Mas a sua necessidade de auto-expressão e seu amor ao dramático podem levá-lo ao mundo do entretenimento ou da arte. Como não gosta de obedecer e é muito independente, você prefere ser o seu chefe ou delegar tarefas aos outros.

ESTRELAS FIXAS

Sirius; Canopus

ESTRELA PRIMÁRIA

Nome da estrela:
Sirius

Posição:
13°6'-14°2' de Câncer, entre os anos de 1930 e 2000

Magnitude:
1

Força:
★★★★★★★★★★

Órb:
2°30'

Constelação:
Alpha Canis Major

Dias:
3, 4, 5, 6, 7 e 8 de julho

Qualidades da estrela:
interpretações variadas: Lua/Júpiter/Marte

Descrição:
uma estrela binária brilhante, branca e amarela, localizada na boca do Grande Cão; associada ao deus egípcio Osíris.

Numerologia

Como um indivíduo número 7, você é analítico e ponderado. Você prefere tomar as próprias decisões e muitas vezes aprende melhor por meio da experiência pessoal. Com uma necessidade constante de adquirir uma maior autoconsciência, você gosta de reunir informações e pode ter interesse em ler, escrever ou em espiritualidade. Você pode às vezes ficar muito sensível à crítica alheia e se sentir mal-entendido. A tendência a ser enigmático ou reservado o leva a desenvolver a arte de fazer perguntas sutis sem que ninguém saiba o que está realmente pensando. A subinfluência do mês número 7 indica que você é altamente individualista e orgulhoso. Ainda que seja muitas vezes prático, trabalhador e independente, você pode às vezes aparentar impaciência e tédio. Você sempre alterna entre ser mal-interpretado e impressionável, por um lado, e pensar independentemente e ser cético, de outro. O desejo de ter sucesso e dinheiro muitas vezes o encoraja a aprender novas habilidades. Desenvolvendo a sua comunicação com as pessoas, você pode expressar os seus pensamentos clara e precisamente.

- **Positivo**: confiança, meticulosidade, idealismo, honestidade, habilidade psíquica, raciocínio científico, racionalidade, reflexão
- **Negativo**: dissimulação, engano, falta de amizade, reserva, ceticismo, confusão, indiferença

Amor & Relacionamentos

Embora seja amigável e sociável, você pode ser indeciso quanto aos seus relacionamentos. Como atrai facilmente pessoas do sexo oposto, você deve tomar cuidado para não ser muito exigente ou excessivamente emotivo na sua vida amorosa. Como é provável que se entregue totalmente à pessoa que ama, não tenha pressa para escolher o parceiro certo. Quando se sente ansioso, a música muitas vezes o acalma.

INFLUÊNCIA DA ESTRELA PRIMÁRIA

Sirius confere uma perspectiva ampla e otimista e habilidade para fazer amigos leais em posições elevadas. Com a influência desta estrela, você pode ter prosperidade e sucesso e pode ser guardião ou ocupar uma posição de custódia. Muitas vezes, e sem muito esforço, você pode receber favores dos seus superiores. Sirius indica honra, riqueza e fama, bem como oportunidade para exercer o poder e capacidade de liderança. Sirius pode também encorajar o comportamento rebelde ou temerário, e por isto adverte contra o perigo de ações prematuras.

Ligada ao grau do seu Sol, esta estrela sugere sucesso nos negócios, felicidade doméstica e inclinação para a Arte, a Astrologia, a Filosofia ou a Educação Superior. Se receber honras muito cedo na vida, pode estar despreparado e ser incapaz para lidar com o sucesso. Muitas vezes, você tem um comportamento nobre e é bem-sucedido no trato com o público. Esta estrela também indica que você é uma pessoa confiável e que pode cuidar de propriedades alheias.

- **Positivo**: confiabilidade, responsabilidades importantes, alegria de viver, amor ao empreendimento, sucesso, atividades criativas
- **Negativo**: necessidade de liberdade a qualquer preço, mau uso do poder e de posições de confiança

Consulte o Apêndice para obter informações adicionais acerca das estrelas fixas.

ALGUÉM ESPECIAL

Você pode encontrar o seu parceiro ideal entre os nascidos nas seguintes datas:

Amor & amizade: jan: 7, 17, 20; fev: 5, 15, 18; mar: 3, 13, 16, 29, 31; abr: 1, 11, 14, 27, 29; mai: 9, 12, 25, 27; jun: 7, 10, 23, 25; jul: 5, 8, 21, 23; ago: 3, 6, 19, 21; set: 1, 4, 17, 19; out: 2, 15, 17; nov: 13, 15, 30; dez: 11, 13, 28

Relacionamentos benéficos: jan: 15, 17, 28; fev: 13, 15, 26; mar: 11, 13, 24; abr: 9, 11, 22; mai: 7, 9, 20; jun: 5, 7, 18; jul: 3, 5, 16; ago: 1, 3, 14; set: 1, 12; out: 10, 29; nov: 8, 27; dez: 6, 25

Atrações fatais: jan: 4, 5, 6, 7, 8; fev: 3; mar: 1

Relacionamentos desafiantes: jan: 4, 5, 14; fev: 2, 3, 12; mar: 1, 10; abr: 8, 30; mai: 6, 28; jun: 4, 26; jul: 2, 24; ago: 22; set: 20; out: 18; nov: 16; dez: 14

Alma gêmea: jan: 2; fev: 29; abr: 27; mai: 25; jun: 23; jul: 21; ago: 19; set: 17; out: 15; nov: 13; dez: 11

8 de Julho

Você é idealista e charmoso, ainda que prático e habilidoso, e o seu dia de aniversário sugere que você é receptivo e trabalhador. Muitas vezes a sua natureza gentil e protetora esconde a sua inquietude mental e ambição. Como canceriano, você é sensível e solidário e pode sentir os problemas das outras pessoas como se fossem seus. Você quer proteger as pessoas que ama, mas precisa evitar se martirizar por causa dos outros.

A subinfluência do regente do seu decanato, Escorpião, indica que você tem uma grande força interior e, como é uma pessoa persistente, sempre supera os momentos de crise. Persistente e enérgico, com habilidade para organização, você tem um bom senso para os negócios e uma maneira pragmática de encarar as situações. Embora goste do poder e de estar em situação de controle, o lado gentil e responsável da sua natureza mostra como você é uma pessoa atenciosa.

♋

SOL: CÂNCER
DECANATO: ESCORPIÃO/PLUTÃO
GRAU: 15°30'-17° CÂNCER
MODO: CARDEAL
ELEMENTO: ÁGUA

♋

O elemento materialista atribuído ao seu dia de aniversário significa que a segurança financeira pode ser um importante fator quando toma decisões. Ainda que muitas vezes tenha pontos de vista conservadores e boas qualidades morais, você quer ser bem-sucedido material e socialmente. Contudo, a sua natureza calorosa e a necessidade de se expressar emocionalmente podem levá-lo a querer usar os seus talentos criativos.

As questões em torno da sensibilidade e segurança podem ter uma forte influência até os seus 14 anos de idade, quando o seu Sol progredido entra no signo de Leão. É provável que isso lhe dê a força para usar os seus talentos e habilidades de uma maneira mais confiante. Depois dos 44 anos de idade, quando o seu Sol progredido entra no signo de Virgem, as considerações práticas se tornam mais proeminentes, e há a probabilidade de um aumento na sua eficiência, capacidade e habilidade de organização. Depois dos 74 anos de idade, quando o seu Sol progredido entra no signo de Libra, há uma outra mudança na sua vida que acentua as questões ligadas à harmonia, ao equilíbrio e aos relacionamentos.

O Seu Eu Secreto

À medida que aprende com a vida a valorizar os seus sentimentos e a reconhecer que eles têm tanta importância quanto as necessidades das outras pessoas, você desenvolve a sua autoconfiança. Isso impede que você fique desapontado ou frustrado com as pessoas e situações, pois se torna capaz de se manter neutro e de não aceitar as projeções e expectativas das outras pessoas.

Apesar de sociável e espontâneo, com elevados ideais e valores morais, você pode ser uma pessoa de extremos. Isso implica que você pode passar facilmente da generosidade, leveza e espontaneidade ao criticismo e à seriedade. Ao encontrar um equilíbrio saudável entre o lado espiritual e o lado material e dispensar a necessidade de aprovação das pessoas, você descobre uma capacidade de amor interior que o ajuda a superar todos os obstáculos.

Trabalho & Vocação

A sua sociabilidade natural o ajuda a ser bem-sucedido em todas as carreiras ligadas ao trato com as pessoas, em especial porque tem uma boa capacidade de unir negócios e prazer. O seu senso dramático e a necessidade de auto-expressão podem levá-lo a profissões nas áreas da arte, do teatro ou da música. Com o seu bom senso para os negócios, você precisa de liberdade para trabalhar do jeito que quiser. Como é uma pessoa trabalhadora, você pode conquistar posições de autoridade ou pode ser que prefira trabalhar por conta própria. Com a sua natureza atenciosa e sua veia humanitária, você pode se sobressair ensinando ou trabalhando com crianças. Mas você pode também seguir alguma carreira que traga benefícios para a comunidade.

Numerologia

O número 8 geralmente indica que você aspira a grandes realizações e tem uma natureza ambiciosa. O desejo de predominância, segurança e sucesso material é também indicado por este dia de aniversário. Como uma pessoa número 8, você possui um senso natural para os negócios e terá grandes benefícios se desenvolver a sua habilidade executiva e de organização. Se estiver disposto a trabalhar duro, pode assumir grandes responsabilidades. No entanto, você precisa aprender a administrar ou delegar tarefas de forma justa. A sua grande necessidade de se sentir seguro ou estabelecido o impele a fazer planos e investimentos a longo prazo. A subinfluência do mês número 7 indica que você é uma pessoa rápida e entusiástica e que possui uma personalidade carismática. Os seus grandes trunfos são os seus fortes instintos e a capacidade de aprender rapidamente, combinando prática com teoria. Ambicioso, ainda que emocionalmente inquieto e intuitivo, você sabe perceber as oportunidades, mas sem um plano de ação pode perder o interesse e abandoná-las.

Positivo: liderança, capacidade de conclusão, trabalho duro, tradição, proteção, poder de cura, bom julgamento de valores

Negativo: impaciência, desperdício, intolerância, excesso de trabalho, dominação, desencoraja-se facilmente, falta de planejamento, comportamento controlador

♋

ESTRELAS FIXAS

Sirius; Canopus

ESTRELA PRIMÁRIA

Nome da estrela:
Sirius

Posição:
13°6'-14°2' de Câncer, entre os anos de 1930 e 2000

Magnitude:
1

Força:
★★★★★★★★★★

Órb:
2°30'

Constelação:
Alpha Canis Major

Dias:
3, 4, 5, 6, 7 e 8 de julho

Qualidades da estrela:
interpretações variadas: Lua/Júpiter/Marte

Descrição:
uma estrela binária brilhante, branca e amarela, localizada na boca do Grande Cão; associada ao deus egípcio Osíris.

♋

Amor & Relacionamentos

Atencioso e altruísta, você em geral é um parceiro dedicado e amigo das pessoas que ama e admira. A necessidade de estabilidade muitas vezes sugere que você está disposto a fazer grandes sacrifícios pelos seus entes queridos. Muitas vezes, você acaba com alguém de uma faixa etária ou de nível diferente. A necessidade de ser popular também indica que você possui um grande círculo de amigos e tem fortes ligações com membros familiares.

INFLUÊNCIA DA ESTRELA PRIMÁRIA

Sirius confere uma perspectiva ampla e otimista e habilidade para fazer amigos leais em posições elevadas. Com a influência desta estrela, você pode ter prosperidade e sucesso e pode ser guardião ou ocupar uma posição de custódia. Muitas vezes, e sem muito esforço, você pode receber favores dos seus superiores. Sirius indica honra, riqueza e fama, bem como oportunidade para exercer o poder e capacidade de liderança. Sirius pode também encorajar o comportamento rebelde ou temerário, e por isto adverte contra o perigo de ações prematuras.

Ligada ao grau do seu Sol, esta estrela sugere sucesso nos negócios, felicidade doméstica e inclinação para a Arte, a Astrologia, a Filosofia ou a Educação Superior. Se receber honras muito cedo na vida, pode estar despreparado e ser incapaz para lidar com o sucesso. Muitas vezes, você tem um comportamento nobre e é bem-sucedido no trato com o público. Esta estrela também indica que você é uma pessoa confiável e que pode cuidar de propriedades alheias.

- **Positivo**: confiabilidade, responsabilidades importantes, alegria de viver, amor ao empreendimento, sucesso, atividades criativas
- **Negativo**: necessidade de liberdade a qualquer preço, mau uso do poder e de posições de confiança

Consulte o Apêndice para obter informações adicionais acerca das estrelas fixas.

ALGUÉM ESPECIAL

Se estiver procurando o seu parceiro ideal, você pode ter mais sorte com alguém que tenha nascido em uma das seguintes datas:

Amor & amizade: jan: 4, 8, 18, 19, 23; fev: 2, 6, 16, 17, 21; mar: 4, 14, 15, 19, 28, 30; abr: 2, 12, 13, 17, 26, 28, 30; mai: 10, 11, 15, 24, 26, 28; jun: 8, 9, 13, 22, 24, 26; jul: 6, 7, 11, 20, 22, 28; ago: 4, 5, 9, 18, 20, 22, 28; set: 2, 3, 7, 16, 18, 20, 26; out: 1, 5, 14, 16, 18, 24; nov: 3, 12, 14, 16, 22; dez: 1, 10, 12, 14, 20

Relacionamentos benéficos: jan: 5, 16, 27; fev: 3, 14, 25; mar: 1, 12, 23; abr: 10, 21; mai: 8, 19; jun: 6, 17; jul: 4, 15; ago: 2, 13; set: 11; out: 9, 30; nov: 7, 28; dez: 5, 26, 30

Atrações fatais: jan:5, 6, 7, 8, 9, 17; fev: 8, 13; mar: 6, 11; abr: 11; mai: 9; jun: 7; jul: 5; ago: 3; set: 1

Relacionamentos desafiantes: jan: 1, 10, 15; fev: 8, 13; mar: 6, 11; abr: 4, 9; mai: 2, 7; jun: 5; jul: 3, 29; ago: 1, 27; set: 25; out: 23; nov: 21; dez: 19, 29

Alma gêmea: ago: 30; set: 28; out: 26; nov: 24; dez: 22

9 de Julho

Carismático e sociável, você tem talento para lidar com as pessoas e pode fazer amigos com facilidade. Embora na maioria das vezes seja expansivo, o seu dia de aniversário mostra que você é uma pessoa com uma alma sensível e emoções poderosas. Com o seu insight, seu intelecto intuitivo e seu forte senso de justiça, você gosta de falar o que pensa e muitas vezes tem fortes convicções. Quando defende os seus ideais e luta pelos outros, você mostra a sua natureza solidária e compassiva.

Como tem uma consciência sensível e uma grande necessidade de estar em um ambiente harmônico, você prefere não criar confusão. Esteja em casa com a família ou com amigos, você pode às vezes ser instado a fazer grandes sacrifícios para agradar as outras pessoas.

Se não cultivar ressentimentos, você perceberá que as suas boas ações podem lhe trazer grandes recompensas. Evite a tendência a sofrer em silêncio; isso pode provocar explosões emocionais. É importante construir uma base sólida, progredir em um ritmo estável, mesmo que queira ganhar dinheiro antes de saber quais são as suas habilidades.

♋

SOL: CÂNCER
DECANATO: ESCORPIÃO/PLUTÃO
GRAU: 16°30'-17°30' CÂNCER
MODO: CARDEAL
ELEMENTO: ÁGUA

♋

Dotado de uma imaginação fértil, você se beneficia quando canaliza os seus pensamentos em conquistas construtivas em vez de permitir que eles se transformem em ansiedade ou preocupação. Quando está bem, você gosta de se divertir, é generoso e gregário, além de possuir senso de humor.

Depois dos 13 anos de idade, quando o seu Sol progredido entra no signo de Leão, você passa a ser mais assertivo e a desenvolver confiança para exibir os seus talentos e habilidades. Aos 43 anos de idade, quando o seu Sol progredido entra no signo de Virgem, há uma mudança na sua vida e você se torna uma pessoa com mais discernimento, prática e perfeccionista. Aos 73 anos de idade, quando o seu Sol progredido entra no signo de Libra, o companheirismo e os seus relacionamentos passam a ter um papel mais importante na sua vida.

O Seu Eu Secreto

A dúvida ou frustração podem impedir que você se concentre nas suas metas positivas, mas, se resistir a elas, pode aumentar a sua força de vontade. Isso faz com que você não se deixe levar pelas circunstâncias, mas as controle. Desafiando-se a fazer o melhor, você pode se surpreender com a sua capacidade de realização.

Com a imaginação e a sensibilidade para se colocar no lugar das outras pessoas, você possui um dom extraordinário para compreender a humanidade. Contudo, você precisa complementar isso com a sua própria forma de auto-expressão para ter o poder e propósito de que precisa. Você encontrará muitas formas de usar os seus talentos sendo criativo e intuitivo.

Trabalho & Vocação

O seu talento para lidar com as pessoas e a sua empatia natural fazem de você a pessoa ideal para trabalhar com o público. O seu interesse pela humanidade, pela comunidade e por condições sociais podem levá-lo a seguir carreiras ligadas a cura, advocacia ou trabalho social. Este dia de aniversário também indica um possível sucesso na área de vendas e promoções. A sua habilidade para falar e seu talento com as palavras podem levá-lo a escrever. Mas a sua imaginação pode encontrar uma forma de se manifestar por meio dos negócios ou de carreiras artísticas, como teatro, arte e *design* ou, ainda, publicidade. O seu lado criativo pode levá-lo a se envolver com carreiras ligadas ao mundo doméstico, como, por exemplo, *design* de interior.

♋

ESTRELAS FIXAS

Canopus, Al Wasat

ESTRELA PRIMÁRIA

Nome da estrela:
Canopus

Posição:
13°58'-15° de Câncer, entre os anos de 1930 e 2000

Magnitude:
1

Força:
★★★★★★★★★★

Órb:
2°30'

Constelação:
Alpha Carinae

Dias:
4, 5, 6, 7, 8, 9 e 10 de julho

Qualidades da estrela:
interpretações variadas: Saturno/Júpiter e Lua/Marte

Descrição:
uma estrela branca e amarela, localizada em um dos remos do navio Argo.

♋

Numerologia

Benevolência, compaixão e sensibilidade emocional estão associadas ao dia de aniversário número 9. As suas habilidades intuitivas e psíquicas apontam uma receptividade universal que, se positivamente canalizada, pode inspirá-lo a seguir o caminho espiritual. Com o dia de aniversário número 9, você costuma sentir que a sua vida já está programada e que você não tem muito espaço para mudar as coisas. Você precisa desenvolver a compreensão, a tolerância e a paciência, bem como a aprender a ser impessoal. Aprenda a confiar nos próprios instintos e evite sentir-se insatisfeito com o que tem. O sucesso muitas vezes vem por meio da persistência e de uma perspectiva positiva. A subinfluência do mês número 7 indica que você é uma pessoa reservada e ponderada, com uma natureza sensível e um grande desejo de auto-realização. Como uma pessoa humanitária, você pode às vezes experimentar tensões internas quando enfrenta o conflito entre a necessidade de auto-expressão e a responsabilidade para com os outros. Você precisa aprender a equilibrar o excesso de confiança e o sentimento de insegurança e dúvida quanto a si mesmo.

- **Positivo**: idealismo, criatividade, sensibilidade, generosidade, magnetismo, poesia, caridade, neutralidade e distanciamento, sorte, popularismo
- **Negativo**: frustração, nervosismo, fragmentação, incerteza, egoísmo, falta de praticidade, facilidade de ser levado, preocupação, isolamento

Amor & Relacionamentos

Você é um amigo leal e confiável e, com o seu charme natural, muitas vezes uma pessoa popular e com um grande círculo de amigos. Como tem expectativas elevadas quanto aos seus relacionamentos, você sempre se dá muito, mas precisa se sentir amado e apreciado. Juntamente com o seu poder de atrair pessoas de diferentes círculos sociais, surge a necessidade de exercitar um certo discernimento. Ainda que os relacionamentos e o casamento sejam importantes para você, a segurança material pode ser uma prioridade.

INFLUÊNCIA DA ESTRELA PRIMÁRIA

O deus egípcio Canopus, patrono dos navios e das viagens, está ligado a esta estrela, que propicia as viagens e sugere longas jornadas. Esta estrela confere uma natureza gentil, conservadorismo, astúcia e sucesso, por intermédio da educação e das realizações acadêmicas. Você tem habilidade para adquirir um amplo conhecimento, bem como trabalhar para a sua comunidade. Esta estrela também adverte contra aflições familiares e domésticas e problemas com um dos progenitores.

Ligada ao grau do seu Sol, esta estrela confere sucesso em assuntos públicos e conquista de objetivos amplos por meio do trabalho diligente. A fama também pode ser alcançada, mas nem sempre é duradoura. Pode haver a tendência a problemas domésticos ou com amigos e familiares, embora nunca falte alguma forma de ajuda.

- **Positivo**: gravidade, responsabilidade, amor a viagens, perseverança, sucesso em questões legais
- **Negativo**: frustração, insatisfação, a maior parte dos problemas deriva da própria ação, envolvimento em questões legais

Consulte o Apêndice para obter mais informações acerca das estrelas fixas.

ALGUÉM ESPECIAL

Para encontrar o amor e a felicidade, procure um parceiro entre as pessoas nascidas nas seguintes datas:

Amor & amizade: jan: 5, 9, 18, 19; fev: 3, 7, 16, 17; mar: 1, 5, 14, 15, 31; abr: 3, 12, 13, 29; mai: 1, 10, 11, 27, 29; jun: 8, 9, 25, 27; jul: 6, 7, 23, 25, 31; ago: 4, 5, 21, 23, 29; set: 2, 3, 19, 21, 27, 30; out: 1, 17, 19, 25, 28; dez: 13, 15, 21, 24

Relacionamentos benéficos: jan: 1, 6, 17; fev: 4, 15; mar: 2, 13; abr: 11; mai: 9; jun: 7; jul: 5; ago: 3; set: 1; out: 31; nov: 29; dez: 27

Atrações fatais: jan: 6, 7, 8, 9

Relacionamentos desafiantes: jan: 2, 16; fev: 14; mar: 12; abr: 10; mai: 8; jun: 6; jul: 4; ago: 2; dez: 30

Alma gêmea: jan: 11, 31; fev: 9, 29; mar: 7, 27; abr: 5, 25; mai: 3, 23; jun: 1, 21; jul: 19; ago: 17; set: 15; out: 13; nov: 11; dez: 9

10 de Julho

Ambicioso e inquieto, ainda que reflexivo e reservado, você é um canceriano com uma personalidade dinâmica. A vida tem muito a lhe oferecer, pois você deseja experimentar muitas atividades diferentes antes de se estabelecer.

A motivação e a perseverança são elementos vitais para o seu sucesso. Com a subinfluência do regente do seu decanato, Escorpião, você tem muita determinação e força de vontade. Contudo, há a possibilidade de que, na sua busca por uma perspectiva melhor, você deixe o passado para trás e siga em frente para dar um novo início à sua vida. Essa inquietação inerente sugere que você precisa evitar a monotonia, mantendo-se ativo e procurando coisas novas. Mas, em nome da segurança, investimentos e planos a longo prazo podem lhe dar paz e conforto mental.

♋

SOL: CÂNCER
DECANATO: ESCORPIÃO/PLUTÃO
GRAU: 17°30'-18°30' CÂNCER
MODO: CARDEAL
ELEMENTO: ÁGUA

♋

Individualista e inteligente, você aprende rapidamente pela experiência direta. Você é uma pessoa versátil e tem um coração sensível, e os seus sentimentos instintivos, que estão sempre estranhamente corretos, podem muitas vezes ajudá-los a avaliar novas possibilidades. A autoconfiança e o amor à liberdade estão sempre associados a oportunidades de viagens ou trabalho em países estrangeiros. Ao se manter mentalmente aberto e otimista, você aprende que, se não for bem-sucedido na primeira vez, pode sempre fazer outras tentativas.

Quando o seu Sol progredido entra no signo de Leão, aos seus 12 anos de idade, a sua força e a criatividade aumentam e permitem que você tenha mais confiança nos seus relacionamentos pessoais. Aos 42 anos de idade, quando o seu Sol progredido entra no signo de Virgem, você se torna uma pessoa mais prática e analítica e desenvolve a habilidade de se organizar e de discernir. Aos 72 anos de idade, quando o seu Sol progredido entra no signo de Libra, você muda de perspectiva e passa a se interessar mais nos seus relacionamentos. Você pode também buscar uma maior harmonia e equilíbrio ou desenvolver interesses artísticos ou literários latentes.

O Seu Eu Secreto

Multitalentoso e adaptável, você é uma pessoa que aprende rápido, mas que pode, às vezes, sentir pouca confiança em si mesmo ou duvidar do próprio sucesso. Invariavelmente, esse é um medo infundado, pois você possui um espírito altamente criativo e uma habilidade para ver a vida de uma perspectiva ampla e desapegada. Esse lado mais humanitário da sua natureza é capaz de olhar os problemas atuais dentro de uma perspectiva universal.

Como precisa aprender que as responsabilidades podem lhe trazer recompensas sólidas, você precisa se envolver com projetos ou empreendimentos que realmente o interessem. Se a incerteza quanto às finanças provocarem preocupações ou frustrações desnecessárias, isso se deve à sua impaciência inata. Se abandonar o desejo de ter recompensas imediatas, você acabará optando pelo caminho mais lento de construção de um futuro seguro e sem preocupações.

Trabalho & Vocação

A sua habilidade natural para lidar com as pessoas pode ser o melhor atributo que o levará ao sucesso na sua carreira profissional. Mesmo que goste muito da vida doméstica e dos seus confortos, a sua necessidade de novidades o levará a seguir carreiras que não envolvam o trabalho rotineiro. O ideal é que você possa usar o seu senso prático e a sua imaginação, como por exemplo nas carreiras de ator, fotógrafo, artista ou músico. Você não costuma permanecer em nenhuma carreira que não traga uma recompensa financeira rápida, e pode ter uma atração especial por trabalhos que envolvam viagens. Há também a possibilidade de você vir a se interessar pelo mundo da consultoria ou da saúde, nos quais pode trabalhar de forma muito intuitiva. O seu desejo de ação pode também levá-lo ao mundo dos esportes.

Numerologia

Com o dia de aniversário número 10, você tem uma forte necessidade de estabelecer uma identidade e conquistar a sua realização. Você é uma pessoa inovativa, autoconfiante e ambiciosa. Enérgico e original, você defende aquilo que acredita mesmo quando precisa discordar dos outros. O seu espírito pioneiro muitas vezes o encoraja a viajar para locais distantes e a tentar coisas sozinho. Com o dia de aniversário número 10, você precisa também aprender que o mundo não gira ao seu redor e deve evitar o egoísmo e o autoritarismo. Você considera o sucesso e a realização importantes e deve chegar ao topo da sua profissão. Como isso em geral requer o envolvimento com questões mais amplas, você talvez não seja muito voltado para a vida doméstica. A subinfluência do mês número 7 indica que você é uma pessoa curiosa e ponderada. Como prefere tomar as próprias decisões, você não gosta de interferências. Você aprende melhor por meio da experiência pessoal e perceberá que a chave para o seu sucesso é assumir as responsabilidades e ter uma visão madura.

Positivo: liderança, criatividade, progressismo, vigor, otimismo, fortes convicções, competitividade, independência, sociabilidade

Negativo: arrogância, ciúme, egotismo, excesso de orgulho, antagonismo, falta de controle, egoísmo, fraqueza, hesitação, impaciência

ESTRELAS FIXAS

Canopus, Al Wasat, Propus Castor

ESTRELA PRIMÁRIA

Nome da estrela:
Canopus

Posição:
13°58'-15° de Câncer, entre os anos de 1930 e 2000

Magnitude:
1

Força:
★★★★★★★★★★

Órb:
2°30'

Constelação:
Alpha Carinae

Dias:
4, 5, 6, 7, 8, 9 e 10 de julho

Qualidades da estrela:
interpretações variadas: Saturno/Júpiter e Lua/Marte

Descrição:
uma estrela branca e amarela, localizada em um dos remos do navio Argo.

Amor & Relacionamentos

Sensível, amigável e inteligente, você precisa da companhia de pessoas mentalmente estimulantes. Você em geral se sente atraído por pessoas enérgicas que sabem o que querem ou que são independentes e ambiciosas. Você pode às vezes ser uma pessoa reservada e que gosta de ter uma boa aparência. Observador e alerta, você deve evitar ser muito crítico se deseja ter relacionamentos duradouros.

INFLUÊNCIA DA ESTRELA PRIMÁRIA

O deus egípcio Canopus, patrono dos navios e das viagens, está ligado a esta estrela, que propicia as viagens e sugere longas jornadas. Esta estrela confere uma natureza gentil, conservadorismo, astúcia e sucesso, por intermédio da educação e das realizações acadêmicas. Você tem habilidade para adquirir um amplo conhecimento, bem como trabalhar para a sua comunidade. Esta estrela também adverte contra aflições familiares e domésticas e problemas com um dos progenitores.
Ligada ao grau do seu Sol, esta estrela confere sucesso em assuntos públicos e conquista de objetivos amplos por meio do trabalho diligente. A fama também pode ser alcançada, mas nem sempre é duradoura. Pode haver a tendência a problemas domésticos ou com amigos e familiares, embora nunca falte alguma forma de ajuda.

- **Positivo**: gravidade, responsabilidade, amor a viagens, perseverança, sucesso em questões legais
- **Negativo**: frustração, insatisfação, a maior parte dos problemas deriva da própria ação, envolvimento em questões legais

Consulte o Apêndice para obter mais informações a respeito das estrelas fixas.

ALGUÉM ESPECIAL

Se você está procurando o seu parceiro ideal, pode encontrar a estabilidade em relações amorosas e de amizade com alguém que tenha nascido em uma das seguintes datas:

Amor & amizade: jan: 6, 10, 20, 29; fev: 4, 8, 18, 27; mar: 2, 6, 16, 25, 28, 30; abr: 4, 14, 23, 26, 28, 30; mai: 2, 12, 21, 24, 26, 28, 30; jun: 10, 19, 22, 24, 26, 28; jul: 8, 17, 20, 22, 24, 26; ago: 6, 15, 18, 20, 22; set: 4, 13, 16, 18, 20, 22; out: 2, 11, 14, 16, 18, 20; nov: 9, 12, 14, 16, 18; dez: 7, 10, 12, 14, 16

Relacionamentos benéficos: jan: 7, 13, 18, 28; fev: 5, 11, 16, 26; mar: 3, 9, 14, 24; abr: 1, 7, 12, 22; mai: 5, 10, 20; jun: 3, 8, 18; jul: 1, 6, 16; ago: 4, 14; set: 2, 12, 30; out: 10, 28; nov: 8, 26, 30; dez: 6, 24, 28

Atrações fatais: jan:7, 8, 9, 10, 25; fev: 23; mar: 21; abr: 19; mai: 17; jun: 15; jul: 13; ago: 11; set: 9; out: 7; nov: 5; dez: 3

Relacionamentos desafiantes: jan: 3, 17; fev: 1, 15; mar: 13; abr: 11; mai: 9, 30; jun: 7, 28; jul: 5, 26, 29; ago: 3, 24; set: 1, 22, 25; out: 20, 23; nov: 18, 21; dez: 16, 19

Alma gêmea: jan: 18; fev: 16; mar: 14; abr: 12; mai: 10, 29; jun: 8, 27; jul: 6, 25; ago: 4, 23; set: 2, 21; out: 19; nov: 17; dez: 15

11 de Julho

Habilidades práticas, produtividade e necessidade de segurança são características freqüentemente associadas ao seu dia de aniversário. Como nativo de Câncer, você é uma pessoa sensível e imaginativa, dotado de uma personalidade enérgica e determinada. Receptivo e com senso estético, você pode combinar as suas habilidades práticas com os seus talentos artísticos. Com a sua capacidade de estabelecer um sistema de trabalho funcional, você pode desenvolver as próprias habilidades técnicas, de organização e de negócios.

A subinfluência do regente do seu decanato, Escorpião, sugere que, embora você seja sensível e prático, deve aprender a confiar nos seus fortes instintos ou nas primeiras impressões e a reconhecer a sua grande força interior. A sua maneira eficiente e prática também implica que você é uma pessoa direta e franca; contudo, você deve evitar a tendência a ser teimoso ou impaciente.

♋

SOL: CÂNCER
DECANATO: ESCORPIÃO/PLUTÃO
GRAU: 18°30'-19°30' CÂNCER
MODO: CARDEAL
ELEMENTO: ÁGUA

♋

Embora muitas vezes você seja abençoado com uma boa situação financeira, se tiver problemas nesta área será por pouco tempo. Ainda que os seus prospectos financeiros sejam favoráveis, a ênfase no trabalho implica que, por intermédio da perseverança e do esforço, você pode tirar vantagem de muitas oportunidades que surgirão no seu caminho.

Capaz de executar bem um trabalho, você se orgulha dele; como uma pessoa perfeccionista, você tem a tendência a ser econômico e possui um forte senso de dever. Todavia, a sua capacidade de autocontrole pode ser a resposta para muitas situações. Isso pode também sugerir que algumas vezes o senso de dever domina as inclinações do seu coração.

Aos 11 anos de idade, o seu Sol progredido entra no signo de Leão por um período de trinta anos. Com essa influência, a sua autoconfiança e criatividade aumentam gradualmente. Depois dos 41 anos de idade, quando o seu Sol progredido entra no signo de Virgem, você se torna uma pessoa mais paciente e analítica e voltada para ajudar as outras pessoas. Há uma outra mudança aos 71 anos de idade, quando o seu Sol progredido entra no signo de Libra. Essa influência traz uma ênfase maior em todos os seus relacionamentos e pode encorajá-lo a se interessar mais pela harmonia e pela beleza.

O Seu Eu Secreto

Apesar de a estabilidade ser um dos seus principais objetivos, a sua inquietude emocional interior pode impeli-lo a buscar novos prospectos e oportunidades. Uma possível insatisfação com o que possui pode ser superada por meio do desenvolvimento da paciência ou da busca de uma harmonia interior. Se essa necessidade de ação e aventura não for reconhecida, você pode usar válvulas de escape como forma de compensação.

As oportunidades de trabalho podem surgir do nada e envolver mudanças de endereço ou viagens para novos lugares. Como você é uma pessoa perfeccionista e multitalentosa, a sua versatilidade sugere que você é capaz de usar as suas habilidades e fazer um excelente trabalho, em qualquer área que escolha. Com os seus fortes instintos, você pode usar a sua intuição na sua vida diária.

Trabalho & Vocação

Como é uma pessoa imaginativa e prática, você precisa de um plano para realizar os seus sonhos. No mundo dos negócios, você pode se sair bem lidando com o dinheiro de outras pessoas em atividades bancárias, advocacia ou transações internacionais. Você também pode ser bem-sucedido na área de vendas, especialmente de artigos para casa. Interessado pelas pessoas, você pode se sobressair nas áreas de promoções e relações públicas. Você costuma ter muita habilidade para trabalhos manuais e pode usá-la para trabalhos de artesanato, carpintaria e culinária. Consciente da sua imagem, sensível e criativo, você prefere uma carreira no mundo da arte, do *design*, da música ou do teatro. Esta data de aniversário, em geral, revela boas oportunidades de empreendimentos financeiros.

ESTRELAS FIXAS

Castor, Al Wasat, Propus

ESTRELA PRIMÁRIA

Nome da estrela:
Castor

Posição:
19°16'-20°13' de Câncer, entre os anos de 1930 e 2000

Magnitude:
2

Força:
★★★★★★★★

Órb:
2°10'

Constelação:
Alpha Gemini

Dias:
10, 11, 12, 13, 14 e 15 de julho

Qualidades da estrela:
influências variadas de Mercúrio, Vênus, Marte e Júpiter

Descrição:
uma estrela binária brilhante e branca, localizada na cabeça do Gêmeo do Norte.

Numerologia

A vibração especial do dia de aniversário número-mestre 11 sugere que o idealismo, a inspiração e a inovação são muito importantes para você. Embora tenha poderes intuitivos, você pode desperdiçar a sua energia e por isso precisa ter uma meta pela qual lutar. Você em geral é muito ativo e gosta de vitalidade, mas deve evitar o excesso de ansiedade ou a falta de praticidade. Uma mistura de modéstia e auto-segurança o desafia a trabalhar em direção a um equilíbrio entre o materialismo e o espiritualismo. A subinfluência do mês número 7 indica que, apesar de reservado, você pode ser uma pessoa determinada e ambiciosa, com uma mente ativa. Você precisa desenvolver a compreensão, a tolerância e a paciência, bem como aprender a se tornar impessoal. Você muitas vezes deseja o poder e o reconhecimento, mas precisa desenvolver as suas habilidades analíticas.

Positivo: equilíbrio, concentração, entusiasmo, inspiração, espiritualidade, idealismo, inteligência, expansividade, inventividade, natureza artística, humanitarismo, habilidades psíquicas

Negativo: complexo de superioridade, falta de objetivo, excesso de emotividade, magoa-se facilmente, egoísmo, falta de clareza, dominação

Amor & Relacionamentos

Romântico e sensível, você tem muito amor para dar. Se as suas fortes emoções não forem canalizadas positivamente, você pode ter oscilações de humor. Idealista e imaginativo, você procura um parceiro dedicado e tem muitas expectativas quanto ao amor. A inquietude associada ao seu dia de aniversário pode vir à tona se você for muito reprimido; assim, a atividade é um pré-requisito para a sua felicidade e satisfação emocional.

INFLUÊNCIA DA ESTRELA PRIMÁRIA

A influência de Castor confere uma mente rápida e um intelecto aguçado. Esta estrela indica instabilidade financeira, com períodos de ganhos súbitos seguidos por perdas.
Ligada ao grau do seu Sol, Castor confere energia, personalidade espirituosa e satírica, mas também uma tendência ao cinismo. Esta estrela confere talento para escrever e capacidade de comunicação. É provável que você tenha interesse em assuntos de natureza pública e siga uma carreira ligada aos meios de comunicação. Esta estrela também dá oportunidade de atividades associadas a questões estrangeiras, bem como intuição e talento para estudos metafísicos.

- **Positivo**: súbita elevação de *status* e reverso de fortuna, inteligência aguçada, habilidade criativa
- **Negativo**: fama, algumas vezes a um alto custo, auto-sacrifício

Consulte o Apêndice para obter mais informações acerca das estrelas fixas.

ALGUÉM ESPECIAL

Você pode encontrar o seu verdadeiro parceiro entre as pessoas nascidas nas seguintes datas:

Amor & amizade: jan: 7, 11, 22; fev: 5, 9, 20; mar: 3, 7, 18, 31; abr: 1, 5, 16, 29; mai: 3, 14, 27, 29; jun: 1, 12, 25, 27; jul: 10, 23, 25; ago: 8, 21, 23, 31; set: 6, 19, 21, 29; out: 4, 17, 19, 27, 30; nov: 2, 15, 17, 25, 28; dez: 13, 15, 23, 26

Relacionamentos benéficos: jan: 8, 14, 19; fev: 6, 12, 17; mar: 4, 10, 15; abr: 2, 8, 13; mai: 6, 11; jun: 4, 9; jul: 2, 7; ago: 5; set: 3; out: 1, 29; nov: 27; dez: 25, 29

Atrações fatais: jan: 8, 9, 10, 11

Relacionamentos desafiantes: jan: 9, 18, 20; fev: 7, 16, 18; mar: 5, 14, 16; abr: 3, 12, 14; mai: 1, 10, 12; jun: 8, 10; jul: 6, 8, 29; ago: 4, 6, 27; set: 2, 4, 25; out: 2, 23; nov: 21; dez: 19

Alma gêmea: jan: 9; fev: 7; mar: 5; abr: 3; mai: 1; out: 30; nov: 26

12 de Julho

Criatividade e empreendimento, habilidades práticas e insight intuitivo são algumas das qualidades identificadas com o seu dia de aniversário. Como nativo de Câncer, você é imaginativo e idealista, embora o seu senso natural para os negócios e sua capacidade de apresentar um ponto de vista fora do comum e original muitas vezes sugiram que você é um pensador objetivo. Contudo, essa objetividade pode ser ameaçada pela sua tendência a ser indeciso e imprevisível.

A subinfluência do regente do seu decanato, Peixes, aumenta a sua receptividade e muitas vezes implica que você pode absorver facilmente a atmosfera ao seu redor. Essa influência também sugere que você pode ter tendência a oscilações de humor e, por isso, precisa viver em um ambiente harmonioso.

♋

SOL: CÂNCER
DECANATO: PEIXES/NETUNO
GRAU: 19°30'-20°30' CÂNCER
MODO: CARDEAL
ELEMENTO: ÁGUA

♋

Na maioria das vezes, a preocupação e a ansiedade se relacionam a questões financeiras e podem interferir na sua capacidade de solucionar problemas e encontrar soluções simples. Entretanto, as suas idéias inspiradas e sua perspectiva otimista sempre lhe dão uma posição vantajosa quando se trata de originalidade.

Como uma pessoa perfeccionista, a sua ponderação e sua concentração permitem que você apreenda rapidamente idéias ou métodos e, com a sua capacidade de comunicação, você sempre se mostra uma pessoa agradável e leve.

Uma filosofia de vida positiva é um fator essencial para o seu bem-estar. Quando evita o pessimismo, você pode concentrar a sua atenção na questão que se apresenta em vez de desperdiçar e sua energia, agindo precipitada e nervosamente.

Depois dos 10 anos de idade, quando o seu Sol progredido entra no signo de Leão, surgem mais oportunidades para você desenvolver a sua força, sua criatividade e sua auto-expressão. Essa confiança crescente se faz sentir até o início dos seus 40 anos de idade, quando o seu Sol progredido entra no signo de Virgem. Nessa fase, a sua atenção se volta para a necessidade de ser mais pragmático e de ter mais discernimento. Aos 70 anos de idade, quando o seu Sol progredido entra no signo de Libra, você passa por uma outra grande mudança e passa a ter mais interesse nos seus relacionamentos, na harmonia e no equilíbrio.

O Seu Eu Secreto

Muitos dos seus projetos podem ter como ponto central a sua vida doméstica e suas responsabilidades. Esse senso doméstico pode se expandir e abarcar todo o planeta Terra, pois você é dotado de um verdadeiro humanitarismo. Você sente as coisas de uma maneira muito aguda e intensa e muitas vezes tem idéias que geram harmonia a partir de uma situação caótica. Pode ser que algumas vezes você ache muito difícil conquistar os seus objetivos, mas tem a capacidade e a dedicação para conquistas extraordinárias.

Você possui uma natureza interior extremamente sensível e vulnerável, ainda que aparentemente pareça ser confiante e capaz. A busca pela paz mental pode levá-lo a investigar o mundo da metafísica e da espiritualidade como maneira de desenvolver a serenidade interior. Mas você pode ser também uma pessoa altamente criativa, com necessidade de auto-expressão emocional. Como possui valores morais elevados, você apóia e luta por causas que considera justas e importantes.

Trabalho & Vocação

Você possui uma maneira criativa de encarar a vida que pode se manifestar por intermédio da escrita ou da arte, mas, como é uma pessoa naturalmente sociável, ela pode se manifestar também por meio dos negócios. A sua perspicácia financeira indica a possibilidade de uma carreira na área bancária ou de vendas imobiliárias. A sua excelente capacidade mental e de comunicação indica um tremendo potencial de realização; você precisa apenas evitar desperdiçar as suas energias ou superar a tendência à dúvida. A sua inclinação filosófica ou humanitária pode ser satisfeita por meio de ocupações ligadas à Igreja ou a trabalhos de caridade ou atividades filantrópicas. Se permanecer na mesma carreira, estará sempre procurando novas formas de mudar ou melhorar a sua maneira de trabalhar.

ESTRELAS FIXAS

Castor, Al Wasat, Propus

ESTRELA PRIMÁRIA

Nome da estrela:
Castor

Posição:
19°16'-20°13' de Câncer, entre os anos de 1930 e 2000

Magnitude:
2

Força:
★★★★★★★★

Órb:
2°10'

Constelação:
Alpha Gemini

Dias:
10, 11, 12, 13, 14 e 15 de julho

Qualidades da estrela:
influências variadas de Mercúrio, Vênus, Marte e Júpiter

Descrição:
uma estrela binária brilhante e branca, localizada na cabeça do Gêmeo do Norte.

Numerologia

O desejo de estabelecer uma verdadeira individualidade é muitas vezes sugerido pelo dia de aniversário número 12. Você é em geral uma pessoa intuitiva, prestativa e amigável, e que tem uma boa capacidade de raciocínio. Inovador, compreensivo e sensível, você também sabe usar o tato e métodos de cooperação para alcançar os seus objetivos. Para os outros, você aparenta ser autoconfiante, embora o sentimento de dúvida e desconfiança quanto a si mesmo possa abalar a sua personalidade tranqüila e perspectiva positiva. Quando atinge o equilíbrio entre a sua necessidade de auto-expressão e a sua inclinação natural para apoiar os outros, você encontra a satisfação emocional e a realização pessoal. A subinfluência do mês número 7 indica que você é uma pessoa inteligente, que pensa de forma criativa. Você gosta de tomar as suas próprias decisões, embora possa às vezes ser indeciso e instável. Como é uma pessoa cheia de entusiasmo e idéias originais, você precisa desenvolver as suas habilidades executivas e ter coragem de liderar os outros.

Positivo: criatividade, atração, iniciativa, disciplinador, promove a si mesmo e aos outros

Negativo: reservado, egoísta, excêntrico, pouco cooperativo, excessivamente sensível, tímido, baixa auto-estima

Amor & Relacionamentos

Idealista e sensível, você tem poderes intuitivos que podem às vezes ser muito precisos, mesmo que a sua necessidade de amor e segurança faça com que você ignore os seus instintos e o leve a se comprometer com certos relacionamentos. No caso de se envolver com parceiros não adequados, evite se martirizar se eles são incapazes de reconhecer o seu maravilhoso potencial. Se mantiver a espontaneidade e a independência, você pode desenvolver os próprios poderes interiores e ter relacionamentos amorosos.

INFLUÊNCIA DA ESTRELA PRIMÁRIA

A influência de Castor confere uma mente rápida e um intelecto aguçado. Esta estrela indica instabilidade financeira, com períodos de ganhos súbitos seguidos por perdas.
Ligada ao grau do seu Sol, Castor confere energia, personalidade espirituosa e satírica, mas também uma tendência ao cinismo. Esta estrela confere talento para escrever e capacidade de comunicação. É provável que você tenha interesse em assuntos de natureza pública e siga uma carreira ligada aos meios de comunicação. Esta estrela também dá oportunidade de atividades associadas a questões estrangeiras, bem como intuição e talento para estudos metafísicos.

- **Positivo**: súbita elevação de *status* e reverso de fortuna, inteligência aguçada, habilidade criativa
- **Negativo**: fama, algumas vezes a um alto custo, auto-sacrifício

Consulte o Apêndice para obter mais informações acerca das estrelas fixas.

ALGUÉM ESPECIAL

Você terá mais chance de ter relacionamentos amorosos e românticos com as pessoas nascidas nas seguintes datas:

Amor & amizade: jan: 8, 22, 26; fev: 6, 20, 24; mar: 4, 18, 22; abr: 2, 16, 20, 30; mai: 4, 18, 28, 30; jun: 12, 16, 26, 28; jul: 10, 14, 24, 26; ago: 8, 12, 22, 24; set: 6, 10, 20, 22; out: 4, 8, 18, 20, 28; nov: 2, 6, 16, 18, 26; dez: 4, 14, 16, 24

Relacionamentos benéficos: jan: 9, 20; fev: 7, 18; mar: 5, 16, 29; abr: 3, 14, 27; mai: 1, 12, 25; jun: 10, 23; jul: 8, 21; ago: 6, 19; set: 4, 17; out: 2, 15, 30; nov: 13, 28; dez: 11, 26, 30

Atrações fatais: jan: 9, 10, 11, 12, 27; fev: 25; mar: 23; abr: 21; mai: 19; jun: 17; jul: 15; ago: 13; set: 11; out: 9; nov: 7; dez: 5

Relacionamentos desafiantes: jan: 2, 10, 19; fev: 8, 17; mar: 6, 15; abr: 4, 13; mai: 2, 11; jun: 9; jul: 7, 30; ago: 5, 28; set: 3, 26; out: 1, 24; nov: 22; dez: 20, 30

Alma gêmea: jan: 15; fev: 13; mar: 11; abr: 9; mai: 7; jun: 5; jul: 3; ago: 1; out: 29; nov: 27; dez: 25

13 de Julho

Receptivo e intuitivo, com convicções profundas e capacidade de compreender o caráter das pessoas, você é um canceriano com inclinação social e idéias extraordinárias. As suas poderosas emoções precisam se manifestar de alguma forma. A tendência a se envolver em empreendimentos financeiros indica que você pode se beneficiar por meio de associações e trabalhos cooperativos e ser bem-sucedido.

A subinfluência do regente do seu decanato, Peixes, aumenta a sua sensibilidade e implica que você é uma pessoa imaginativa e idealista. Você pode facilmente absorver a atmosfera ao seu redor, mas a oscilação entre estados de humor pode alterar o seu equilíbrio interior. Isso sugere também que você precisa de equilíbrio e estabilidade.

Extremamente generoso com as pessoas que ama e admira, você tem a tendência a se preocupar com questões financeiras, o que o faz aparentar ser uma pessoa materialista e egoísta. Contudo, a sua necessidade de ter contatos pessoais indica que, se aprender a compartilhar e se comunicar, você pode inspirar as outras pessoas com a sua natureza idealista e amigável.

♋

SOL: CÂNCER
DECANATO: PEIXES/NETUNO
GRAU: 20°30'-21°30' CÂNCER
MODO: CARDEAL
ELEMENTO: ÁGUA

♋

A sua mente ativa e seu dom natural para atividades sociais indicam que você gosta de desafios mentais e prospera por meio de novas oportunidades e contatos. Isso sugere também que você pode se sobressair na área de vendas. Mas você deve se prevenir contra a tendência a se indispor com as pessoas quando as coisas não acontecem do jeito que quer.

Depois dos 9 anos de idade, quando o seu Sol progredido entra no signo de Leão, você se torna uma pessoa mais dinâmica, positiva e confiante. Isso lhe dá a vantagem de desenvolver habilidades sociais ainda cedo na vida. Aos 39 anos de idade, quando o seu Sol progredido entra no signo de Virgem para permanecer por trinta anos, você se torna mais organizado, com mais discernimento e com desejo de servir aos outros. Aos 69 anos de idade, quando o seu Sol progredido entra no signo de Libra, sua vida passa por uma outra mudança. A partir dessa fase, os relacionamentos desempenham um papel mais importante na sua vida e você passa a valorizar a arte e a beleza.

O Seu Eu Secreto

Alguma força interior o leva a iniciar projetos ou a criar novas oportunidades de sucesso. Você sente mais otimismo na vida quando essa força que o impele à realização se combina com o seu idealismo e se manifesta nos seus grandiosos objetivos. Isso sempre o coloca em posição de liderança, mas se conseguir unir a sua ambição e o seu vigor com o trabalho cooperativo e a habilidade diplomática, você realmente será bem-sucedido.

A sua necessidade interior de harmonia mostra o quanto é importante para você ter um ambiente doméstico seguro que seja como um oásis em contraponto com o mundo exterior. Mas essa necessidade pode também levá-lo a desenvolver os seus talentos musicais ou criativos. Tome cuidado apenas para que, no seu desejo de manter a paz, você não se torne uma vítima da ansiedade ou da inércia. Quando está com uma disposição positiva, você ostenta uma personalidade viva e animada que permite que se divirta com as outras pessoas.

Trabalho & Vocação

A sua capacidade de se comunicar e fazer contatos garante que o ideal é você seguir carreiras que envolvam o trato com as pessoas, como relações públicas, vendas ou consultoria. A sua propensão para os negócios, combinada com a sua habilidade para vender uma idéia ou produto no qual acredite, pode estimular o seu grande potencial para o sucesso. Há também a possibilidade de você se interessar pelas áreas de culinária, de venda de artigos domésticos, de paisagismo ou de vendas imobiliárias. Embora prefira ser o seu patrão, você sabe da importância de trabalhar em conjunto com outras pessoas. O seu idealismo pode levá-lo a seguir carreiras na área de educação, religião ou trabalhos comunitários.

ESTRELAS FIXAS

Pólux, também conhecida como Boxing Twin ou Hércules; Al Wasat; Propus; Castor

ESTRELA PRIMÁRIA

Nome da estrela:
Pólux, também conhecida como Hércules

Posição:
22°15'-23°11' de Câncer, entre os anos de 1930 e 2000

Magnitude:
1

Força:
★★★★★★★★★★

Órb:
2°30'

Constelação:
Beta Gemini

Dias:
13, 14, 15, 16, 17 e 18 de julho

Qualidades da estrela:
diversas influências: Marte/Lua/Urano

Descrição:
uma estrela brilhante laranja, localizada na cabeça do Gêmeo do Sul.

Numerologia

Numericamente, você está associado à ambição e ao trabalho duro e pode realizar muito por meio da auto-expressão criativa. A sua maneira original e inovadora de encarar a vida é fonte de inspiração de idéias novas e interessantes que resultam em trabalhos que deixam as pessoas impressionadas. Com o dia de aniversário número 13, você é uma pessoa séria, romântica, charmosa e que gosta de se divertir e, com dedicação, pode prosperar. Receptivo e influenciado pelo seu ambiente, você muitas vezes trabalha melhor com outras pessoas do que sozinho. Ainda que seja amigável e cooperativo, você precisa trabalhar as questões que envolvem a confiança e a lealdade. A subinfluência do mês número 7 indica que você é uma pessoa racional, reflexiva e absorvida nos próprios interesses. Porém, você pode às vezes se tornar uma pessoa excessivamente sensível à crítica alheia e se sentir mal-entendido. Altamente intuitivo, você precisa de tempo para pensar ou para fazer os próprios julgamentos. Como muitas vezes se preocupa com a estabilidade, precisa aprender que a segurança vem de dentro, por meio da experiência pessoal.

Positivo: ambicioso, criativo, amante da liberdade, auto-expressão, iniciativa

Negativo: impulsivo, indeciso, autoritário, pouco emotivo, rebelde

Amor & Relacionamentos

As suas fortes convicções e teimosia sugerem que você é uma pessoa determinada e assertiva, que pensa de forma independente. No entanto, você precisa de compreensão e compartilhar a sua intimidade na companhia de pessoas que o estimulem mentalmente. Você é muito observador, por isso poucas coisas escapam da sua atenção. Quando percebe que algo não está certo, você prefere confrontar e esclarecer a situação. Com fortes princípios, você defende o que acredita e admira pessoas poderosas e independentes.

INFLUÊNCIA DA ESTRELA PRIMÁRIA

A influência de Pólux sugere um espírito sutil, mas autoconfiante, e uma natureza corajosa. Esta estrela confere o amor aos esportes competitivos. A influência negativa de Pólux são a impetuosidade e o excesso de sensibilidade, que podem gerar frustrações e desavenças que resultam em situações desagradáveis.
Ligada ao grau do seu Sol, esta estrela indica o amor à aventura e talento para os esportes. É provável que você aja de forma independente e conquiste o sucesso por meio dos próprios esforços. Polux também confere habilidades psíquicas e coragem para conquistar ideais e metas pessoais. Proeminência na educação superior e interesse por filosofia também são indicados pela influência desta estrela.

- **Positivo**: natureza competitiva mas sutil e sensível, poder de conquista
- **Negativo**: ardiloso, precipitado, agressivo ou egoísta com inclinação à crueldade, mau-humor

Consulte o Apêndice para obter mais informações acerca das estrelas fixas.

ALGUÉM ESPECIAL

Para o amor e a amizade, você pode encontrar a pessoa certa entre as nascidas nas seguintes datas:

Amor & amizade: jan: 3, 23; fev: 11, 21; mar: 9, 19, 28, 31; abr: 7, 17, 26, 29; mai: 5, 15, 24, 27, 29, 31; jun: 3, 13, 22, 25, 27, 29; jul: 1, 11, 20, 23, 25, 27, 29; ago: 9, 18, 21, 23, 25, 27; set: 7, 16, 19, 21, 23, 25; out: 5, 14, 17, 19, 21, 23; nov: 3, 12, 15, 17, 19, 21; dez: 1, 10, 13, 15, 17, 19

Relacionamentos benéficos: jan: 3, 4, 10, 21; fev: 1, 2, 8, 19; mar: 6, 17, 30; abr: 4, 15, 28; mai: 2, 13, 26; jun: 11, 24; jul: 9, 22; ago: 7, 20; set: 5, 18; out: 3, 16, 31; nov: 1, 14, 29; dez: 12, 27

Atrações fatais: jan: 1, 11, 12, 13, 22, 28; fev: 20, 26; mar: 18, 24; abr: 16, 22; mai: 14, 20; jun: 12, 18; jul: 10, 16; ago: 8, 14; set: 6, 12; out: 4, 10; nov: 2, 8; dez: 6

Relacionamentos desafiantes: jan: 11, 20; fev: 9, 18; mar: 7, 16; abr: 5, 14; mai: 3, 12, 30; jun: 1, 10, 28; jul: 8, 26, 31; ago: 6, 24, 29; set: 4, 22, 27; out: 2, 20, 25; nov: 18, 23; dez: 16, 21

Alma gêmea: jan: 26; fev: 24; mar: 22, 30; abr: 20, 28; mai: 18, 26; jun: 16, 24; jul: 14, 22; ago: 12, 20; set: 10, 18; out: 8, 16; nov: 6, 14; dez: 4, 12

14 de Julho

O seu dia de aniversário indica que você é um canceriano com muita força de vontade, mente poderosa e compassivo. Com um intelecto aguçado e excelente habilidade para lidar com as pessoas, você exibe uma capacidade natural de liderança e uma fachada confiante. Mais sensível do que aparenta ser, você combina de forma interessante uma dose de pragmatismo com idealismo, o que lhe garante um potencial extraordinário de realização.

Com a subinfluência do regente do seu decanato, Peixes, você é imaginativo e tem um forte sexto-sentido para saber o que as pessoas querem. O seu arguto senso financeiro e sua capacidade para apreender rapidamente uma situação indicam que você sabe perceber as oportunidades. Se concentrar a sua busca da felicidade mais no âmbito mental do que nas coisas materiais, sentir-se-á mais estável e gratificado.

♋

SOL: CÂNCER
DECANATO: PEIXES
GRAU: 21°-22° CÂNCER
MODO: CARDEAL
ELEMENTO: ÁGUA

♋

Ter uma casa bonita e luxuosa é uma das suas prioridades, e você sabe valorizar o seu dinheiro. Previdente e com capacidade de organização, você tem o potencial necessário para realizar os seus grandes planos. Como isso pode requerer a ajuda de outras pessoas, você deve evitar a tendência a contrariar os outros somente pelo desejo de fazê-lo.

Depois dos 8 anos de idade, quando o seu Sol progredido entra no signo de Leão, você se torna uma pessoa menos tímida ou preocupada com a segurança. A influência de Leão permanece pelos trinta anos seguintes, ajudando-o a construir a sua confiança e a se sobressair na carreira que escolher. A partir dos 38 anos de idade, quando o seu Sol progredido entra no signo de Virgem, você passa a ter uma atitude mais metódica, amplia a sua capacidade de discernimento e o desejo de servir às pessoas. Aos 68 anos de idade, quando o seu Sol progredido entra no signo de Libra, sua vida passa por uma outra mudança, pois você passa a concentrar a sua atenção nos relacionamentos e passa a ter mais necessidade de harmonia e equilíbrio.

O Seu Eu Secreto

Embora seja uma pessoa charmosa, você abriga desejos e emoções poderosos, que o motivam a iniciar novos projetos. Para ser bem-sucedido, você precisa desenvolver a perseverança e permitir que a sua intuição o guie. Ativo e energético, você possui a força e o entusiasmo para fazer com que as coisas aconteçam. É importante que você use a sua diplomacia e a habilidade para trabalhar em conjunto, em vez de querer controlar as situações com um comportamento exigente.

Felizmente, você é abençoado com o talento de lidar com as pessoas e tem a habilidade de combinar negócios com prazer. Como sabe detectar oportunidades e fazer negócios, você pode ver em quase tudo uma chance de fazer negócios. Mas você pode também ajudar os outros de forma prática e dedicar-lhes, generosa e incansavelmente, seu tempo, sua energia e seu amor. Quando usa a sua força de vontade para alcançar os seus objetivos de uma maneira positiva e dinâmica, você é uma força com a qual se pode contar.

Trabalho & Vocação

Com o seu bom senso para os negócios, você pode seguir uma carreira na área do comércio, como negociador, vendedor ou conselheiro financeiro. Depois que se decidir por alguma coisa, você tem determinação, vontade e capacidade de liderança para ser bem-sucedido, especialmente como gerente, executivo, diretor ou empresário. Motivado por uma forte combinação de idealismo e praticidade, você possui uma capacidade natural para a política ou para defender uma causa. Mas, o seu forte senso dramático e sua capacidade criativa podem levá-lo a seguir uma carreira no mundo da arte ou do entretenimento ou a trabalhar com os jovens. O lado humanitário da sua natureza pode fazer com que tenha um interesse especial por educação ou por alguma atividade na área social.

Numerologia

Potencial intelectual, perspectiva pragmática e forte determinação são algumas das qualidades do dia de aniversário número 14. Você muitas vezes tem um forte desejo de estabelecer uma sólida base e alcançar o sucesso por meio do trabalho duro. De fato, com o dia de aniversário número 14, você muitas vezes coloca o trabalho acima de tudo e julga a si mesmo e aos outros tomando como base as realizações profissionais. Mesmo que precise de estabilidade, a inquietude indicada pelo número 14 o impele a seguir adiante e a assumir novos desafios em uma tentativa constante de prosperar. A subinfluência do mês número 7 indica que você é uma pessoa perceptiva, mentalmente criativa e ambiciosa. Freqüentemente independente e absorvido nos próprios interesses, você prefere usar os seus critérios e tomar as suas decisões. Quando aprende a confiar e a se abrir mentalmente, pode compreender a necessidade de uma maior autoconscientização.

Positivo: ações decisivas, trabalho duro, sorte, criatividade, imaginação, diligência

Negativo: excesso de cautela ou de impulsividade, instabilidade, falta de cuidado e atenção, teimosia

♋

ESTRELAS FIXAS

Pólux, também conhecida como Boxing Twin ou Hércules; Al Wasat; Propus; Castor

ESTRELA PRIMÁRIA

Nome da estrela:
Pólux, também conhecida como Hércules

Posição:
22°15'-23°11' de Câncer, entre os anos de 1930 e 2000

Magnitude:
1

Força:
★★★★★★★★★★

Órb:
2°30'

Constelação:
Beta Gemini

Dias:
13, 14, 15, 16, 17 e 18 de julho

Qualidades da estrela:
diversas influências: Marte/Lua/Urano

Descrição:
uma estrela brilhante laranja, localizada na cabeça do Gêmeo do Sul.

♋

Amor & Relacionamentos

A sua tendência a se envolver precipitadamente em relacionamentos implica que você pode mudar de idéia e não ter certeza quanto a compromissos de longo prazo. Todavia, você é uma pessoa sensível e atenciosa, disposta a apoiar as pessoas que ama e admira. Você gosta de levar uma vida ativa, conhecer novas pessoas e ter diversos relacionamentos antes de se estabelecer. O seu parceiro ideal é alguém que seja amoroso e dinâmico, que o mantenha constantemente interessado.

INFLUÊNCIA DA ESTRELA PRIMÁRIA

A influência de Pólux sugere um espírito sutil, mas autoconfiante, e uma natureza corajosa. Esta estrela confere o amor aos esportes competitivos. A influência negativa de Pólux são a impetuosidade e o excesso de sensibilidade, que podem gerar frustrações e desavenças que resultam em situações desagradáveis.
Ligada ao grau do seu Sol, esta estrela indica o amor à aventura e talento para os esportes. É provável que você aja de forma independente e conquiste o sucesso por meio dos próprios esforços. Polux também confere habilidades psíquicas e coragem para conquistar ideais e metas pessoais. Proeminência na educação superior e interesse por filosofia também são indicados pela influência desta estrela.

- **Positivo**: natureza competitiva mas sutil e sensível, poder de conquista
- **Negativo**: ardiloso, precipitado, agressivo ou egoísta com inclinação à crueldade, mau-humor

Consulte o Apêndice para obter mais informações acerca das estrelas fixas.

ALGUÉM ESPECIAL

Você pode se sentir mais inspirado a compartilhar o seu amor e sua afeição com as pessoas nascidas nas seguintes datas:

Amor & amizade: jan: 14, 24, 31; fev: 12, 22, 29; mar: 10, 20, 27; abr: 8, 18, 25; mai: 6, 16, 23, 30; jun: 4, 14, 21, 28, 30; jul: 2, 12, 19, 26, 28, 30; ago: 10, 17, 24, 26, 28; set: 8, 15, 22, 24; out: 6, 13, 20, 22, 24, 30; nov: 4, 11, 18, 20, 22, 28; dez: 2, 9, 16, 18, 20, 26, 29

Relacionamentos benéficos: jan: 5, 22, 30; fev: 3, 20, 28; mar: 1, 18, 26; abr: 16, 24; mai: 14, 22; jun: 12, 20; jul: 10, 18, 29; ago: 8, 16, 27, 31; set: 6, 14, 25, 29; out: 4, 12, 23, 27; nov: 2, 10, 21, 25; dez: 9, 19, 23

Atrações fatais: jan:11, 12, 13, 14; fev: 10; mar: 8; abr: 6; mai: 4; jun: 2

Relacionamentos desafiantes: jan: 16, 21; fev: 14, 19; mar: 12, 17, 30; abr: 10, 15, 28; mai: 8, 13, 26; jun: 6, 11, 24; jul: 4, 9, 22; ago: 2, 7, 20; set: 5, 18; out: 3, 16; nov: 1, 14; dez: 12

Alma gêmea: jan: 25; fev: 23; mar: 21; abr: 19; mai: 17; jun: 15; jul: 13; ago: 11; set: 9; out: 7; nov: 5; dez: 3, 30

15 de Julho

Boa capacidade de raciocínio, forte intuição e disposição para comandar normalmente estão associadas ao seu dia de aniversário. Como nativo de Câncer, você é uma pessoa instintiva e sensível, com uma boa percepção, ainda que seja regido pela sua mente e não pelo seu coração. A sua inteligência é o seu mais valioso bem e, para poder realmente utilizar o seu potencial, você deve reconhecer o poder do conhecimento.

A subinfluência do regente do seu decanato, Peixes, dá-lhe imaginação e habilidades psíquicas. Independente e orientado pelos seus objetivos, você tem capacidade de pensar de maneira profunda, é articulado e tem disposição para trabalhar duro.

Uma interessante combinação de conservadorismo com idealismo associada ao seu dia de aniversário também sugere que você alterna entre o excesso de confiança ou a insegurança e tem tendência a duvidar de si mesmo. Pragmático por natureza, você pode às vezes ser radical ou pouco convencional, mas deve evitar a tendência a ser do contra somente para se colocar como uma pessoa difícil. Contudo, por meio da paciência e da perseverança, você pode enfrentar grandes desafios e, com o trabalho duro, ser bem-sucedido.

♋

SOL: CÂNCER
DECANATO: PEIXES/NETUNO
GRAU: 22°-23° CÂNCER
MODO: CARDEAL
ELEMENTO: ÁGUA

♋

Culto e bem-informado, na maioria das vezes você toma as próprias decisões e gosta de manter o controle. As mulheres nascidas neste dia tendem a impedir que o coração tenha prioridade sobre a mente. Como as pessoas rapidamente reconhecem a sua força, você em geral atinge posições de autoridade e poder.

Você se torna mais confiante e capaz de se expressar depois dos 7 anos de idade, quando o seu Sol progredido entra no signo de Leão no qual permanece por um período de trinta anos. Aos 37 anos de idade, ocorre uma outra mudança na sua vida, quando o seu Sol progredido entra no signo de Virgem. Depois dessa fase, as suas metas se tornam mais pragmáticas e realistas e a sua paciência e eficiência aumentam. Aos 67 anos de idade, quando o seu Sol progredido entra no signo de Libra, há uma ênfase na área dos relacionamentos e uma necessidade de expansão do seu círculo social.

O Seu Eu Secreto

A sua ambição ou seu desejo interior de realização de forma poderosa pode se estender a todas as áreas da sua vida. Para ter motivação, você precisa ser genuinamente entusiástico. Quando se sente inspirado, você pode ser absolutamente determinado. A sua disposição para trabalhar duro o ajuda a conquistar os seus objetivos. Apesar de disposto a assumir as responsabilidades e a prestar ajuda aos outros, você raramente permite que as pessoas a tomem como certa. Isso também sugere que, quando acha que as pessoas estão abusando, você as confronta.

Embora a diplomacia e a arte de negociar façam parte da sua natureza, você precisa desenvolver a arte da confiança, bem como manter o equilíbrio nos seus relacionamentos pessoais. Com a sua compreensão da importância do trabalho cooperativo, você pode dividir o que sabe com as pessoas, seja no seu ambiente profissional ou em qualquer outra situação de trabalho conjunto que envolva o seu *insight* ou sua autoridade.

Trabalho & Vocação

A sua liderança sensível e sua capacidade de assumir responsabilidades garantem que o seu potencial lhe trará um sucesso extraordinário. Com uma capacidade mental excepcional, você pode ter atração por profissões como magistério, jornalismo ou medicina. Mas o seu senso natural para o dramático pode levá-lo a seguir uma carreira artística ou no mundo do entretenimento. A sua imaginação pode se manifestar por meio das palavras, seja escrevendo, cantando ou atuando. Qualquer que seja a carreira escolhida, a educação pode ser um elemento fundamental para a realização do seu excepcional talento. Com a sua natureza compreensiva e solidária, você pode ser levado a trabalhar como terapeuta ou a ajudar as pessoas de alguma outra maneira.

ESTRELAS FIXAS

Pólux, também conhecida como Boxing Twin ou Hércules; Al Wasat; Propus; Castor

ESTRELA PRIMÁRIA

Nome da estrela:
Pólux, também conhecida como Hércules
Posição:
22°15'-23°11' de Câncer, entre os anos de 1930 e 2000
Magnitude:
1
Força:
★★★★★★★★★
Órb:
2°30'
Constelação:
Beta Gemini
Dias:
13, 14, 15, 16, 17 e 18 de julho
Qualidades da estrela:
diversas influências: Marte/Lua/Urano
Descrição:
uma estrela brilhante laranja, localizada na cabeça do Gêmeo do Sul.

Numerologia

Versatilidade, generosidade e inquietação são sugeridas pelo dia de aniversário número 15. Você, em geral, é uma pessoa rápida e entusiástica e com uma personalidade carismática. Os seus maiores trunfos são os seus fortes instintos e a habilidade para aprender rapidamente, combinando teoria e prática. Muitas vezes você consegue ganhar dinheiro ao mesmo tempo em que adquire novas habilidades. Você utiliza os seus poderes intuitivos e sabe perceber rapidamente as oportunidades. Com o dia de aniversário número 15, você tem talento para atrair dinheiro e receber ajuda e apoio das outras pessoas. Ainda que seja mentalmente aventureiro, você precisa de uma base ou uma casa realmente sua. A subinfluência do mês número 7 indica que você é uma pessoa racional e curiosa e que tem uma maneira prática de encarar a vida. Você é capaz de avaliar rapidamente as pessoas e as situações; no entanto, como pode ser cético, você oscila entre ser confiante e assertivo e ter dúvida quanto a si mesmo e se sentir inseguro. Como é altamente intuitivo, você precisa aprender a ouvir a sua voz interior.

- **Positivo**: disposição, generosidade, responsabilidade, gentileza, cooperação, apreço, idéias criativas
- **Negativo**: inquietude, irresponsabilidade, autocentramento, perda da fé, preocupação, indecisão, mau uso do poder

Amor & Relacionamentos

Compreensivo e altamente intuitivo, você é uma pessoa emocionalmente honesta e direta. A sua forte personalidade sugere que você tem uma atitude protetora em relação aos seus familiares ou pessoas que estejam sob os seus cuidados. Quando acredita em alguém, faz qualquer coisa para ajudá-lo ou encorajá-lo. Mas, a sua inclinação para controlar as situações implica que você pode se tornar uma pessoa arrogante e dominadora. É sempre melhor aconselhar as pessoas e deixar que elas tomem as próprias decisões.

INFLUÊNCIA DA ESTRELA PRIMÁRIA

A influência de Pólux sugere um espírito sutil, mas autoconfiante, e uma natureza corajosa. Esta estrela confere o amor aos esportes competitivos. A influência negativa de Pólux são a impetuosidade e o excesso de sensibilidade, que podem gerar frustrações e desavenças que resultam em situações desagradáveis.
Ligada ao grau do seu Sol, esta estrela indica o amor à aventura e talento para os esportes. É provável que você aja de forma independente e conquiste o sucesso por meio dos próprios esforços. Polux também confere habilidades psíquicas e coragem para conquistar ideais e metas pessoais. Proeminência na educação superior e interesse por filosofia também são indicados pela influência desta estrela.

- **Positivo**: natureza competitiva mas sutil e sensível, poder de conquista
- **Negativo**: ardiloso, precipitado, agressivo ou egoísta com inclinação à crueldade, mau-humor

Consulte o Apêndice para obter mais informações acerca das estrelas fixas.

ALGUÉM ESPECIAL

Se estiver procurando o seu parceiro ideal, você pode ter mais sorte com alguém nascido nas seguintes datas:

Amor & amizade: jan: 11, 13, 15, 17, 25; fev: 9, 11, 13, 15, 23; mar: 7, 9, 11, 13, 21; abr: 5, 7, 9, 11, 19; mai: 3, 5, 7, 9, 17, 31; jun: 1, 3, 5, 7, 15, 29; jul: , 1, 3, 5, 27, 29, 31; ago: 1, 3, 11, 25, 27, 29; set: 1, 9, 23, 25, 27; out: 7, 21, 23, 25; nov: 5, 19, 21, 23; dez: 3, 17, 19, 21, 30

Relacionamentos benéficos: jan: 1, 5, 20; fev: 3, 18; mar: 1, 16; abr: 14; mai: 12; jun: 10; jul: 8; ago: 6; set: 4; out: 2

Atrações fatais: jan:12, 13, 14, 15

Relacionamentos desafiantes: jan: 6, 22, 24; fev: 4, 20, 22; mar: 2, 18, 20; abr: 16, 18; mai: 16, 14; jun: 12, 14; jul: 10, 12; ago: 8, 10, 31; set: 6, 8, 29; out: 4, 6, 27; nov: 2, 4, 25, 30; dez: 2, 23, 28

Alma gêmea: jan: 6, 12; fev: 4, 10; mar: 2, 8; abr: 6; mai: 4; jun: 2

16 de Julho

Receptivo e inteligente, dotado de senso comum e intuição, você é, na maioria das vezes, um canceriano assertivo. Como é capaz de aprender rapidamente novas habilidades, você é uma pessoa prática e decidida, que sabe combinar a sua sabedoria interior com sua boa capacidade de julgamento. Caso se sinta seguro quanto ao seu próprio conhecimento, pode usar a sua capacidade de liderança para alcançar posições de autoridade ou defender seus pontos de vista, especialmente em questões familiares.

A subinfluência do regente do seu decanato, Peixes, implica que você possui um forte sexto sentido. Como é receptivo e sensível aos sons e às vibrações, a música pode ter um efeito calmante sobre você. Naturalmente dotado, você tem muitos talentos e pode escolher qualquer carreira profissional.

♋

SOL: CÂNCER
DECANATO: PEIXES/NETUNO
GRAU: 23°-24° CÂNCER
MODO: CARDEAL
ELEMENTO: ÁGUA

♋

Amigável e atencioso, você gosta de diversão e de atividades sociais. Embora seja amoroso, você pode às vezes não aceitar a interferência das outras pessoas, e a sua tendência à teimosia pode deixá-lo impaciente ou intolerante.

A necessidade de expansão e habilidade para apreender o todo de uma situação sugerem que você se coloca padrões elevados. O sucesso pode vir por intermédio da educação superior ou de aspirações sociais, morais ou religiosas. Tudo lhe é possível se você tiver autodisciplina e superar as suas inseguranças emocionais.

Depois dos 6 anos de idade, quando o seu Sol progredido entra no signo de Leão, você se torna menos tímido ou preocupado com a sua segurança. A influência de Leão o ajuda a ganhar autoconfiança e a melhorar o seu desempenho em qualquer atividade, nos próximos trinta anos. A partir dos 36 anos de idade, quando o seu Sol progredido entra no signo de Virgem, você adquire uma atitude mais prática e amplia a sua capacidade de discernimento, e a vontade de ajudar as outras pessoas se torna um elemento importante na sua vida. Aos 66 anos de idade, você passa por uma outra mudança, quando o seu Sol progredido entra no signo de Libra, enfatizando a importância dos relacionamentos, da harmonia e da necessidade de expandir o seu círculo social.

O Seu Eu Secreto

O seu coração sensível abriga tanto uma necessidade de atividades criativas quanto um forte desejo de obter sucesso material. Como você pode às vezes ser excessivamente generoso, o seu desejo de ter dinheiro inclui não somente dá-lo aos outros mas também proteger a si mesmo e aos seus entes queridos. Você deve tomar cuidado para não despender as suas energias com preocupações emocionais ou indecisão, especialmente no que diz respeito a relacionamentos próximos.

Com grande habilidade social e desejo de servir às pessoas, você pode vir a perceber que o seu impulso para ser financeiramente bem-sucedido pode ser canalizado para áreas nas quais o seu enorme potencial pode ser aproveitado. Você pode fazer isso criando oportunidades positivas que usem o manancial de conhecimento que você possui.

Trabalho & Vocação

Como você possui uma grande capacidade de liderança, a sua maior realização é ocupar o primeiro plano da carreira que escolher. O lado humanitário da sua natureza pode dar-lhe o ímpeto para se sobressair como professor ou assistente social ou em alguma área que requeira que você fale pelos outros, como, por exemplo, em sindicatos ou na política. Outras carreiras possíveis são advocacia ou ocupações que tenham uma natureza filosófica ou religiosa. Entretanto, o lado prático da sua personalidade pode levá-lo a trabalhar no mundo dos negócios ou na área bancária. Por outro lado, a sua criatividade e sua habilidade com as palavras podem levá-lo a escrever ou a seguir a carreira musical ou teatral.

Numerologia

O dia de aniversário número 16 sugere que você é uma pessoa ambiciosa e emotiva, atenciosa e amigável. Você muitas vezes julga a vida segundo os seus sentimentos e tem uma compreensão profunda das pessoas. Como uma personalidade número 16, você pode ter tensões internas quando enfrenta o conflito entre a necessidade de auto-expressão e a responsabilidade para com os outros. Os que são criativos têm talento para escrever e recebem *flashes* repentinos de inspiração. Ainda que possa ter vindo de uma família unida, você prefere viver sozinho ou viajar bastante. A subinfluência do mês número 7 indica que você é uma pessoa racional e com uma mente rápida. Como possui fortes instintos, pode antecipar o que as pessoas irão dizer e usar isso em seu benefício. Você gosta de aprender novas habilidades e de manter-se bem-informado. Você é abençoado com uma boa memória e é uma pessoa brilhante e alerta, mesmo que possa às vezes se sentir mal-entendido ou ter dificuldade em expressar os seus sentimentos.

Positivo: educação superior, responsabilidades domésticas e familiares, integridade, intuição, sociabilidade, cooperação, compreensão profunda

Negativo: preocupação, insatisfação, irresponsabilidade, dogmatismo, ceticismo, egoísmo, irritação, alvoroço

---

ESTRELAS FIXAS

Pólux, também conhecida como Boxing Twin ou Hércules; Al Wasat; Propus; Castor

ESTRELA PRIMÁRIA

Nome da estrela:
Pólux, também conhecida como Hércules

Posição:
22°15'-23°11' de Câncer, entre os anos de 1930 e 2000

Magnitude:
1

Força:
★★★★★★★★★★

Órb:
2°30'

Constelação:
Beta Gemini

Dias:
13, 14, 15, 16, 17 e 18 de julho

Qualidades da estrela:
diversas influências: Marte/Lua/Urano

Descrição:
uma estrela brilhante laranja, localizada na cabeça do Gêmeo do Sul.

Amor & Relacionamentos

Sensível, altamente intuitivo e inteligente, você busca a companhia de pessoas perspicazes e interessantes, que sejam divertidas. A sua natureza atenciosa e solidária muitas vezes sugere que as pessoas o procuram em busca de conselhos e apoio em períodos difíceis. Você preocupa-se com o bem-estar social e pode ajudar em muito a sua comunidade, inclusive participando de atividades públicas. A tendência a se entediar e a se sentir inquieto implica que nos relacionamentos pessoais você precisa sentir-se realmente querido, de afeição, bem como ter um interesse em comum com o seu parceiro.

INFLUÊNCIA DA ESTRELA PRIMÁRIA

A influência de Pólux sugere um espírito sutil, mas autoconfiante, e uma natureza corajosa. Esta estrela confere o amor aos esportes competitivos. A influência negativa de Pólux são a impetuosidade e o excesso de sensibilidade, que podem gerar frustrações e desavenças que resultam em situações desagradáveis.
Ligada ao grau do seu Sol, esta estrela indica o amor à aventura e talento para os esportes. É provável que você aja de forma independente e conquiste o sucesso por meio dos próprios esforços. Polux também confere habilidades psíquicas e coragem para conquistar ideais e metas pessoais. Proeminência na educação superior e interesse por filosofia também são indicados pela influência desta estrela.

- **Positivo**: natureza competitiva mas sutil e sensível, poder de conquista
- **Negativo**: ardiloso, precipitado, agressivo ou egoísta com inclinação à crueldade, mau-humor

Consulte o Apêndice para obter mais informações acerca das estrelas fixas.

ALGUÉM ESPECIAL

Você tem mais chance de encontrar pessoas que mantenham a sua curiosidade e atividade mental entre as pessoas nascidas nas seguintes datas:

Amor & amizade: jan: 12, 16, 25; fev: 10, 14, 23, 24; mar: 8, 12, 22, 31; abr: 6, 10, 20, 29; mai: 4, 8, 18, 27; jun: 2, 6, 16, 25, 30; jul: 4, 14, 23, 28; ago: 2, 12, 21, 26, 30; set: 10, 19, 24, 28; out: 8, 17, 22, 26; nov: 6, 15, 20, 24, 30; dez: 4, 13, 18, 22, 28

Relacionamentos benéficos: jan: 2, 13, 22, 24; fev: 11, 17, 20, 22; mar: 9, 15, 18, 20, 28; abr: 7, 13, 16, 18, 26; mai: 5, 11, 16, 18, 26; jun: 3, 9, 12, 14, 22; jul: 1, 7, 10, 12, 20; ago: 5, 8, 10, 18; set: 3, 6, 8, 16; out: 1, 4, 6, 14; nov: 2, 4, 12; dez: 2, 10

Atrações fatais: jan: 13, 14, 15, 16, 25; fev: 23; mar: 21; abr: 19; mai: 17; jun: 15; jul: 13; ago: 11; set: 9; out: 7; nov: 5; dez: 3

Relacionamentos desafiantes: jan: 7, 23; fev: 5, 21; mar: 3, 19, 29; abr: 1, 17, 27; mai: 15, 25; jun: 13, 23; jul: 11, 21, 31; ago: 9, 19, 29; set: 7, 17, 27; nov: 3, 13, 23, 26; dez: 1, 11, 21, 24

Alma gêmea: jan: 17; fev: 15; mar: 13; abr: 11; mai: 9; jun: 7; jul: 5; ago: 3; set: 1; nov: 30; dez: 28

17 de Julho

Idealista e entusiástico, com uma perspectiva otimista, você é uma pessoa brilhante, que tem uma capacidade mental aguçada e sede de conhecimento. Como nativo de Câncer, você é sensível e tímido, ainda que inteligente, e tem uma grande necessidade de se realizar e ser bem-sucedido. O seu charme natural e seu zelo espontâneo implicam que você tem graça e individualidade, bem como uma natureza jovial.

A subinfluência do regente do seu decanato, Peixes, sugere que você é impressionável e imaginativo, além de dotado de uma forte intuição. Idealista e receptivo, você tem capacidade de se colocar no lugar das outras pessoas. Muitas vezes, uma pessoa bem-informada e cheia de talentos, você pode ser persuasivo se estiver com uma disposição positiva e com convicção.

♋

SOL: CÂNCER
DECANATO: PEIXES/NETUNO
GRAU: 24°-25° CÂNCER
MODO: CARDEAL
ELEMENTO: ÁGUA

♋

Inteligente e confiante, você é capaz de tomar decisões rapidamente. Às vezes, pode ser excessivamente confiante ou cabeçadura e por isso pode agir impulsivamente ou aparentar irresponsabilidade. Tome cuidado com a tendência a ficar muito agitado emocionalmente, pois isso é sinal de excentricidade e não de individualidade.

O impulso para levar uma vida ativa combinado com o seu espírito empreendedor muitas vezes sugere que os seus sonhos podem se realizar por meio da perseverança e da paciência. A necessidade para desenvolver uma atitude mais madura muitas vezes sugere que a educação é um componente essencial do seu sucesso.

Dos 5 aos 34 anos de idade, o seu Sol progredido se move pelo signo de Leão, aumentando gradualmente a sua confiança e suas habilidades sociais. Sua vida passa por uma mudança aos 35 anos de idade, quando o seu Sol progredido entra no signo de Virgem, tornando proeminentes as questões de natureza prática e tornando-o uma pessoa mais metódica e organizada. Aos 65 anos de idade, o seu Sol progredido entra no signo de Libra, enfatizando a importância das questões sociais, dos relacionamentos ou do desenvolvimento do apreço pela arte e pela beleza.

O Seu Eu Secreto

Como você é uma pessoa inteligente e que tem opiniões fortes, é especialmente importante que você tenha oportunidade para manifestar os seus pontos de vista. No caso de esses se associarem a um ideal ou a uma causa, o seu espírito de luta encontra um propósito. Você possui um grande coração e tem compaixão pelas pessoas, mas deve encontrar um equilíbrio entre isso e a sua própria necessidade de auto-expressão e felicidade.

Carismático, você atrai as pessoas e, como possui algo de andrógino, pode ser muito independente e sensível. A sua veia materialista indica a importância da segurança na sua vida, mas tome cuidado para não comprometer os seus ideais em nome dela.

Trabalho & Vocação

Como você é uma pessoa com muitos talentos, pode transmitir as suas idéias de forma criativa e divertida. O seu extraordinário potencial para acumular informações e conhecimentos pode fazer com que seja um erudito ou com que tenha um excelente desempenho em carreiras como advocacia ou em cargos de gerenciamento. Você pode usar os seus talentos naturais com as palavras, escritas ou faladas, seja escrevendo ou por meio do magistério. Você também possui habilidade para vendas ou promoções. Com os seus fortes princípios e sua capacidade de liderança, você pode ser um excelente porta-voz, político ou defensor de alguma causa. Por outro lado, com o seu talento dramático, você pode ganhar a vida por intermédio da arte, da música ou do teatro. Com a sua boa capacidade mental e potencial para trabalhar duro em nome dos seus ideais, você pode alcançar grandes realizações.

ESTRELAS FIXAS

Pólux, também conhecida como Boxing Twin ou Hércules; Al Wasat; Propus; Castor

ESTRELA PRIMÁRIA

Nome da estrela:
Pólux, também conhecida como Hércules

Posição:
22°15'-23°11' de Câncer, entre os anos de 1930 e 2000

Magnitude:
1

Força:
★★★★★★★★★★

Órb:
2°30'

Constelação:
Beta Gemini

Dias:
13, 14, 15, 16, 17 e 18 de julho

Qualidades da estrela:
diversas influências: Marte/Lua/Urano

Descrição:
uma estrela brilhante laranja, localizada na cabeça do Gêmeo do Sul.

Numerologia

Com o dia de aniversário número 17, você é uma pessoa arguta, dotada de uma natureza reservada e uma boa capacidade analítica. Retraído, introspectivo e independente, você confia na sua experiência pessoal. Com um grande interesse em fatos e números, você muitas vezes apresenta um comportamento sério e ponderado e gosta de fazer as coisas no seu ritmo. Capaz de passar por longos períodos de concentração e resistência, você aprende melhor por meio da experiência. Contudo, quanto menos cético você for, mais rápido aprende. A subinfluência do mês número 7 indica que, embora você guarde as suas opiniões para si mesmo, gosta de saber o que os outros pensam. Como pode utilizar o seu conhecimento de forma específica, você pode se especializar em alguma área e alcançar o sucesso. Assumindo a responsabilidade pelas próprias ações, você pode minimizar a sua preocupação ou insatisfação. Você é mais sensível do que aparenta e, às vezes, pode ter dificuldade para expressar os seus sentimentos. Aprenda a diferenciar entre aceitar conselhos e pensar que as pessoas querem criticá-lo ou interferir na sua vida.

Positivo: ponderação, especialização, capacidade de planejamento, senso para os negócios, pensamento individual, trabalhador, acuracidade, habilidade para a pesquisa, pensamento científico
Negativo: teimosia, falta de cuidado, mau humor, dogmatismo, criticismo, preocupação, desconfiança

Amor & Relacionamentos

Sensível e ponderado, você em geral pensa de modo independente e prefere resolver os próprios problemas sem a ajuda dos outros. Por um lado, você pode ser uma pessoa calorosa e intensa e, por outro, distante e indiferente. Você precisa ter uma ligação especial com o seu parceiro, pois o seu ideal de amor e devoção é muito elevado. Apesar de amigável e sociável, se se sentir inseguro, precisa superar o medo de ficar sozinho ou ser abandonado. Quando tem um relacionamento duradouro, você pode ser leal, atencioso e muito protetor.

INFLUÊNCIA DA ESTRELA PRIMÁRIA

A influência de Pólux sugere um espírito sutil, mas autoconfiante, e uma natureza corajosa. Esta estrela confere o amor aos esportes competitivos. A influência negativa de Pólux são a impetuosidade e o excesso de sensibilidade, que podem gerar frustrações e desavenças que resultam em situações desagradáveis.
Ligada ao grau do seu Sol, esta estrela indica o amor à aventura e talento para os esportes. É provável que você aja de forma independente e conquiste o sucesso por meio dos próprios esforços. Polux também confere habilidades psíquicas e coragem para conquistar ideais e metas pessoais. Proeminência na educação superior e interesse por filosofia também são indicados pela influência desta estrela.

- **Positivo**: natureza competitiva mas sutil e sensível, poder de conquista
- **Negativo**: ardiloso, precipitado, agressivo ou egoísta com inclinação à crueldade, mau-humor

Consulte o Apêndice para obter mais informações acerca das estrelas fixas.

ALGUÉM ESPECIAL

Para encontrar a felicidade verdadeira, você pode procurar um parceiro que tenha nascido em uma das seguintes datas:

Amor & amizade: jan: 7, 10, 17, 27; fev: 5, 8, 15, 25; mar: 3, 6, 13, 23; abr: 1, 4, 11, 21; mai: 2, 9, 19; jun: 7, 17; jul: 5, 15, 29, 31; ago: 3, 13, 27, 29, 31; set: 1, 11, 25, 27, 29; out: 9, 23, 25, 27; nov: 7, 21, 23, 25; dez: 5, 19, 21, 23

Relacionamentos benéficos: jan: 3, 5, 20, 25, 27; fev: 1, 3, 18, 23, 25; mar: 1, 16, 21, 23; abr: 14, 19, 21; mai: 12, 17, 19; jun: 10, 15, 17; jul: 8, 13, 15; ago: 6, 11, 13; set: 4, 9, 11; out: 2, 7, 9; nov: 5, 7; dez: 3, 5

Atrações fatais: jan: 14, 15, 16, 17; fev: 11; mar: 9; abr: 7; mai: 5; jun: 3; jul: 1

Relacionamentos desafiantes: jan: 16, 24; fev: 14, 22; mar: 12, 20; abr: 10, 18; mai: 8, 16, 31; jun: 6, 14, 29; jul: 4, 12, 27; ago: 2, 10, 25; set: 8, 23; out: 6, 21; nov: 4, 19; dez: 2, 17

Alma gêmea: jan: 16; fev: 14; mar: 12; abr: 10; mai: 8; jun: 6; jul: 4, 31; ago: 2, 29; set: 27; out: 25; nov: 23; dez: 21

18 de Julho

O poder sugerido pelo dia do seu aniversário indica que você é uma pessoa ponderada, inteligente e que busca o conhecimento. Você é uma pessoa ambiciosa, que tem fortes convicções, um impulso dinâmico e maneira persuasiva. Assertivo, magnético e altamente intuitivo, você tem pontos de vista independentes e uma boa capacidade de raciocínio.

A subinfluência do regente do seu decanato, Peixes, sugere que você tem muita visão e está pronto para realizar os seus sonhos. Imaginativo e prático, você gosta de desafios mentais, mas, quando se propõe a testar a própria inteligência, pode se tornar uma pessoa brigona, teimosa ou temerária.

Com a sua rápida mente e ampla gama de interesses, você é uma pessoa versátil e entusiástica. A sua habilidade para ver as situações em perspectiva e a sua disposição para trabalhar duro sugerem que você pode se estabelecer e realizar com sucesso grandes projetos. A educação é uma peça fundamental para você construir uma base sólida e aumentar as suas chances de ser bem-sucedido.

♋

SOL: CÂNCER
DECANATO: PEIXES/NETUNO
GRAU: 25°-26° CÂNCER
MODO: CARDEAL
ELEMENTO: ÁGUA

♋

Embora seja autodisciplinado e educado, a verdadeira inspiração que você procura pode estar na sua realização e satisfação emocional. Você não ganhará nada se usar a sua capacidade mental para superar as pessoas, mas se ampliar a sua capacidade mental, for gentil e compassivo, conquistará o amor e a afeição delas.

O seu Sol progredido se move pelo signo de Leão quando você tem apenas quatro anos de idade. Isso faz com que você fique mais ousado, pois há um aumento da sua criatividade, poder e confiança. Quando o seu Sol progredido entra no signo de Virgem, por volta dos seus 34 anos de idade, você se torna mais discriminativo, voltado para os negócios e eficiente. Outra virada ocorre por volta dos 64 anos de idade, quando o seu Sol progredido entra no signo de Libra, enfatizando as questões ligadas aos relacionamentos, amor, beleza e harmonia.

O Seu Eu Secreto

O seu poder intuitivo naturalmente desenvolvido lhe dá um certo sexto sentido em relação às pessoas e faz com que você acredite na primeira impressão que tem de qualquer situação. Às vezes, isso pode fazer com que você seja dissimulado e engenhoso e capaz de virar as situações em seu favor. Mas, você pode também mostrar a sua natureza generosa e cortês, se for uma pessoa filantrópica ou ajudando as pessoas.

Você possui uma proteção quase que inata em relação ao dinheiro e em geral goza de boa saúde e uma boa fortuna que pode incluir também oportunidades de trabalhos que realmente o gratifiquem, já que não sabe fingir um entusiasmo que não está sentindo. Como os seus problemas raramente são de origem financeira, os seus desafios podem estar relacionados à busca espiritual.

Trabalho & Vocação

A sua capacidade natural de liderança, seu intelecto aguçado e sua extraordinária habilidade social permitem que você seja bem-sucedido em qualquer carreira que escolha. Você pode se sobressair na área de educação, pesquisa, ciência, relações públicas, filosofia e política. Como não gosta de receber ordens, é imperativo que você não ocupe posições subalternas. Se seguir uma carreira no mundo dos negócios, o seu talento excepcional para organização e sua habilidade para pensar em grande escala fazem com que você seja excelente na resolução de problemas. A sua necessidade de auto-expressão e o amor pelo dramático podem levá-lo a escrever ou ao mundo da arte e do entretenimento. Em qualquer carreira que escolha, você quer diversidade e tem talento para iniciar projetos com animação e disposição. O desejo de fazer algum tipo de trabalho social pode aumentar depois da meia-idade.

ESTRELA FIXA

Nome da estrela:
Prócion

Posição:
24°48'-25°43' de Câncer, entre os anos de 1930 e 2000

Magnitude:
1

Força:
★★★★★★★★★★

Órb:
2°30'

Constelação:
Alpha Canis Minor

Dias:
16, 17, 18, 19, 20 e 21 de julho

Qualidades da estrela:
várias influências: Mercúrio/Marte ou Júpiter/Urano

Descrição:
uma estrela binária amarela e branca, localizada no corpo do Cão Menor.

Numerologia

Determinação e assertividade são algumas das qualidades associadas ao dia de aniversário número 18. Muitas vezes capaz, trabalhador e responsável, você pode alcançar posições de autoridade. O seu forte senso para os negócios e sua capacidade de organização podem levá-lo a trabalhar no mundo do comércio. Com a personalidade número 18, você pode usar o seu poder para curar as pessoas, dar bons conselhos ou ajudá-las a solucionar problemas. Contudo, você precisa aprender a distinguir entre o bom e o mau uso do poder, aprendendo a conviver com as pessoas. A subinfluência do mês número 7 indica que você é uma pessoa inteligente e altamente intuitiva, dotada de uma mente discriminativa. Muitas vezes, é uma pessoa entusiástica, com uma personalidade carismática e ambicioso, ainda que emocionalmente inquieto. Duas de suas grandes virtudes são os seus fortes instintos e a capacidade para combinar habilidades práticas com uma forma de pensar original. Rápido para perceber as possibilidades que surgem, bem como o potencial das situações, você tem talento para usar as oportunidades.

Positivo: progressismo, assertividade, intuição, coragem, resolução, habilidade para curar, eficiência, habilidade para aconselhar

Negativo: descontrole das emoções, preguiça, falta de ordem, egoísmo, incapacidade para concluir trabalhos, ilusão

Amor & Relacionamentos

Laços familiares fortes e a influência de uma pessoa mais velha na infância muitas vezes sugerem que você tem um forte desejo de ser independente. Você precisa de um parceiro que seja trabalhador, inteligente e tenha senso dramático. Intuitivo, mas cético, você pode se tornar uma pessoa excessivamente desconfiada e por isso precisa saber confiar e respeitar; se não o fizer, poderá se comportar de uma forma autoritária com o seu parceiro, contrariando a própria vontade. O seu charme natural atrai as pessoas e garante o seu sucesso social.

INFLUÊNCIA DA ESTRELA PRIMÁRIA

A influência de Prócion confere força de vontade, vigor e habilidade para executar planos. Esta estrela também sugere muita atividade e interesses ou ocupações fora do comum. Prócion dá oportunidades de riqueza, sucesso e boa sorte. Esta estrela freqüentemente indica uma virada súbita de acontecimentos que podem trazer fama e notoriedade, bem como ganhos e perdas. Portanto, você precisa aprender a ser paciente e a planejar tudo cuidadosamente para obter bons resultados. Antigas interpretações desta estrela também advertem contra o perigo de mordidas de cachorro.

Ligada ao grau do seu Sol, esta estrela confere coragem, habilidade e talentos fora do comum e uma natureza cavalheiresca. Prócion indica que você tem muitos amigos leais que o ajudam quando você mais precisa. Esta estrela também prevê o ganho súbito de fortuna, por meio de presentes ou heranças.

- **Positivo**: riqueza e fortuna, cargos governamentais, orgulho e dignidade, proeminência religiosa
- **Negativo**: esnobismo, falta de cuidado, deselegância, ardiloso, falaz

ALGUÉM ESPECIAL

Você pode ter mais chance de encontrar aquela pessoa especial procurando entre as nascidas nas seguintes datas:

Amor & amizade: jan: 1, 14, 28, 31; fev: 12, 26, 29; mar: 2, 11, 25, 27; abr: 8, 22, 25; mai: 6, 20, 23; jun: 4, 18, 21; jul: 2, 16, 19, 30; ago: 14, 17, 28, 30; set: 12, 15, 26, 28, 30; out: 10, 13, 24, 26; nov: 8, 11, 22, 24, 26; dez: 6, 9, 20, 22, 24

Relacionamentos benéficos: jan: 26; fev: 24; mar: 22; abr: 20; mai: 18; jun: 16; jul: 14; ago: 12; set: 10; out: 8; nov: 6; dez: 4

Atrações fatais: jan: 15, 16, 17, 18

Relacionamentos desafiantes: jan: 3, 25; fev: 1, 23; mar: 21; abr: 19; mai: 17; jun: 15; jul: 13; ago: 11; set: 9; out: 7; nov: 5; dez: 3

Alma gêmea: jan: 3, 10; fev: 1, 8; mar: 6; abr: 4; mai: 2

19 de Julho

Idealismo e generosidade são qualidades freqüentemente associadas ao seu dia de aniversário, e que lhe dão uma compreensão compassiva e um bom coração. Como nativo de Câncer, você é uma pessoa sensível e altamente intuitiva. Mesmo que sempre tenha idéias maravilhosas, a tendência a se preocupar pode minar a sua determinação e a auto-estima. Isso muitas vezes sugere que o pensamento positivo, combinado com a imaginação, é a chave para o equilíbrio e sua paz interior.

A subinfluência do regente do seu decanato, Peixes, implica que você é uma pessoa impressionável, com um forte sexto sentido. Como tem senso estético, com receptividade às cores e sons, você pode ter inclinação artística ou sentir que a música exerce um efeito calmante sobre você.

Se encarar o que lhe acontece como uma aprendizagem, você pode superar a tendência a ficar frustrado ou impaciente. Se mantiver a cabeça aberta e for tolerante, você perceberá as infinitas possibilidades disponíveis à sua frente.

♋

SOL: CÂNCER
DECANATO: PEIXES/NETUNO
GRAU: 26°-27° CÂNCER
MODO: CARDEAL
ELEMENTO: ÁGUA

♋

Charmoso, amigável e aventureiro, com necessidade de ter relacionamentos próximos, você costuma ter uma vida social agitada. Como precisa de inspiração para explorar o seu verdadeiro potencial mental, toda instrução, autodidata ou não, é aconselhável. Isso sugere que os seus sentimentos e criatividade mental precisam ser canalizados ou encontrar meios de se expressar.

Antes de fazer 3 anos de idade, quando o seu Sol progredido se move pelo signo de Leão, você tem a tendência a ser tímido e sensível. A forte influência aumenta nos trinta anos seguintes, permitindo que você se fortaleça e tenha mais confiança. Depois dos 33 anos de idade, quando o seu Sol progredido entra no signo de Virgem, você passa a ter mais paciência e a ser mais perfeccionista quando se trata de usar os seus talentos e habilidades. Aos 63 anos de idade, quando o seu Sol progredido entra no signo de Libra, você passa por uma transformação que enfatiza a crescente importância dos seus relacionamentos sociais e pessoais e aumenta o seu apreço pela beleza e pela harmonia.

O Seu Eu Secreto

Você prospera quando ama e é encorajado, pois quando se sente apreciado tem mais determinação e trabalha com mais afinco. Justo e responsável, você não gosta de ter dívidas e sabe que se colhe aquilo que se planta. Por intermédio da disciplina mental e das suas habilidades, você consegue se concentrar melhor e aproveitar ao máximo o seu maravilhoso potencial.

Se não tiver como manifestar os seus fortes sentimentos, você pode se tornar autoritário ou ficar deprimido. Quando mantém uma perspectiva neutra, você aprende a esquecer o passado e saudar as novas oportunidades que surgem na sua vida. Como sabe dar bons conselhos, você deve evitar ser excessivamente protetor e chegar ao ponto de interferir na vida das pessoas, e permitir que elas cometam os próprios erros. No entanto, como é leal e amoroso, você sempre terá uma atitude protetora com as pessoas queridas. Dramático e criativo, você também pode servir de inspiração para as pessoas, devido ao seu idealismo e maneira entusiástica de encarar a vida.

Trabalho & Vocação

A alegria que sente ao lidar com as pessoas e o amor que tem pelo conhecimento podem levá-lo a seguir carreiras como professor, consultor ou assistente social. A necessidade de expressar as suas idéias pode também levá-lo a ocupações ligadas a *design*, literatura, música, arte, poesia ou teatro. Com talento com as palavras, você defende as próprias opiniões e sente-se à vontade em carreiras como advocacia ou política. Com a sua capacidade de organização ou gerencial, você pode também se sobressair nos negócios. O seu natural humanitarismo e sua inclinação filosófica podem levá-lo a algum tipo de contato com a religião ou a atividades voltadas para levantar fundos para causas justas.

ESTRELA FIXA

Nome da estrela:
Prócion

Posição:
24°48'-25°43' de Câncer, entre os anos de 1930 e 2000

Magnitude:
1

Força:
★★★★★★★★★★

Órb:
2°30'

Constelação:
Alpha Canis Minor

Dias:
16, 17, 18, 19, 20 e 21 de julho

Qualidades da estrela:
várias influências: Mercúrio/Marte ou Júpiter/Urano

Descrição:
uma estrela binária amarela e branca, localizada no corpo do Cão Menor.

Numerologia

Criativo, radiante e dinâmico, ainda que humanitarista e sensível, são algumas das características do dia de aniversário número 19. Decisivo e habilidoso, você tem visão profunda, mas o lado sonhador da sua natureza é compassivo, idealista e sensível. A necessidade de ser alguém pode ser a mesma coisa que o leva a ser uma pessoa dramática e que quer ser o centro das atenções. Muitas vezes, há um forte desejo de estabelecer uma identidade individual. Contudo, para fazê-lo, você precisa primeiro superar a influência que a pressão dos outros têm sobre você. Somente por meio de diversas experiências você poderá desenvolver a sua autoconfiança ou capacidade de liderança. Você pode aparentar ser uma pessoa confiante, resistente e habilidosa, mas as tensões internas podem provocar uma instabilidade emocional. A subinfluência do mês número 7 indica que você é uma pessoa analítica, ponderada e intuitiva. Apesar de ter um senso natural para os negócios, você pode se beneficiar muito se desenvolver a sua capacidade de organização e administração.

Positivo: dinamismo, centramento, criatividade, liderança, sorte, progressismo, otimismo, fortes convicções, competitividade, independência, sociabilidade

Negativo: autocentramento, depressão, preocupação, medo de rejeição, oscilações de humor, materialismo, egotismo, impaciência

Amor & Relacionamentos

Com uma grande necessidade de segurança emocional, você quer ter um relacionamento próximo com alguém que seja confiável. Embora os relacionamentos sejam importantes para você, evite a tendência a se tornar muito dependente do seu parceiro ou namorado. Como você é uma pessoa sociável e popular, gosta da companhia das pessoas e de não ficar sozinho. Atencioso e generoso, você está sempre disposto a fazer sacrifícios pelas pessoas de que gosta.

INFLUÊNCIA DA ESTRELA PRIMÁRIA

A influência de Prócion confere força de vontade, vigor e habilidade para executar planos. Esta estrela também sugere muita atividade e interesses ou ocupações fora do comum. Prócion dá oportunidades de riqueza, sucesso e boa sorte. Esta estrela freqüentemente indica uma virada súbita de acontecimentos que podem trazer fama e notoriedade, bem como ganhos e perdas. Portanto, você precisa aprender a ser paciente e a planejar tudo cuidadosamente para obter bons resultados. Antigas interpretações desta estrela também advertem contra o perigo de mordidas de cachorro.

Ligada ao grau do seu Sol, esta estrela confere coragem, habilidade e talentos fora do comum e uma natureza cavalheiresca. Prócion indica que você tem muitos amigos leais que o ajudam quando você mais precisa. Esta estrela também prevê o ganho súbito de fortuna, por meio de presentes ou heranças.

- **Positivo**: riqueza e fortuna, cargos governamentais, orgulho e dignidade, proeminência religiosa
- **Negativo**: esnobismo, falta de cuidado, deselegância, ardiloso, falaz

ALGUÉM ESPECIAL

Você pode encontrar o verdadeiro amor entre as pessoas nascidas nas seguintes datas:

Amor & amizade: jan: 1, 15, 26, 29, 30; fev: 13, 24, 27, 28; mar: 11, 22, 25, 26; abr: 9, 20, 23, 24; mai: 7, 18, 21, 22; jun: 5, 16, 19, 20; jul: 3, 14, 17, 18, 31; ago: 1, 12, 15, 16, 29, 31; set: 10, 13, 14, 27, 29; out: 8, 11, 12, 25, 27; nov: 6, 9, 10, 23, 25; dez: 4, 7, 8, 21, 23, 29

Relacionamentos benéficos: jan: 1, 2, 10, 27; fev: 8, 25; mar: 6, 23; abr: 4, 21; mai: 2, 19, 30; jun: 17, 28; jul: 15, 26; ago: 13, 24; set: 11, 22; out: 9, 20; nov: 7, 18; dez: 5, 16

Atrações fatais: jan: 16, 17, 18, 19

Relacionamentos desafiantes: jan: 17, 26; fev: 15, 24; mar: 13, 22; abr: 11, 20; mai: 9, 18; jun: 7, 16; jul: 5, 14; ago: 3, 12, 30; set: 1, 10, 28; out: 8, 26, 29; nov: 6, 24, 27; dez: 4, 22, 25

Alma gêmea: jan: 21; fev: 19; mar: 17; abr: 15; mai: 13; jun: 11; jul: 9, 29; ago: 7, 27; set: 5, 25; out: 3, 23; nov: 1, 21; dez: 19

20 de Julho

A vitalidade e força de vontade indicadas pelo seu dia de aniversário são muitas vezes suavizadas pelo seu sorriso amigo e personalidade charmosa. Como nativo de Câncer, você é uma pessoa idealista e intuitiva, dotada de muita determinação e mente poderosa.

A subinfluência do regente do seu decanato, Peixes, sugere que você é uma pessoa imaginativa, com visão e ambição para realizar os seus sonhos. Inspirado e prático, você gosta de desafios mentais, mas quando se põe a testar a sua inteligência pode se tornar mal-humorado ou teimoso.

O seu potencial para ser bem-sucedido depende do poder e do conhecimento que você possui, e, quanto mais instruído você for, mais se concentrará nos seus objetivos. Você tem necessidade de conquistar uma paz mental e uma sólida base por meio dos seus valores e crenças. Quando se sente seguro naquilo que acredita, você pode se realizar. Você é uma pessoa harmoniosa por natureza e a sua sensibilidade indica que, como é receptivo ao seu ambiente imediato, você precisa estar em uma atmosfera positiva para florescer e prosperar. A desarmonia muitas vezes traz o que há de pior em você e, quando se encontra em situações de confronto, você pode se deixar levar por jogos de poder ou discussões. Contudo, você se beneficia quando desenvolve uma abordagem diplomática e, com o seu pensamento e oratória persuasivos, pode convencer as pessoas a mudarem de idéia.

♋

SOL: CÂNCER
DECANATO: PEIXES/NETUNO
GRAU: 27°-28° CÂNCER
MODO: CARDEAL
ELEMENTO: ÁGUA

♋

Dos 2 aos 32 anos de idade, quando o seu Sol progredido se move pelo signo de Leão, você tem muitas oportunidades de usar o lado dramático e sociável da sua personalidade. Seja em situações profissionais ou sociais, você aprende a ser auto-assertivo e equilibrado. Quando o seu Sol progredido entra no signo de Virgem, a sua vida passa por uma grande mudança. Depois deste período, você tende a ser mais organizado, mais prático e voltado para os negócios. Aos 62 anos de idade, você passa por uma outra transformação, quando o seu Sol progredido entra no signo de Libra, dando mais ênfase à sua vida social, relacionamentos e oportunidades para desenvolver o seu talento artístico ou literário latente.

O Seu Eu Secreto

O seu desejo profundo de transmitir o seu inspirado conhecimento pode ser ameaçado pelo árduo trabalho necessário para utilizar o seu enorme potencial. Com a sua capacidade de liderança e de perceber as oportunidades trazidas por qualquer situação, você tem a habilidade de pensar em grandes termos. Você possui uma visão otimista da vida e uma grande capacidade de ter fantasias criativas. Usando os seus dons extraordinários para realizar os seus sonhos, você pode conquistar algo realmente especial.

Você se sente atraído por pessoas intelectualmente dotadas, pois elas o estimulam e podem compartilhar a sua infindável busca pelo conhecimento. Você deseja ter uma educação de nível superior ou tem interesse por assuntos místicos, pois tem uma atração inconsciente pelo processo de auto-aperfeiçoamento. Isso não o impede de ter um senso mundano para os negócios que o pode levar a comercializar os seus diversos talentos.

Trabalho & Vocação

Por meio da combinação do seu intelecto excepcional e sensibilidade, você tem o sucesso garantido em todas as atividades que se relacionem com o trato com as pessoas, como educação, advocacia ou reformas sociais. A sua determinação, sua ambição e sua boa capacidade de organização podem também ajudá-lo a realizar muito no mundo dos negócios. Você pode ter um interesse especial no trabalho com crianças, nas atividades culinárias ou ligadas a artigos domésticos. Mas a sua visão e seu senso de estrutura podem levá-lo a carreiras como fotografia ou cinema. A necessidade de expressar a sua criatividade pode fazer com que sinta atração pelo mundo da arte, da música, do teatro ou do entretenimento. Como é altamente intuitivo, você muitas vezes possui uma habilidade natural para a cura, que pode levá-lo a profissões na área da medicina tradicional ou alternativa.

Numerologia

Com o dia de aniversário número 20, você é uma pessoa intuitiva, sensível e adaptável, que sempre se vê como parte de um grupo maior. Você gosta de atividades cooperativas nas quais possa interagir, compartilhar experiências e aprender com as outras pessoas. Charmoso e gracioso, você tem habilidades diplomáticas e habilidade social, o que faz com que possa se movimentar facilmente por diversos círculos sociais. Contudo, você precisa desenvolver a sua confiança ou superar a tendência a se magoar com as ações e críticas alheias. Nos seus relacionamentos e outras associações, você deve evitar a inclinação a se martirizar. A subinfluência do mês número 7 indica que você é uma pessoa inteligente, perceptiva e reflexiva. Naturalmente versátil e imaginativo, dotado de fortes instintos ou habilidades psíquicas, você é criativo e cheio de idéias. Muitas vezes idealista, você busca o equilíbrio e a harmonia e pode se inspirar por idéias e pessoas. Você pode algumas vezes ser indeciso e precisar de solidão para se dedicar à reflexão.

♋

ESTRELA FIXA

Nome da estrela:
Prócion

Posição:
24°48'-25°43' de Câncer, entre os anos de 1930 e 2000

Magnitude:
1

Força:
★★★★★★★★★★

Órb:
2°30'

Constelação:
Alpha Canis Minor

Dias:
16, 17, 18, 19, 20 e 21 de julho

Qualidades da estrela:
várias influências: Mercúrio/Marte ou Júpiter/Urano

Descrição:
uma estrela binária amarela e branca, localizada no corpo do Cão Menor.

♋

Positivo: boas parcerias, gentileza, tato, receptividade, intuição, consideração, harmonia, agradável, amigável, embaixador da boa vontade

Negativo: desconfiança, falta de confiança, timidez, excesso de sensibilidade, egoísmo, magoa-se facilmente, ardiloso

Amor & Relacionamentos

Para você, a estabilidade e um ambiente doméstico seguro são ingredientes vitais para se ter uma boa vida amorosa. Você muitas vezes se sente atraído pelas pessoas que compartilham as suas idéias e seus princípios. É aconselhável que os seus relacionamentos mais importantes sejam com pessoas que pensem parecido com você e que tenham o mesmo nível de compreensão. Você se sente atraído por pessoas inteligentes e diretas, precisa de estímulo mental e muitas vezes aprende muito com as pessoas.

INFLUÊNCIA DA ESTRELA PRIMÁRIA

A influência de Prócion confere força de vontade, vigor e habilidade para executar planos. Esta estrela também sugere muita atividade e interesses ou ocupações fora do comum. Prócion dá oportunidades de riqueza, sucesso e boa sorte. Esta estrela freqüentemente indica uma virada súbita de acontecimentos que podem trazer fama e notoriedade, bem como ganhos e perdas. Portanto, você precisa aprender a ser paciente e a planejar tudo cuidadosamente para obter bons resultados. Antigas interpretações desta estrela também advertem contra o perigo de mordidas de cachorro.
Ligada ao grau do seu Sol, esta estrela confere coragem, habilidade e talentos fora do comum e uma natureza cavalheiresca. Prócion indica que você tem muitos amigos leais que o ajudam quando você mais precisa. Esta estrela também prevê o ganho súbito de fortuna, por meio de presentes ou heranças.

- **Positivo**: riqueza e fortuna, cargos governamentais, orgulho e dignidade, proeminência religiosa
- **Negativo**: esnobismo, falta de cuidado, deselegância, ardiloso, falaz

ALGUÉM ESPECIAL

Você pode ter um relacionamento caloroso e tranqüilo com as pessoas nascidas nas seguintes datas:

Amor & amizade: jan: 10, 13, 20, 30; fev: 8, 11, 18, 28; mar: 6, 9, 16, 26; abr: 4, 7, 14, 24; mai: 2, 5, 12, 22; jun: 3, 10, 20; jul: 1, 8, 18; ago: 6, 16, 30; set: 4, 14, 28, 30; out: 2, 12, 26, 28, 30; nov: 10, 24, 26, 28; dez: 8, 22, 24, 26

Relacionamentos benéficos: jan: 12, 16, 17, 28; fev: 10, 14, 15, 26; mar: 8, 12, 13, 24; abr: 6, 10, 11, 22; mai: 4, 8, 9, 20, 29; jun: 2, 6, 7, 18, 27; jul: 4, 5, 16, 25; ago: 2, 3, 14, 23; set: 1, 12, 21; out: 10, 19; nov: 8, 17; dez: 6, 14

Atrações fatais: jan: 17, 18, 19, 20; mar: 31; abr: 29; mai: 27; jun: 25; jul: 23; ago: 21; set: 19; out: 17; nov: 15; dez: 17

Relacionamentos desafiantes: jan: 6, 18, 22, 27; fev: 4, 16, 20, 25; mar: 2, 14, 18, 23; abr: 12, 16, 21; mai: 10, 14, 19; jun: 8, 12, 17; ago: 4, 8, 13; set: 2, 6, 11; out: 4, 9; nov: 2, 7; dez: 5

Alma gêmea: mar: 28; abr: 26; mai: 24; jun: 22; jul: 20; ago: 18; set: 16; out: 14; nov: 12; dez: 10

21 de Julho

Receptivo e intuitivo, dotado de uma natureza ambiciosa e cheia de recursos, você é uma pessoa criativa e astuta. A sua curiosidade e sua compreensão quanto ao que motiva os outros sugerem que você avalia rapidamente as pessoas e as situações. Como nativo de Câncer, você é sensível, tem uma mente aguçada e grande potencial mental. Todavia, você pode passar por períodos de preocupação e ceticismo, o que implica que talvez precise aprender a confiar nas suas primeiras impressões. Como gosta de se manter mentalmente ocupado e bem-informado, a educação ou o aprendizado autodidata podem ajudá-lo a desenvolver a sua mente e a aumentar a sua confiança.

A subinfluência do regente do seu decanato, Peixes, dá-lhe imaginação e habilidades psíquicas. Na maior parte das vezes uma pessoa independente, com necessidade de se realizar, você tem capacidade para pensar profundamente e pode desenvolver as suas habilidades analíticas. Quando está inspirado, você é adaptável e sabe lidar com qualquer situação. Quando desenvolve uma atitude responsável e mantém-se decidido, você nunca se sente uma vítima do destino.

SOL: CÂNCER
DECANATO: PEIXES/NETUNO
GRAU: 28°-29° CÂNCER
MODO: CARDEAL
ELEMENTO: ÁGUA

Você precisa alternar entre o convencional e a vanguarda, o que indica que a sua individualidade e sua criatividade precisam de alguma forma de expressão. Contudo, a falta de estímulo mental pode deixá-lo com uma disposição nervosa e despertar a tendência a ser brigão ou teimoso.

Como o seu Sol progredido entra no signo de Leão quando você tem um ano de idade, você tem oportunidades, ainda na sua infância, de desenvolver a sua criatividade, sua força e sua auto-expressão. O período de crescente autoconfiança prossegue até os 30 anos de idade, quando você passa a ter uma maneira mais pragmática e racional de encarar as coisas e a ter vontade de levar uma vida mais organizada. Aos 60 anos de idade, você passa por uma outra mudança, quando o seu Sol progredido entra no signo de Libra. Essa fase acentua a importância dos relacionamentos, do seu círculo social e do apreço pela beleza e harmonia.

O Seu Eu Secreto

Você pode ser uma pessoa animada e jovial, que se deleita em situações competitivas ou com desafios criativos. Você gosta de participar de discussões amigáveis e tem prazer em fazer perguntas sutilmente provocantes. Embora goste de se divertir, este lado da sua natureza pode também indicar que você evita as responsabilidades, mas, quando acredita em algum projeto, você fica empolgado e trabalha duro para realizar os seus ideais. Apesar de sociável, você precisa de períodos de solidão para recuperar as suas energias e refletir.

A sua determinação e seu talento natural para compreender o valor das coisas podem ajudá-lo a ficar rico, mas talvez seja necessário equilibrar essas habilidades com a sua profunda capacidade de compreensão para realmente conquistar uma satisfação plena. Prestando atenção e confiando na voz interior da sua intuição e não na sua mente racional, você terá mais chances de ser bem-sucedido. Felizmente, você tem um poder interior que o pode ajudar sempre em períodos difíceis.

Trabalho & Vocação

A sua imaginação e seu intelecto aguçado podem levá-lo a ter ocupações nas áreas de magistério, ciência, trabalho social ou assistência social. O seu amor pelo conhecimento e a necessidade de expressar as suas idéias originais podem levá-lo a escrever ou a trabalhar com música, *design*, arte ou teatro. Você tem habilidades técnicas ou analíticas que podem ser úteis na sua vida profissional. Como gosta de discussões e debates, a sua capacidade de comunicação pode ajudá-lo na carreira política e nas ocupações ligadas a vendas, promoções ou negócios. A sua habilidade para arrecadar fundos para causas justas indica que o trabalho de assistência social pode fornecer uma excelente estrutura para as suas habilidades de organização e administração.

♋

ESTRELAS FIXAS

Prócion; Altarf

ESTRELA PRIMÁRIA

Nome da estrela:
Prócion

Posição:
24°48'-25°43' de Câncer, entre os anos de 1930 e 2000

Magnitude:
1

Força:
★★★★★★★★★★

Órb:
2°30'

Constelação:
Alpha Canis Minor

Dias:
16, 17, 18, 19, 20 e 21 de julho

Qualidades da estrela:
várias influências: Mercúrio/Marte ou Júpiter/Urano

Descrição:
uma estrela binária amarela e branca, localizada no corpo do Cão Menor.

♋

Numerologia

Impulso dinâmico e personalidade expansiva estão presentes nas pessoas com o dia de aniversário número 21. Com inclinação social, você tem muitos interesses e contatos e, em geral, é uma pessoa de sorte. Ao exibir a sua personalidade amigável e gregária, você se torna uma pessoa altamente original e intuitiva e que tem um espírito independente. Com o dia de aniversário número 21, você gosta de se divertir, é magnético, criativo e tem charme social. Mas você pode ser uma pessoa tímida e reservada, com necessidade de desenvolver a assertividade, especialmente nos relacionamentos próximos. A subinfluência do mês número 7 indica que você é inteligente e prático e que possui um forte sexto sentido. Porém, às vezes você precisa aprender a confiar nos outros e superar a tendência a ser muito cético ou desconfiado. Muitas vezes expansivo, você precisa interagir com as pessoas, mantendo, ao mesmo tempo, a sua originalidade e sua independência. Mesmo sensível, você pode ser inovador e corajoso, com muita energia.

- **Positivo**: inspiração, criatividade, uniões amorosas, relacionamentos duradouros, talento com as palavras
- **Negativo**: dependência, nervosismo, falta de controle emocional, falta de visão, desapontamento, medo de mudança

Amor & Relacionamentos

Amigável, ainda que reservado, você tem atração por pessoas criativas, independentes, trabalhadoras e que sabem o que querem da vida. Nos relacionamentos mais próximos, você precisa estabelecer a sua assertividade desde o início; contudo, você precisa também superar a tendência a se preocupar desnecessariamente. Arguto e autoconfiante, você gosta de saber o que motiva as pessoas. Quando abre o seu coração e expressa os seus sentimentos, você pode contribuir muito para os seus relacionamentos. Muitas vezes, as mulheres o ajudarão ou terão uma influência benéfica na sua vida.

INFLUÊNCIA DA ESTRELA PRIMÁRIA

A influência de Prócion confere força de vontade, vigor e habilidade para executar planos. Esta estrela também sugere muita atividade e interesses ou ocupações fora do comum. Prócion dá oportunidades de riqueza, sucesso e boa sorte. Esta estrela freqüentemente indica uma virada súbita de acontecimentos que podem trazer fama e notoriedade, bem como ganhos e perdas. Portanto, você precisa aprender a ser paciente e a planejar tudo cuidadosamente para obter bons resultados. Antigas interpretações desta estrela também advertem contra o perigo de mordidas de cachorro.

Ligada ao grau do seu Sol, esta estrela confere coragem, habilidade e talentos fora do comum e uma natureza cavalheiresca. Prócion indica que você tem muitos amigos leais que o ajudam quando você mais precisa. Esta estrela também prevê o ganho súbito de fortuna, por meio de presentes ou heranças.

- **Positivo**: riqueza e fortuna, cargos governamentais, orgulho e dignidade, proeminência religiosa
- **Negativo**: esnobismo, falta de cuidado, deselegância, ardiloso, falaz

Consulte o Apêndice para obter informações adicionais acerca das estrelas fixas.

ALGUÉM ESPECIAL

Para manter o seu interesse em relacionamentos duradouros, você pode procurar pessoas nascidas nas seguintes datas:

Amor & amizade: jan: 21, 28, 31; fev: 19, 26, 29; mar: 17, 24, 27; abr: 15, 22, 25; mai: 13, 20, 23; jun: 11, 18, 21; jul: 9, 16, 19; ago: 7, 14, 17, 31; set: 5, 12, 15, 29; out: 3, 10, 13, 27, 29, 31; nov: 1, 8, 11, 25, 27, 29; dez: 6, 9, 23, 25, 27

Relacionamentos benéficos: jan: 9, 12, 18, 24, 29; fev: 7, 10, 16, 22, 27; mar: 5, 8, 14, 20, 25; abr: 3, 6, 12, 18, 23; mai: 1, 10, 16, 21, 31; jun: 2, 8, 14, 19, 29; jul: 6, 12, 17, 27; ago: 4, 10, 15, 25; set: 2, 8, 13, 23; out: 6, 11, 21; nov: 4, 9, 19; dez: 2, 7, 17

Atrações fatais: jan: 3, 18, 19, 20, 21; fev: 1; abr: 30; mai: 28; jun: 26; jul: 24; ago: 22; set: 20; out: 18; nov: 16; dez: 14

Relacionamentos desafiantes: jan: 7, 8, 19, 28; fev: 5, 6, 17, 26; mar: 3, 4, 15, 24; abr: 1, 2, 13, 22; mai: 11, 20; jun: 9, 18; jul: 7, 16; ago: 5, 14; set: 3, 12; out: 1, 10; nov: 8; dez: 6

Alma gêmea: jan: 3, 19; fev: 1, 17; mar: 15; abr: 13; mai: 11; jun: 9; jul: 7; ago: 5; set: 3; out: 1

22 de Julho

Como o seu aniversário cai na cúspide de Câncer e Leão, você é uma pessoa sensível, assertiva e com uma natureza ambiciosa. Você, em geral, é uma pessoa ambiciosa e a sua personalidade amigável emana uma presença magnética que encanta os seus amigos e influencia as pessoas. Você tem uma energia calma e direta e é capaz de progredir graças ao poder da sua persistência.

Inteligente e atencioso, você é um estrategista natural que sabe combinar a sua mente excepcionalmente perceptiva com as suas habilidades práticas e, com isso, transformar os seus sonhos em realidade. Se tiver algum interesse que capte a sua imaginação, siga o seu coração e não permita que a sua ansiedade e sua preocupação minem o seu grande potencial.

♋

SOL: CÂNCER
DECANATO: PEIXES
GRAU: 29° CÂNCER - 0° LEÃO
MODO: CARDEAL
ELEMENTO: ÁGUA

♋

Imaginativo e competitivo, você tem idéias capazes de o tornarem rico e, como é versátil e tem muitos interesses, precisa ser organizado para utilizar todas as suas habilidades. A sua vontade de se manter informado muitas vezes faz com que você seja uma pessoa culta na sua área profissional e, como tem capacidade de persuasão verbal, pode conquistar um certo prestígio. Na busca das suas ambições evite tornar-se excessivamente sério, pois isso pode causar-lhe um estresse desnecessário.

Até os 29 anos de idade, o seu Sol progredido está no signo de Leão. Isso enfatiza a sua criatividade e sua sociabilidade. Depois dos 30 anos de idade, quando o seu Sol progredido entra no signo de Virgem, você se torna uma pessoa mais analítica, metódica e organizada. Esse perfeccionismo de ordem prática muda depois dos 60 anos de idade, quando o seu Sol progredido entra no signo de Libra e você se torna mais consciente dos seus relacionamentos pessoais e da necessidade de harmonia.

O Seu Eu Secreto

A sua segurança deriva de um senso de propósito ou de planejamento para o futuro. Assim, você precisa equilibrar a sua ambição com o desejo de realização com a sua tendência à inércia. Você tem um bom senso para os negócios e poder para ganhar dinheiro e deve evitar o medo infundado de problemas financeiros. Mesmo que seja bastante independente, você se sai bem em trabalhos cooperativos e sabe perceber o valor do trabalho em equipe. A sua sorte e seu talento para fazer contatos e capacidade para comercializar os seus dons serão sempre uma fonte de proteção financeira.

Resoluto e determinado, você pode se regenerar usando apenas a sua força de vontade. Essa pode ser uma força curativa quando usada de forma positiva, mas enfatiza a necessidade de sempre se envolver em transações justas. Você deseja o reconhecimento e se orgulha dos seus esforços. Como é uma pessoa perfeccionista por natureza, está sempre disposto a trabalhar duro para alcançar os seus objetivos.

Trabalho & Vocação

Com a sua loquacidade, você pode ser um excelente vendedor, diplomata, político ou agente. O amor que tem pelo conhecimento indica que você pode se envolver com trabalhos ligados à educação. Mas, o apreço que nutre pelas artes pode inspirá-lo a seguir uma carreira em teatro, cinema, moda, decoração de interiores ou música. As artes culinárias também podem levá-lo a carreiras em que possa combinar a sua criatividade e seu amor pela comida. Por outro lado, as suas habilidades práticas podem levá-lo a se tornar engenheiro ou técnico. Com a sua natureza atenciosa e solidária, você pode sentir-se atraído por ocupações ligadas a trabalhos de assistência, inclusive com crianças, ou arrecadação de fundos para causas justas.

Numerologia

Com o dia de aniversário número 22, você é uma pessoa orgulhosa, prática e altamente intuitiva. Este é um número-mestre e pode vibrar tanto como 22 quanto como 4. Honesto e trabalhador, dotado de capacidade natural de liderança, você tem uma personalidade carismática e uma profunda compreensão das pessoas. Embora seja retraído, você demonstra ter uma preocupação protetora quanto ao bem-estar das pessoas. Mas nunca perca de vista a sua posição pragmática ou realista. A subinfluência do mês número 7 indica que você é sensível e inteligente, tem amor ao conhecimento e um forte sexto sentido. Impressionável e receptivo ao seu ambiente, você precisa explorar meios de expressar a sua criatividade e sua emoção. Usualmente uma pessoa expansiva, você gosta de atividades sociais e nutre muitos interesses, mas se beneficiará se concentrar a sua atenção em apenas um objetivo específico. Uma mistura de humildade e confiança o desafia a encontrar um equilíbrio entre a ambição e disposição para trabalhar duro e a tentação para tomar o caminho mais fácil e desperdiçar as suas energias.

♋

ESTRELA FIXA

Nome da estrela:
Altarf

Posição:
30° de Câncer - 1° de Leão, entre os anos de 1930 e 2000

Magnitude:
3.5

Força:
★★★★★

Órb:
1°40'

Constelação:
Beta Câncer

Dias:
21 e 22 de julho

Qualidades da estrela:
Marte

Descrição:
uma estrela laranja gigante, localizada na ponta sul da perna do Caranguejo.

♋

Positivo: universalidade, direção, intuição elevada, pragmatismo, praticidade, talento com as mãos, habilidade, capacidade de organização e construção, realismo, resolução de problemas, realização

Negativo: esquemas de enriquecimento rápido, nervosismo, autoritarismo, falta de visão, preguiça, egotismo

Amor & Relacionamentos

O seu charme pode ser um dos seus maiores trunfos quando se encontra em atividades sociais e parcerias. Com a sua natureza dramática, a sua vida amorosa não será monótona. Como o poder emocional é um dos seus pontos fortes, a sua paixão precisa ser manifestada. Ainda assim, é melhor evitar o excesso de emotividade ou manipulação para ter relacionamentos duradouros. Depois que se estabelecer, você é um amigo e parceiro leal e atencioso. Contudo, você precisa equilibrar o conflito que existe entre o seu trabalho e os seus relacionamentos.

INFLUÊNCIA DA ESTRELA PRIMÁRIA

A influência de Altarf confere força de vontade, resistência e progresso na vida por meio do próprio esforço. Com essa mina e espírito lutador, você tem capacidade de superar as dificuldades e perigos. Esta estrela também adverte contra a tendência à impulsividade ou ao excesso de força.

Ligada ao grau do seu Sol, a estrela Altarf confere coragem, determinação e o constante desejo de se manter em atividade. Esta estrela confere ainda autoconfiança, entusiasmo e espírito empreendedor.

- **Positivo**: atividade e produtividade, coragem, autoconfiança
- **Negativo**: desperdício de energia, impulsividade, gosto por correr riscos e se aventurar em jogos

ALGUÉM ESPECIAL

Você é capaz de conquistar muitos corações e pode ter relacionamentos bem-sucedidos com as pessoas nascidas nas seguintes datas:

Amor & amizade: jan: 18, 22; fev: 16, 20; mar: 14, 18, 28; abr: 12, 16, 26; mai: 10, 14, 24; jun: 8, 12, 22; jul: 6, 10, 20, 29; ago: 4, 8, 18, 27, 30; set: 2, 6, 16, 25, 28; out: 4, 14, 23, 26, 30; nov: 2, 12, 21, 24, 28; dez: 10, 19, 22, 26, 28

Relacionamentos benéficos: jan: 6, 10, 25, 30; fev: 4, 8, 23, 28; mar: 2, 6, 21, 26; abr: 4, 19, 24; mai: 2, 17, 22; jun: 15, 20, 30; jul: 13, 18, 28; ago: 11, 16, 26; set: 9, 14, 24; out: 7, 12, 22; nov: 5, 10, 20; dez: 3, 8, 18

Atrações fatais: jan: 19, 20, 21, 22; mai: 29; jun: 27; jul: 25; ago: 23; set: 21; out: 19; nov: 17; dez: 15

Relacionamentos desafiantes: jan: 13, 29, 31; fev: 11, 27, 29; mar: 9, 25, 27; abr: 7, 23, 25; mai: 5, 21, 23; jun: 3, 19, 21; jul: 1, 17, 19; ago: 15, 17; set: 13, 15; out: 11, 13; nov: 9, 11; dez: 7, 9

Alma gêmea: jan: 6, 25; fev: 4, 23; mar: 2, 21; abr: 19; mai: 17; jun: 15; jul: 13; ago: 11; set: 9; nov: 7; dez: 5

Pessoas famosas de Câncer

22 de junho
Kris Kristofferson, Todd Rundgren, Meryl Streep, Linday Wagner, Billy Wilder, Giacomo Puccini, Clyde Drexler, Tracy Pollan, Bill Blass, Arme Morrow Lindbergh, Hermeto Pascoal

23 de junho
Edward VIII (Duque de Windsor), Alfred Kinsey, Ray Davies, Josephine da França, James Levine, Bob Fosse, Arma Akhmatova, Elza Soares, Dercy Gonçalves, Ibrahim Sued

24 de junho
Jack Dempsey, Bella Abzug, Arrelia Earhart, Mick Fleetwood, Norman Cousins, Jeff Beck, Ambrose Bierce

25 de junho
George Rowel, Antonio Gaudi, George Michael, Carly Simon, Peter Blake, Sidney Lumet, Willis Reeds, Phyllis George

26 de junho
Peral Buck, Colin Wilson, Peter Lorre, Chris O'Donnell, Greg LeMond, Mick Jones, Billy Davis Jr, Gilberto Gil

27 de junho
Helen Keller, Ross Perot, Emma Goldman, Charles Parnell, Isabelle Adjani, Bob Keeshan, Julia Duffy, Willie Mosconi, Guimarães Rosa

28 de junho
Mel Brooks, Jean Jacques Rousseau, John Cusack, Peter Paul Rubens, Kathy Bates, Mary Stuart Masterson, Luigi Pirandello, Gilda Radner, Richard Rodgers, Itamar Franco, Raul Seixas

29 de junho
Antoine de Saint-Exupéry, William James Mayo, Claude Montava, Richard Lewis, Stokely Carmichael, Gary Busey, Slim Pickens, Robert Evans

30 de junho
Susan Hayward, Lena Horne, Mike Tyson, Georges Duhamel, Buddy Rich, Mario Quintana, Czeslaw Milosz

1 de julho
Princesa Diana, Carl Lewis, Dan Aykroyd, Charles Laughton, Deborah Harry, Pamela Anderson Lee, Leslie Caron, Olivia de Havilland, Twyla Tharp, Estée Lauder, George Sand, Marisa Monte, Alceu Valença

2 de julho
Franz Kafka, Herman Hesse, Dan Rowan, Imelda Marcos, Jerry Hall, Cheryl Ladd, José Canseco, Richard Petty, Thurgood Marshall, Zélia Gatai

3 de julho
Tom Cruise, Ken Russell, Tom Stoppard, Betty Bukley, George M. Cohan, M. F. K. Fisher, José Lins do Rego

4 de julho
Gina Lollobrigida, Nathaniel Hawthorne, Geraldo Rivera, Leona Helmsley, Pam Shiver, Esther e Pauline Friedman, Neil Simon

5 de julho
Jean Cocteau, Robbie Robertson, Huey Lewis, George Pompidou, Hazrath Inayat Khan, Katherine Helmond, Shirley Knight, P. T. Barnum, Ivo Pitanguy, Evaristo de Moraes Filho

6 de julho
Dalai Lama, Frida Kahlo, Silvester Stallone, Janet Leigh, Nancy Reagan, Bill Haley, Merv Griffin, Betrix Potter, Toquinho

7 de julho
Pierre Cardin, Ringo Star, Shelley Duvall, Marc Chagall, Gustav Mahler, Michelle Kwan, Satchel Paige,

Gian Carlo Menotti, Artur Azevedo, Américo Jacobina Lacombe

8 de julho
Anjelica Huston, John D. Rockefeller, Marty Feldman, Alan Leo, Kevin Bacon, Marianne Williamson, La Fontaine, Cynthia Gregory, Phil Gramm, Nelson Rockefeller, Moraes Moreira, Procópio Ferreira

9 de julho
Tom Hanks, Richard Roundtree, David Hockney, Barbara Cartland, Edward Heath, Nicola Tesla, Jimmy Smits, O. J. Simpson, Kelly McGillis, John Tesh, Brian Denehy

10 de julho
Marcel Proust, James Abbott McNeil Whistler, Camille Pissarro, Giorgio De Chirico, John Calvin, Virgínia Wade, Arthur Ashe, Calvino, Arlo Guthrie, Roger Craig, Jean Kerr, Jake La-Motta

11 de julho
Yul Brynner, Sela Ward, John Quincy Adams, Giorgio Armani, Richie Sambora, Leon Spinks, Suzanne Vega, E. B. White, Carlos Gomes

12 de julho
Bill Crosby, Amedeo Modigliani, Buckminster Fuller, Kristi Yamaguchi, Mel Harris, Richard Simmons, Milton Berle, Orígenes Lessa, Anísio Teixeira

13 de julho
Haile Selassie, Kenneth Clark, Harrison Ford, Patrick Stewart, Cheech Marin, Jack Kemp, Louise Mandrell, João Bosco

14 de julho
Ingmar Bergman, Woody Guthrie, Gustav Klimt, Irving Stone, Emmeline Pankhurst, Gerald Ford, Rosie Grier, Isaac Bashevis Singer, Dalton Trevisan

15 de julho
Lind Ronstadt, Rembrandt van Rijn, Iris Murdoch, O Sultão do Brunei, Kim Alexis, Forest Whitaker, Brigitte Nielsen, Alex Karras, Jean-Bertrand Aristide, Carlos Castello Branco

16 de julho
Ginger Rogers, Mary Baker Eddy, Barbara Stanwyck, Anita Brookner, Rubén Blades, Margaret Court, Pinchas Zuckerman, Joe Jackson, Artur Moreira Lima

17 de julho
David Hasselhoff, Jimmy Cagney, Donald Sutherland, Diahann Carroll, Phoebe Snow, Phyllis Diller, Dawn Upshaw, James Cagney, Camilla Parker-Bowles

18 de julho
Nelson Mandela, John Glenn, Richard Branson, Hunter S. Thompson, Dcck Button, Clifford Odets, William Makepeace Thackeray

19 de julho
Edgar Degas, Samuel Colt, Nastase, Anthony Edwards, George McGovern, Vikki Carr, Richard Jordan

20 de julho
Carlos Santanna, Sir Edward Hillary, Diana Rigg, Natalie Wood, Chuck Daly, Tony Oliva, Elizabeth Dole, Santos Dumont, Raimundo Sodré

21 de julho
Ernest Hemingway, Robin Williams, Isaac Stern, Cat Stevens, Jonathan Miller, Janet Reno, Jon Lovitz

22 de julho
Terence Stamp, Danny Glover, Rose Kennedy, Bob Dole, Oscar de Ia Renta, Alex Trebek, Edward Hopper, Stephen Vicent Benét

Estrelas fixas de Câncer

Para as pessoas que nasceram em dias que recebem a influência de mais de uma estrela fixa, segue aqui uma lista completa das estrelas fixas e de seus atributos. Você também pode usar este apêndice juntamente com o seu mapa astrológico para aprender mais a respeito do significado destes corpos celestiais.

Tejat

Nome da estrela: Tejat
Posição: 2°27'-3°26' de Câncer, entre os anos de 1930 e 2000
Magnitude: 3
Força: ★★★★★★
Órb: 1°40'
Constelação: Eta Gemini
Dias: 23, 24, 25 e 26 de junho
Qualidades da estrela: Mercúrio/Vênus
Descrição: uma estrela variável binária, laranja e vermelha, localizada no pé esquerdo do Gêmeo do norte.

Tejat concede confiança, orgulho, dignidade e natureza refinada. A influência desta estrela denota riqueza de sentimentos, apreço pela beleza e habilidades artísticas e literárias. Tejat também concede jovialidade, senso de humor e a consciência de que duas cabeças pensam melhor do que uma. Você pode obter muitos benefícios por meio da cooperação, do pensamento associativo e do desenvolvimento de uma maneira diplomática mas persuasiva. Tejat, no entanto, adverte que esse talento pode ser usado de forma negativa, levando-o à dissimulação, ao excesso de confiança ou à inconsistência. Ela também adverte contra possíveis dificuldades legais.

Ligada ao grau do seu Sol, esta estrela concede apreço pela beleza, talento artístico, habilidade literária e interesses fora do comum. Tejat concede uma natureza leve, mas também adverte contra a falta de vigor e a tendência à inconsistência. Com esta estrela, você pode passar por períodos de instabilidade ou mudanças.

- **Positivo**: amorosidade, senso artístico, união amorosa, habilidade literária
- **Negativo**: inclinação à dissipação, excessiva leveza, vaidade, convencimento

Dirah

Nome da estrela: Dirah, também chamada de Nuhaiti
Posição: 4°19'-5°17' de Câncer, entre os anos de 1930 e 2000
Magnitude: 3
Força: ★★★★★★
Órb: 1°40'
Constelação: Mu Gemini
Dias: 25, 26, 27 e 28 de junho
Qualidades da estrela: Mercúrio/Vênus
Descrição: uma estrela binária amarela e azul localizada no pé esquerdo do Gêmeo do norte.

Dirah concede uma mente sólida e idéias criativas. Esta estrela confere uma oratória vigorosa, acompanhada por uma personalidade espirituosa, sociável e amigável. Na maior parte das vezes um bom comunicador, você gosta de participar de discussões e debates e de ter popularidade. Há também indicações de que você gosta de música e de ordem, e que tem talento para fazer com que as coisas tenham uma aparência elegante e refinada. Dirah confere um talento para escrever que, se for desenvolvido, pode trazer honra e riqueza.

Ligada ao grau do seu Sol, esta estrela indica a habilidade de causar uma impressão favorável às pessoas com as quais entra em contato e de obter uma grande popularidade. A influência de Dirah sugere proeminência em assuntos públicos, estudos acadêmicos e literatura, bem como sucesso na educação e nas áreas editorial ou política. Você pode se destacar no mundo dos esportes ou se dedicar ao estudo da Astrologia e de assuntos esotéricos.

- **Positivo**: criatividade, espirituosidade, capacidade de comunicação, amor à arte e à beleza
- **Negativo**: vaidade, convencimento, dilapidação, imaturidade

Alhena

Nome da estrela: Alhena ou Al-Hena
Posição: 8°7'-9°7' de Câncer, entre os anos de 1930 e 2000
Magnitude: 2
Força: ★★★★★★★★
Órb: 2°10'
Constelação: Gamma Gemini
Dias: 28, 29 e 30 de junho, 1 e 2 de julho
Qualidades da estrela: Mercúrio/Vênus ou Lua/Vênus com Júpiter
Descrição: uma estrela brilhante branca localizada no pé esquerdo do Gêmeo do sul.

A influência de Alhena pode conferir proeminência no mundo da arte e denota uma natureza refinada e afável. Você pode ter interesse por assuntos espirituais ou pela arte e ciência. Esta estrela também indica que você se orgulha das suas realizações, grandes ou pequenas. Ela também sugere que você gosta do conforto e do luxo.

Ligada ao grau do seu Sol, esta estrela denota inclinações artísticas, interesse pela ciência e proeminência no estudo da Astrologia ou da Metafísica. Você tem uma personalidade carismática e pode prosperar por meio das atividades sociais e do trato com o público. Você é motivado pelo desejo de prazer e luxo. Esta estrela também está associada ao calcanhar de Aquiles, e por isto adverte contra lesões nos pés.

- **Positivo**: tato, alegria de viver, sociabilidade, estilo
- **Negativo**: preguiça, excessiva indulgência, desperdício, convencimento, orgulho

Sirius

Nome da estrela: Sirius
Posição: 13°6'-14°2' de Câncer, entre os anos de 1930 e 2000
Magnitude: 1
Força: ★★★★★★★★★★
Órb: 2°30'
Constelação: Alpha Canis Maior
Dias: 3, 4, 5, 6, 7 e 8 de julho
Qualidades da estrela: várias interpretações: Lua/Júpiter/Marte
Descrição: uma estrela binária brilhante branca e amarela, localizada na boca do Grande Cão, ligada ao deus egípcio Osíris.

Sirius confere uma perspectiva otimista e ampla e habilidade para fazer amigos leais que ocupam posições elevadas. Com a influência desta estrela, você pode ter prosperidade e sucesso, e pode ser guardião ou ter uma posição de custódia. Freqüentemente, e sem muito esforço, você pode receber favores dos seus superiores. Sirius pode indicar honra, riqueza e fama, bem como oportunidades para o exercício do poder e da sua capacidade de liderança. Sirius pode também encorajar um comportamento rebelde ou temerário e, por isso, adverte contra o perigo de ações prematuras.

Ligada ao grau do seu Sol, esta estrela sugere sucesso nos negócios, felicidade doméstica e inclinação pela arte, astrologia, filosofia ou educação superior. Se receber honra muito cedo na vida, pode ser que você não esteja preparado e seja incapaz de lidar com o sucesso. Você, freqüentemente, tem um comportamento nobre e é bem sucedido no trato com o público. Esta estrela também indica que você é confiável, e que pode ser responsável por propriedades alheias.

- **Positivo**: confiabilidade, responsabilidades importantes, alegria de viver, amor ao empreendimento, sucesso, atividades criativas
- **Negativo**: desejo de liberdade a qualquer preço, mau uso do poder e de posições de confiança

Canopus

Nome da estrela: Canopus
Posição: 13°58'-15° de Câncer, entre os anos de 1930 e 2000
Magnitude: 1
Força: ★★★★★★★★★★
Órb: 2°30'
Constelação: Alpha Carinae
Dias: 4, 5, 6, 7, 8, 9 e 10 de julho
Qualidades da estrela: Saturno/Júpiter e Lua/ Marte
Descrição: uma estrela amarela e branca localizada nos remos do navio Argo.

O deus egípcio Canopus, patrono dos navios e das viagens, está associado a esta estrela, que favorece longas viagens. Esta estrela confere uma natureza amável, conservadorismo, astúcia e sucesso por meio da educação e realizações acadêmicas. Você tem habilidade para acumular um conhecimento abrangente e para trabalhar para a comunidade. Esta estrela também adverte contra aflições domésticas e familiares e problemas com um dos progenitores.
Ligada ao grau do seu Sol, esta estrela confere sucesso em assuntos públicos e realização de objetivos de longo alcance por meio do esforço diligente. Você pode ter fama, mas ela nem sempre será duradoura. Pode enfrentar problemas menores na vida doméstica ou com amigos e familiares, embora sempre tenha ajuda quando precisa.

- **Positivo**: seriedade, compromisso, amor a viagens, perseverança, sucesso em assuntos legais
- **Negativo**: frustração, insatisfação, problemas causados pelas suas próprias ações, envolvimento em ações legais

Al Wasat

Nome da estrela: Al Wasat
Posição: 17°32'-18°34' de Câncer, entre os anos de 1930 e 2000
Magnitude: 4
Força: ★★★★
Órb: 1°30'
Constelação: Delta Gemini
Dias: 9, 10, 11, 12 e 13 de julho
Qualidades da estrela: Saturno
Descrição: uma estrela binária amarela e azul, localizada na área da cintura de Gêmeos.

Al Wasat confere inteligência, persistência e uma perspectiva pragmática. Esta estrela concede habilidade de falar com clareza e de uma forma direta e confere proeminência em assuntos públicos ou em cargos de gerência. Esta estrela adverte contra o risco de esforço excessivo e esgotamento de energia. Al Wasat também sugere que você deve evitar o comportamento destrutivo, o estresse desnecessário e a criação de situações difíceis das quais você mais tarde pode se arrepender.
Ligada ao grau do seu Sol, Al Wasat concede resistência, bom senso e um impulso inerente para seguir adiante com determinação. Esta estrela também sugere que você deve evitar um excesso de ousadia, e aprender a canalizar as suas energias para causas que valham a pena.

Positivo: recompensa devido a esforços passados, determinação

Negativo: agressividade, pessimismo, comportamento destrutivo

Propus

Nome da estrela: Propus
Posição: 17°59'-19°3' de Câncer, entre os anos de 1930 e 2000
Magnitude: 4
Força: ★★★★
Órb: 1°30'
Constelação: Iota Gemini
Dias: 10, 11, 12 e 13 de julho
Qualidades da estrela: Mercúrio/Vênus
Descrição: uma pequena estrela binária localizada entre os ombros dos Gêmeos.

Propus concede uma mentalidade aguçada e expressão articulada. Gregário, afável e espirituoso, você pode conquistar proeminência e sucesso por meio de atividades artísticas ou do trato com o público. Provavelmente você é uma pessoa sensível, que tem sentimentos fortes e gosta de conforto e luxo.

Ligada ao grau do seu Sol, a influência de Propus pode levá-lo a seguir uma carreira artística. Há também um talento natural para Astrologia, Literatura e facilidade para discursar em público. Esta estrela também contribui para o desenvolvimento de uma abordagem vigorosa para que você transmita as suas idéias ou se dedique ao trabalho criativo.

Positivo: boa voz, oratória impressionante, amor à música, talentos criativos

Negativo: hipersensibilidade, arrogância, falta de energia para alcançar suas metas ou objetivos

Castor

Nome da estrela: Castor
Posição: 19°16'-20°13' de Câncer, entre os anos de 1930 e 2000
Magnitude: 2
Força: ★★★★★★★★
Órb: 2°10'
Constelação: Alpha Gemini
Dias: 10, 11, 12, 13, 14 e 15 de julho
Qualidades da estrela: influências variadas de Mercúrio, Vênus, Marte e Júpiter
Descrição: uma estrela binária brilhante e branca pálido, localizada na cabeça do Gêmeo do norte.

A influência de Castor confere uma mente rápida e um intelecto aguçado. Esta estrela indica circunstâncias oscilantes de alternâncias entre ganhos e perdas e súbitas fortunas que podem ser seguidas por uma queda.

Ligada ao grau do seu Sol, Castor confere características energéticas, talento para espirituosidade e ironia, mas também tendência ao cinismo. Esta estrela concede o dom para escrever e habilidade comunicativa. Você provavelmente terá interesse por assuntos públicos e pode optar por uma carreira nos meios de comunicação. Esta estrela também confere oportunidades para atividades ligadas ao estrangeiro, bem como intuição e talento para estudos metafísicos.

Positivo: súbitas elevações de *status* e fortuna, inteligência aguçada, habilidade criativa

Negativo: fama mas às vezes a um alto preço, auto-sacrifício

Pólux

Nome da estrela: Pólux
Posição: 22°15'-23°11' de Câncer, entre os anos de 1930 e 2000
Magnitude: 1

Força: ★★★★★★★★★★
Órb: 2°30'
Constelação: Beta Gemini
Dias: 13, 14, 15, 16, 17 e 18 de julho
Qualidades da estrela: variadas influências: Marte/Lua/Urano
Descrição: uma estrela laranja brilhante localizada na cabeça do Gêmeo do sul.

A influência de Pólux sugere uma natureza sutil mas confiante, espirituosa mas corajosa. Esta estrela confere amor a esportes competitivos. A influência negativa de Pólux consiste na precipitação e no excesso de sensibilidade que podem provocar frustrações e brigas que resultam em situações desagradáveis.
Ligada ao grau do seu Sol, esta estrela indica amor a aventuras e talentos para o esporte. Você faz as coisas por si próprio e obtém sucesso por meio de seu esforço. Pólux também confere habilidades psíquicas e coragem para realizar ideais e metas pessoais. A proeminência na educação superior e o interesse por filosofia são também indicados pela influência desta estrela.

- **Positivo**: competitivo mas sutil e sensível, poder de realização
- **Negativo**: ardiloso, natureza impulsiva, agressividade e egoísmo com um toque de crueldade, mau humor

Procion

Nome da estrela: Procion
Posição: 24°48'-25°43' de Câncer, entre os anos de 1930 e 2000
Magnitude: 1
Força: ★★★★★★★★★★
Órb: 2°30'
Constelação: Alpha Canis Minor
Dias: 16, 17, 18, 19, 20 e 21 de julho
Qualidades da estrela: influência variadas: Mercúrio/Marte ou Júpiter/Urano
Descrição: uma estrela binária amarela e branca localizada no corpo de Cão Menor.

A influência de Procion confere força de vontade, vigor e habilidade para executar planos. Esta estrela também sugere muita atividade e interesses ou ocupações fora do comum. Procion confere oportunidade de riqueza, sucesso e fortuna. Esta estrela muitas vezes indica uma súbita reviravolta de acontecimentos que traz fama ou notoriedade, bem como ganhos e perdas. Por isso, você precisa aprender a ser paciente e a fazer planos com cautela para obter um bom resultado. As antigas interpretações desta estrela também advertem para o perigo de mordidas de cachorro.
Ligada ao grau do seu Sol, esta estrela confere coragem, engenhosidade, talentos fora do comum e uma natureza cortês. Procion sugere que você terá diversos amigos leais que o ajudarão em períodos de necessidade. Esta estrela também prevê fortuna súbita por meio de presentes ou heranças.

- **Positivo**: riqueza e fortuna, posições governamentais, orgulho e dignidade, proeminência religiosa
- **Negativo**: esnobe, descuidado, desajeitado, ardiloso, enganador

Altarf

Nome da estrela: Altarf
Posição: 30° de Câncer -1° de Leão entre os anos de 1930 e 2000
Magnitude: 3.5
Força: ★★★★★
Órb: 1°40'
Constelação: Beta Câncer
Dias: 21 e 22 de julho
Qualidades da estrela: Marte
Descrição: uma estrela gigante e laranja localizada na ponta da perna do Caranguejo.

A influência de Altarf confere força de vontade, resistência e progresso na vida por meio dos próprios esforços. Com essa mina e espírito lutador, você tem aptidão para superar as dificuldades e os perigos. Essa estrela também adverte para a impulsividade ou tensão excessiva.

Ligada ao grau do seu Sol, Altarf confere coragem, determinação e o desejo constante de se manter em atividade. Esta estrela confere autoconfiança, bem como entusiasmo e espírito empreendedor.

- **Positivo**: atividade e produtividade, coragem, autoconfiança
- **Negativo**: desperdício de energia, impulsividade, sujeito a correr riscos e a se viciar em jogos

As autoras

GERALDINE SULLIVAN, nascida em 4 de junho, é astróloga profissional, com vinte anos de experiência, e dá palestras em vários países, além de entrevistas a programas de televisão nos Estados Unidos. Com uma carreira astrológica bem-sucedida, Geraldine ministra *workshops* e cursos de extensão em Londres. Formada em Astrologia e em Psicologia, a autora também conduz pesquisas acerca de temas como inconsciente, sonhos e experiência mística.

SARAH CRAWFORD, nascida em 28 de maio, é numeróloga e astróloga profissional, com treze anos de experiência. Sarah trabalha como consultora astrológica em Londres e ministra cursos e *workshops* acerca de Astrologia e Numerologia. Sua dissertação de mestrado em Ciências Sociais teve como temas história e filosofia da civilização ocidental e incluiu pesquisas a respeito da História da Astrologia, Hermenêutica e Reflexividade.

Anotações

Este livro foi composto em Minion, corpo 11/12,6
e impresso pela Ediouro Gráfica sobre
papel Offset 63gr. da Ripasa.